编　委　会

主　编　王兴杰　郭满金

副主编　方　刚　黄焕洲　张　蕊
　　　　　郭　晔　俞肇玲　张春雪
　　　　　吴芳玲　肖明星

起动世界，与万物互联

宏发管理

理论与实践

[第二卷]

THEORY AND PRACTICE OF
HONGFA MANAGEMENT

王兴杰　郭满金　主编

ZHEJIANG UNIVERSITY PRESS
浙江大学出版社
·杭州·

图书在版编目（CIP）数据

宏发管理理论与实践. 第二卷 / 王兴杰，郭满金主编. 一杭州：浙江大学出版社，2022.11
ISBN 978-7-308-23222-7

Ⅰ.①宏… Ⅱ.①王… ②郭… Ⅲ.①管理学—文集 Ⅳ.①C93-53

中国版本图书馆 CIP 数据核字（2022）第 202873 号

宏发管理理论与实践(第二卷)

王兴杰　郭满金　主编

责任编辑	陈逸行
责任校对	郭琳琳
封面设计	雷建军
出版发行	浙江大学出版社
	（杭州市天目山路 148 号　邮政编码 310007）
	（网址：http://www.zjupress.com）
排　　版	杭州青翊图文设计有限公司
印　　刷	浙江新华数码印务有限公司
开　　本	710mm×1000mm　1/16
印　　张	16.25
字　　数	318 千
版 印 次	2022 年 11 月第 1 版　2022 年 11 月第 1 次印刷
书　　号	ISBN 978-7-308-23222-7
定　　价	68.00 元

前　言

在"不断进取,永不满足"的宏发精神的指引下,厦门宏发电声股份有限公司(以下简称宏发股份)经过 38 年的光辉发展历程,在管理理论和实践方面都积累了丰富的经验。宏发股份的辉煌历程倾注了创始人、杰出企业家,也是杭州电子科技大学的杰出校友郭满金先生的毕生心血。厦门宏发电声股份有限公司是继电器行业的世界级提供商,是中国制造企业走向世界、赢得全球市场的优秀代表。郭满金董事长既是一名优秀的企业家,也是一位实践经验丰富的管理理论专家。他不仅重视宏发实战经验的总结,也非常重视宏发管理模式的提炼,倡导具有宏发独特文化的管理理论和实践融合。这样一家世界级企业、这样一位受人尊重的企业家,有许多值得管理学界和管理实践界总结、提炼和学习的管理体系、管理方法和管理工具。

在管理实践中,宏发人一贯追求卓越的产品品质,最初的起步就是"以质取胜",现在"追求以完美的质量为顾客提供满意的产品和服务",对"质量是企业的生命"有着深刻的理解,通过贯彻先进的质量理念,不断完善质量管理体系,持续推行产品质量先期策划、过程质量控制、供应链管理等工作,产品质量达到国际先进水平,赢得了国内外广大客户的赞誉。在郭满金董事长的亲自推动下,宏发质量学院持续推进员工的继续教育与培训,与杭州电子科技大学连续合作举办经济管理培训班,其中有 10 余位学员考取杭州电子科技大学工商管理硕士研究生。这些学员都是在各自工作领域中独当一面的技术和管理专家,在完成学位论文的过程中,也不断总结和凝练宏发集团的管理模式和管理经验。

值此契机,杭州电子科技大学与宏发股份通力合作出版"宏发管理理论与实践"丛书,旨在充分挖掘宏发股份公司的优秀企业管理理论与实践,并将其向社会推广,让更多的企业和管理者能够了解、学习和实践宏发经验。《宏发管理理论与实践(第二卷)》从多个角度对宏发股份的管理实践活动进行阐述和剖析,很好地展示了宏发管理理论与实践的精髓。

本书介绍了宏发股份及其子公司在中层干部培训及工作满意度提升、集团战略设计、技术岗位人员胜任力提升等方面的理论与实践。《基于 SECI 模型的厦门宏发电声股份有限公司中层干部培训方案优化设计》运用 SECI(知识创造)模型,围绕中层干部培训目标进行教学设计优化以及训前、训中、训后的培训实施过程管理优化,构建了基于 SECI 模型的宏发集团中层干部培训优化设计框架。《厦门宏发电声股份有限公司中层管理人员工作满意度提升策略研究》通过对宏发集团中层管理人员的工作满意度调研,对影响中层管理人员的满意度水平的因素进行分析,为宏发集团提高中层管理人员的满意度提供对策和改善建议,保障集团关键人才队伍稳定,助力集团长远发展。《厦门宏发电声股份有限公司发展战略设计研究》从发展历程、经营理念、组织架构、绩效管理等方面总结了宏发的战略发展经验,通过指标的完成情况评估宏发股份当前战略的实施状况,并在分析宏发的内外部环境基础上,匹配出集团的战略备选方案。《厦门金波公司工程技术岗位人员胜任能力诊断与提升研究》重点构建工程技术岗位的胜任力模型,提出通过职业发展通道匹配岗位胜任能力、完善培训体系,通过梯队建设提升后备梯队胜任力等几个方面来加强金波公司工程技术岗位人员的胜任能力。

本书从不同的研究视角对宏发股份的中层干部培训及工作满意度提升、集团战略设计、技术岗位人员胜任力提升等问题进行深入的分析和讨论,为宏发股份的管理实践及理论发展提出改进、提升和保障措施,值得借鉴。

期待《宏发管理理论与实践(第二卷)》能够将我国继电器行业的民族知名品牌厦门宏发电声股份有限公司的先进管理经验和模式全景地展现出来,为我国制造业的高质量发展贡献宏发智慧和宏发经验。

祝愿厦门宏发电声股份有限公司基业长青!

王兴杰

2022 年 5 月

目　录

第一篇

基于 SECI 模型的厦门宏发电声股份有限公司中层干部培训方案优化设计

俞肇玲 [*]

* 俞肇玲,女,杭州电子科技大学工商管理硕士。2005年进入厦门宏发电声股份有限公司工作,目前担任总部人力资源中心经理兼工业管理学院院长。先后在厦门宏发密封继电器有限公司担任实验室工艺师、质量经理、副总经理等职务,2015年调入总部从事工业管理学院培训工作。

一、绪　论

(一)研究背景

企业中层干部是企业管理团队的重要组成部分,对其进行培训,是实现企业知识有效管理、传递和创新的重要途径。对于厦门宏发电声股份有限公司(以下简称宏发股份)这样的公司更是如此。宏发股份作为电子元器件行业的龙头企业,成员企业不断增加,对于能够承担企业知识传递和创新的干部的需求日益增大,且高层团队年龄层次存在一定问题,核心高管接班问题日渐突出,亟须培养一支年轻的中高层管理队伍。公司中层干部队伍的767人中,40岁以下的人员占比达到55.8%,有较大的培养空间。因此,公司的培训重点工作应放在中层干部的培训上。

尽管公司内部已经开展了不少干部培训,既有外部培训,也有内部培训,内部负责培训的管理部门也已经建立起比较完善的培训体系,但主管及员工仍对培训存在较大抱怨和质疑,认为此类培训没有实质性效果,培训投入属于浪费时间,尤其是对于培训的落地和知识转化存在很大的怀疑。总结下来,存在以下几个方面的不足。

1. 培训起点不明确,培训系统性不足

面向企业发展和管理提升的干部培养,首先需要建立在系统化的企业知识基础上,结合中层管理者与企业的需求和特性来构建培训内容。而已经开展的中层干部培训,没有将企业组织需求和学员需求相结合,导致培训起点不明确,系统性不足。

2. 培训效果差、落地性不足

教育培训的本质或核心目标是改变主体的认知结构,学习的过程其实就是学员把新知和旧知结合起来,实现知识的内化过程[1]。而这种认知结构的改变,也主要取决于学习的渠道及方法。公司大部分的培训都仅限于课程本身,培训

3

的教学设计做得非常少,学员的学习停留在自我认知的基础上,学习成效差异很大,培训后行动计划执行率很低,培训的落地效果不好。

3. 培训过程知识的转化和创新管理不足

干部培训不应该仅仅是企业知识的传承过程,更应该是培养具有创新能力的企业人才队伍的过程。宏发股份的干部培训,仅是讲师将知识进行了传递,课程与实际工作结合的案例很少,学员与讲师之间、学员与学员之间、学员与实际工作之间的互动很少。培训部门缺乏对培训过程的管理,知识与知识之间的转化缺乏媒介,更不用谈知识创新了。

因此,要又快又好地培养干部,除了要对培训目标和课程体系进行梳理,还要解决如何通过对培训教学设计和培训过程管理进行优化,实现企业知识和管理知识的转化和创新,提升培训的落地性和有效性的问题。

(二)SECI 理论的启发

传统企业干部培训方案难以从根本上解决上述所有问题。如何能构建一个完整实现从企业知识管理、传递到创新三个目的的系统的培训体系是企业培训设计亟待解决的问题[2]。

日本的竹内弘高(Hirotaka Takeuchi)和野中郁次郎(Ikujiro Nonaka)系统地研究了日本制造型企业的成功经验,从知识创造的视角,构建了一个创造新知识的理论体系,提出了 SECI 模型[3-5]。该模型通过共同化、表出化、联结化、内在化等四个过程,将不同层级的个体、团队、部门和组织融于一体,打破了它们之间的边界,实现隐性知识与显性知识的相互转化,构建了企业知识迭代创造更新的螺旋。这些研究成果及发现,对于当下的中国制造业是完全适用的[6]。

在这个理论模型中,野中郁次郎敏锐地揭示了企业知识创造的起点并准确地定义了企业知识的终点[5]。他认为,企业内部知识创造是从个体的隐性知识开始的,个体隐性知识通过知识转化,在组织层面不断放大,最终升华为组织内部所有成员的隐性知识,该过程周而复始、螺旋上升,企业的新知识被源源不断地创造出来。

对应于知识转化的四个过程,SECI 模型中"场"的概念,详细描述了显性知识和隐性知识转化的加速条件,包括"建立情境、对话与反思、信息连接、实践练习"等,驱动知识的连续、动态的相互作用,促进知识创造的效率提升[7,8]。个人所拥有的知识,一旦放置于场域当中,就可以交流、融合和增强。企业应该关注如何通过制造"场"来实现知识的传播和转化。

野中郁次郎和竹内弘高还认为,中层管理者在知识创造过程中起到不可替代的承上启下的作用[4,9]。中层管理者既是关键的"知识工程师",也是介于高层管理者和一线人员之间的知识创造促进者,企业应该重视中层管理者的作用发挥。

SECI 理论与组织学习的过程密切相关,这为研究有效培养中层干部提供了一种可行的科学方法。首先,SECI 模型提醒企业管理者,不仅要重视企业的显性知识,更要关注企业内部隐性知识的转换和扩展,企业应鼓励个体通过共享知识、增进实践学习等,形成知识创造的原动力。其次,将 SECI 理论应用于中层干部培训,通过四种过程的转换和场域设计,找到课堂内外的各种学习手段,有助于实现隐性知识到显性知识再到隐性知识的有效创造,优化和完善干部培养方案,加速干部培训的效果转化。最后,SECI 的知识创造过程,让中层干部培养不仅仅局限于当前的知识体系,不断创造出新的知识,提升组织的创新能力。

(三)研究意义及创新

1. 研究意义

本篇针对人力资源管理中中层干部的高效培训问题,结合大型制造型企业宏发股份的特征,利用面向知识创新的 SECI 模型,提出一种基于 SECI 模型的干部培训项目设计框架,并将其应用于大型制造业企业的中层干部培训中。一方面,通过在 ADDIE(一套有系统地发展教学的方法)培训策划流程中加入基于 SECI 模型的知识转换方法和场的使用,促进培训中显性知识与隐性知识间的转换,实现干部培训的知识创新,提升培训的有效性;另一方面,干部通过培训过程参与了整个知识创新过程,通过切身体验,掌握知识创新的方法,为后续传播创新方法、打造学习型组织奠定良好条件。基于 SECI 模型的干部培训框架面向干部培训,既授之以鱼,也授之以渔,加速企业创新,为企业知识创新和人力资源管理提供了长久的内在动力。本篇研究工作为企业内部干部培训与知识创新提供一种新的融合性发展思路和方向。

2. 特色和创新之处

本篇主要有以下几点创新之处。

(1)在培训的 ADDIE 流程中引入 SECI 模型,以宏发股份中层干部培训为例,对企业面向中层管理者的传统培训方案进行系统性优化,为企业管理者培训提供了一套有效机制。

(2)在 SECI 框架下,充分利用 SECI 模型的特性,将知识管理与知识的转化和创新有机融合在一起,通过 ADDIE 流程的培训项目策划和设计提高知识转化与创新的效率,为构建学习型企业奠定良好基础。

从文献研究中可以发现,目前国内基本上没有将知识分类和 SECI 模型用在企业中层干部培训的应用型研究。少数干部培训的文章,主要集中在将 SECI 模型用于干部培训体系建设或课程开发,侧重于显性知识和隐性知识的学习结合,缺少将 SCEI 模型基础理论与中层干部培训项目设计结合在一起的研究。

(四)研究方法

本篇主要采用文献研究和实地研究两种方法。其中,文献研究主要是通过广泛查阅与本研究工作相关的各类国内外文献,对研究工作的当前理论及实践结果与发展进行系统分析,为后续的方案设计优化提供依据;实地研究主要结合宏发股份实际进行调研,运用调查问卷、深度访谈、案例研究和实地观察等方法,为宏发股份的中层干部培训方案的优化奠定基础。

1. 文献研究——确定理论基础

收集国内外关于知识、知识管理的定义、SECI 模型、培训相关理论和实践的研究文献,总结本领域已有的研究成果和待解决的问题。

2. 实地研究——宏发股份中层干部案例调查研究

(1)调查问卷。搜集优化前的宏发股份中层干部培训资料,调查培训现状、培训策略、培训效果及相关真实的评价;通过问卷调查中层干部的培训需求,并调查优化后的干部培训实施效果。

(2)深度访谈。对中层干部以及中层干部的领导进行深度访谈,总结培训实施效果,分析存在的问题,并对后续培训的持续优化提供建议。

(3)案例研究。对宏发股份中层干部培训的实际案例进行研究,并对实施结果进行分析。

(4)实地观察。通过实地观察宏发股份中层干部的培训现场,对培训可利用的各类资源和相关约束条件进行充分了解和分析,为后续优化培训策略做好准备。

(五)研究内容和技术路线

1. 研究内容

本篇共分为六章,基本结构和安排如下。

(1)绪论。本章简要介绍了研究背景,提出企业中层干部培训工作的意义及公司所面临的挑战性问题;然后,从上述问题出发,在 SECI 理论的启发下,提出了基于 SECI 模型的研究思路;阐述了课题的研究意义及研究工作的特色与创新之处,并简要说明研究框架及研究方法。

(2)理论综述。本章重点对研究工作所涉及的理论进行简要介绍和说明,为提出基于 SECI 模型的培训框架奠定基础。

(3)宏发股份中层干部培训现状调查及需求分析。本章首先简要介绍了研究案例——宏发股份的情况,并分析了宏发股份中层干部培训现状;对宏发股份中层干部培训需求进行了系统调查和分析,为培训框架优化的提出做准备。

(4)基于 SECI 模型的宏发股份中层干部培训方案设计。本章在相关培训理论及 SECI 模型的基础上,结合宏发股份培训现状问题及需求分析,提出了基于 SECI 模型的中层干部培训设计优化思路,从教学设计优化和培训实施过程管理优化两个部分进行具体阐述。

(5)培训实施效果评估。本章对基于 SECI 模型的培训效果进行评价和分析,采用柯氏四级评估模型,涵盖满意度评价、学习成果评估、行为改变调查、业务结果调查等方面。

(6)总结与展望。本章对全篇研究分析结果进行系统的总结,探讨了研究中可能存在的问题和局限性,并指明今后的研究方向。

2. 技术路线

本篇的技术路线如图 1.1 所示。

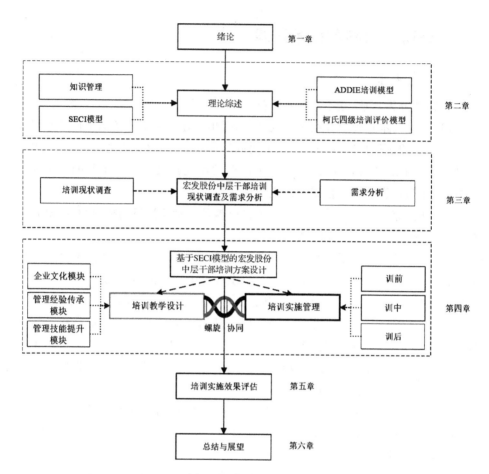

图 1.1　本篇技术路线

二、理论综述

（一）知识管理

21世纪是信息的世纪、知识的世纪。随着外部环境的不确定性、复杂性不断增加，人们对于知识的重视和关注程度也逐渐提升，对于知识的管理理论和方法的研究也日益增多。有研究认为，企业有限的知识资源是未来能够给企业带来效益和发展的关键，而知识管理（knowledge management，KM）也成为促进企业知识增长的有效手段[12,13]。

1. 知识的定义

知识是数据和信息集合的整体，人们为了完成任务和创造新的信息要在实践中运用知识[14]。

2. 知识的分类

知识有多种划分方式。下面在文献调研基础上，对各类知识进行划分和重构，重点从知识的范围、知识的主体，以及知识的可转移性这三个方面对知识进行划分。

（1）内部知识与外部知识。从知识的范围来看，知识有内部和外部的区分。内部知识，也就是企业内部所拥有的各种知识，既包括企业的品牌、专利、商业秘密等，也包含员工个体所拥有的各种知识。外部知识，是指本组织以外的知识。它包括对组织未来发展有利，尚未被组织所获取的知识[15]。相对于外部知识来说，企业内部的知识是有限的，企业的发展既离不开内部知识的交流、共享和使用，也离不开对外部知识的获取，企业应该不断将本组织以外的，有利于本组织发展的外部知识，通过知识转化过程，将其转化为内部知识，为企业所用，形成企业的自身优势。

（2）个体知识与组织知识。根据知识主体的不同，知识可以分为个体知识和组织知识。个体知识一般存在于个人的头脑中，它会随着个体的移动而移动。

组织知识一般存在于组织的各种程序、惯例和一些共同的行为准则中[16]。组织的知识是不断变化的,它的创新依赖于组织内个体知识的更新和整合。

(3)显性知识与隐性知识。波兰尼从知识的可转移性角度将知识分为显性知识和隐性知识。能够通过书面化表达出来的知识就是显性知识。它可以在组织内部进行共享,较好地实现存储、传递和处理。那些难以言明和模仿的知识归于隐性知识,是隐藏在个体中还没有进行编码的知识。这类知识在没有知识携带者的参与时,被交流和共享的概率非常低[17]。无论是内部知识还是外部知识,个体知识还是组织知识,都包含了显性知识和隐性知识[18]。各种类型知识的转化,说到底就是显性知识和隐性知识之间的转化[19]。

3. 知识管理与企业培训的联系

知识管理是促进企业知识有效增长的重要手段,而培训学习是实现知识有效增长的关键方法。隐性知识的有效增长对于企业来说至关重要。企业培训就是以充分有效的知识管理为前提,将企业培训与知识管理有机结合。探索企业培训的渠道和方法,是企业通过有效知识管理获取未来竞争优势的一项主要工作[20,21]。

企业知识是干部培训的关键内容,是开展干部培训的基础。企业通过组织干部培训,挖掘企业内部的隐性知识,实现个体与组织间的知识共享与转化,促进企业知识不断创新,提升企业的核心竞争力。根据企业干部培训的特征,企业知识与干部培训的联系可以总结如图 2.1 所示。该图中呈现了三个主要相关方,分别是企业、培训讲师和受训干部。企业的所有人员、制度规范等综合构成了企业的知识总体,而培训讲师则在企业总体知识的基础上经过提炼形成一定的、有序组织的企业知识,即培训课程体系及课程资源。培训讲师通过培训过程将这部分企业知识传递给受训干部,受训干部则通过培训过程习得部分企业知识,并结合个人的学习成长进一步传播和共享、扩展企业知识。培训讲师在培训

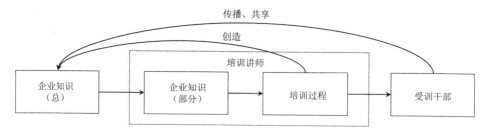

图 2.1 企业知识与干部培训间的联系

过程中也会对原有企业知识进行进一步的总结、提炼和再创造。整个企业培训过程构成了企业知识管理、培训和创造的全流程。

在上述分析基础上,本篇认为,中层干部培训作为企业知识的传递过程,在企业知识管理中扮演着重要角色。从企业知识的维护、管理和创新角度出发,要打造高效的干部培训框架、实现企业知识的管理与创新,需要优化企业干部培训设计思路,使得干部培训不仅仅在传统的企业显性知识传承、扩散等基础性工作上,更要在干部培训过程中,将讲师及参训干部的力量相融合,实现企业知识的有效转化、管理、创新。

企业知识创造可以利用 SECI 模型来解释、管理和进一步拓宽,这也是本篇研究工作的切入点。下面对 SECI 模型进行简要介绍。

(二) SECI 模型

SECI 模型的概念由日本管理学者野中郁次郎提出。后来他与竹内弘高一起对该模型进行完善,提出了 SECI 模型的原型[3,22-24]。该模型利用知识维度的划分,为隐性知识和显性知识如何转化为企业知识、组织知识提供了合理解释,从而为知识创造提供了一种通用潜在的路径。

作为知识管理的拓荒者,野中郁次郎对于知识创新理论的研究是具有奠基意义的。该模型提出后,立即引起知识管理领域学者的关注。学者们对该模型做了深入研究后,既充分肯定了该模型的理论价值,也提出了不少质疑和修正的建议,例如饶勇、芮明杰、耿新等学者的修正论述文献,从另一个侧面反映了SECI 模型的多样化、系统性和可扩展性[6,25]。

接下来,详细论述 SECI 模型的概念和具体内容。

1. SECI 模型的基本概念

SECI 模型,概括而言,由知识转化机制、知识状态、知识转化过程和转化阶段共同构成[26]。

其中,SECI 模型的知识转化机制是通过知识在组织个体和成员之间的不断转化实现的;SECI 模型定义了显性知识和隐性知识两种知识的存在状态;知识转化过程则由四个过程组成,即"共同化""表出化""联结化""内在化";知识转化阶段包括五个阶段,即分享隐性知识、创造概念、验证概念、建造原型、转移知识[27],阐述知识螺旋从个体到组织层面的持续上升和扩展的相互促进作用,创新伴随这些螺旋过程不断涌现。

2. SECI 模型下四个知识转化过程

知识转化的四个过程——共同化(socialization)、表出化(externalization)、联结化(combination)和内在化(internalization)[27]，如图 2.2 所示。

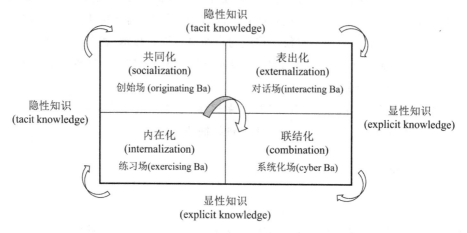

图 2.2　SECI 模型及知识转化示意

(1)共同化——隐性知识到隐性知识。共同化主要是通过个人与个人间、个人与团队间进行体验分享等方式，创造一些隐性的共同操作技能和思维模式。这个过程是组织学习的起点，也是培训的基础。个人所具备的隐性知识需要设定专门的情境才能表现出来。在这个过程中，体验是关键。例如头脑风暴的实施、模仿和练习的实施等共同体验的建立，可以实现对隐性知识的转化和学习。最典型的过程就是师傅带徒弟的过程。

(2)表出化——从隐性知识到显性知识。表出化是将隐性知识转换为显性知识的过程，是实现企业知识创造的一种最重要途径。这一种模式本质上就是对相关隐性知识进行概念化从而创造概念的一种过程。这个过程通常通过对话或集体讨论、反思来推动，概念化的过程需要借助语言来完成。

(3)联结化——从显性知识到显性知识。联结化体现由显性知识到显性知识的融合创新过程，它是将各种知识概念在一定主题下有机综合成为知识体系的过程。对与某个特定主题相关的显性知识以系统化的调研、收集、分析、整理、分类、融合和维护等多种方式进行重构，生成新的显性知识。在企业干部培训中，讲师、培训团组及所有参训干部可以通过联结化这种典型模式，实现显性知识的分享、重构、联结，从而既提高了显性知识的转化传递效果，又提高了参训干部对显性知识的理解、掌握程度。

（4）内在化——显性知识到隐性知识。内在化是从显性知识到隐性知识的转化过程，这个过程与"做中学"关系密切。个体通过内在化的过程，将显性知识转化为可以为自己未来创造效益的隐性知识，使个人的人力资本得到升值；而组织通过内在化过程，将个体和组织的显性知识转化为组织整体的隐性知识，用于激发新一轮的知识创造，形成组织的持续竞争力[28]。

3. SECI 模型下的 Ba 理论

知识创造是在一定实际场景下进行的，因此知识创造过程与场景密切相关。SECI 理论针对围绕知识创造的场景，提出了"场"（Ba）的概念[29]，Ba 即为促进知识转化与生成的某种环境和场景。野中郁次郎将"场"（Ba）定义为："知识创造、共有、活用所共有的环境。"[30]

对应于共同化、表出化、联结化和内在化四个过程，存在创始场、对话场、系统化场和练习场四种类型的 Ba。场域将知识转化的这几个过程连接起来，促进知识之间的转化，并且通过不断的循环往复，形成了知识转化的持续上升状态。四种类型的 Ba 的简介如下。

（1）创始场（originating Ba）。创始场是企业中个人与个人之间，面对面分享隐性知识的场所[28]，在该场所中，每个个体成员分享各自的经验、情感体验以及心智模式等。从该场所的作用和特征出发，创始场域设计的关键在于个体与他人之间产生信任，继而实现个人知识的转化。

（2）对话场（interacting Ba）。对话场是企业中个体与成员之间，采用对话和反思等方式，将个人的体验、技术诀窍转化为术语和概念的场所。通过语言的转化，将个人的隐性知识转化为显性知识，并表达出来。对话场域设计的关键在于小组成员要经过有意识的筛选，将具有特定知识和能力的人集中在一起。

（3）系统化场（cyber Ba）。系统化场是企业的成员间、小组间或组织之间的显性知识相互联结的场所。显性知识经由文件、会议、网络或电子媒介联结在一起，对信息进行重构，从而产生新的显性知识。

（4）练习场（exercising Ba）。练习场是企业中个人通过实践练习、积极的行动参与，把组织的显性知识内在化的场所。练习场域的设计，要通过典型的活动，例如教育训练等，以及有效的体验，将知识内在化，并通过分享，形成新一轮的知识创造。

上述四种场域的不同特征，推动企业内部知识的螺旋上升，促进新知识的持续创造[31]。

4. SECI 模型知识创造过程的五个阶段

在 SECI 理论中,野中郁次郎和竹内弘高根据知识创造过程的阶段性特征,从时间维度出发将知识创造过程划分为五个阶段。这五个阶段分别为:共享隐性知识、创造概念、验证概念、建造原型和转移知识[32]。这五个阶段与知识转化的四个过程基本对应。

(1)共享隐性知识阶段。这个阶段与共同化过程大体对应。组织的知识创造无法由自身产生,个体的隐性知识是知识转化循环的起点。大量的隐性知识存在于个体的头脑中,要使其发生转移,实现共享,就需要建立一个能够面对面交流、对话的合适场所,让组织成员间产生信任,并愿意分享其各自的体验和经验,共享知识。

(2)创造概念阶段。第二个阶段和表出化过程对应。在创始场中形成的共享知识,通过对话和反思的形式表述出来,利用演绎或归纳转为显性知识,最后采用比喻或类比的方法结晶为显性概念。

(3)验证概念阶段。知识是经过验证的真实信念。显性概念创造出来后,是否对组织和社会有价值,需要进一步验证。验证的标准既可以是定量的,也可以是定性的,可以是依据客观事实的,也可以是基于判断的。

(4)建造原型阶段。这个阶段与联结化过程类似。经过验证的概念,要进行原型建造,转化为新的显性知识,实现新创显性知识与既存显性知识的结合。

(5)转移知识阶段。组织的知识创造是一个循环往复、迭代上升的互动式螺旋。某个知识原型产生并固化后,这个过程并不会因此结束,而是新产生的知识原型将再次进入 SECI 螺旋之中,推动知识的持续迭代创造,进而推动知识创新的循环往复。

对知识创造的五个阶段的研究,有助于理解知识螺旋的整个变换过程,对该理论的动态过程进一步研究,为后续在培训中更好地创造新知识,促进螺旋向上及左右循环运动提供理论依据。

5. SECI 模型及 SECI 与企业培训的研究情况

赵蓉英等在 SECI 知识转化模型的基础上对 SECI 模型进行了改进创新,提出了新的知识转化向量模型和知识转化螺旋模型,为知识转化模型的研究提供了一些新思路,有助于深化对 SECI 模型的理解和认知,对利用 SECI 模型开展培训和企业知识管理提供了一定的参考[28]。野中郁次郎认为,获取隐性知识的关键是经验,没有经验的分享,一个人很难把自己投映在另一个人的思考过程中[27]。刘曦卉等认为,SECI 模型中的知识转化过程直观地反映了企业知识创造的途径,专业技术人员的工作和创新都更依赖于他们所固有的隐性知识,因此隐性知识的开发和利用是知识管理的核心[33]。这对企业干部培训中基于 SECI 模型强化隐性知识的开发和利用提供了重要提示。

也有不少研究者关注 SECI 模型在培训中的应用问题。王海宝等将 SECI 模型应用于半导体显示企业中的内部知识资源利用及知识流转,并提供了一套基于 SECI 的组织知识流转运营方案[35]。该研究工作为干部培训下企业知识的流转利用提供了一定的参考思路。张琳琳等结合参与式培训的理念、知识生成与转化理论,构建了一种在 SECI 模型视角下的参与式信息技术教师培训模式[36]。该研究工作提供了一种结合应用场景特性来构建有效 SECI 培训方案的思路,具有一定启发性。

这些研究工作为 SECI 与企业培训的融合奠定了一定的基础,但这些前期工作缺乏系统性,实施上可行性欠佳,因此,仍需进一步将 SECI 模型与培训情境进行深度融合,实现 SECI 的高效落地。

(三)企业培训分析及相关理论

企业培训由企业设计、组织和实施,它是一个面向员工知识、技能和素质提升的培训系统。企业培训系统可用图 2.3 表示。企业培训是由培训讲师在培训课程体系的基础上,通过系统设计的培训过程,完成员工培训。其中,培训课程体系是在经过系统总结和整理的企业知识的基础上建构的。

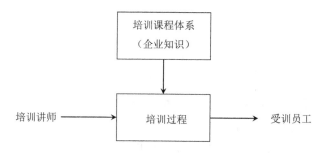

图 2.3　企业培训系统示意

企业培训建立在培训课程体系的基础上,培训课程体系是经过提炼、浓缩和系统化后的企业知识,它可以依托 SECI 模型进行迭代,从而产生更富有创造性、更加有效的课程体系,以支撑讲师教学和员工学习。

对讲师而言,培训过程就是教学的过程;而对受训人员而言,培训过程则是学习的过程。因此,企业培训和教育学相关理论关系密切。干部培训必须在这些理论基础之上建构。为了在 SECI 模型基础上开展宏发股份干部培训设计优化,我们需要对相关理论进行系统性梳理。

企业培训模式有多种类型。SECI 模型下的企业培训方案还涉及两大重要问题,第一是培训过程的设计流程模型,第二是培训效果的有效评估。本篇对目前企业常用培训分析及其相关理论进行分析,采用 ADDIE 培训模型作为培训设计流程模型,采用柯氏四级评估模型来进行培训效果评价。下面对两种培训理论进行阐述和总结。

1. ADDIE 培训模型

ADDIE 由分析(analysis)、设计(design)、开发(develop)、实施(implement)、评估(evaluate)五个部分组成,是一套系统性的闭环培训方法和培训模型[37,38]。作为一种系统化培训模式,ADDIE 为企业培训体系的设计与优化提供了一种有效的模式和设计工具,从而为企业培训效果提升提供了有利条件[39]。该模型对培训过程的整个流程进行了概括和定义,涵盖了分析、设计、发展、实施和评价五个阶段;所有阶段均围绕培训效果提升来展开,构成了一个逻辑严密、体系完整的培训框架。

ADDIE 模型各阶段涵盖的内容如下。

(1)分析阶段。该阶段主要着眼于培训需求分析。分析阶段一般运用访谈、问卷、观察、文献研究、专家小组等方式,从多种来源去收集数据,深入分析企业的真实需求,这些需求既包括组织需求也包括个人需求[40],为培训设计、开发奠定基础。

(2)设计阶段。该阶段在培训需求分析总结的基础上,形成一套实操性、落地性强的培训方案。在有限的资金和资源条件下,培训方案设计能够将需求转化为合理的培训目标、考核方案及培训方式等。

(3)开发阶段。该阶段主要是编撰培训内容的过程,包括开发技术、教材等,实现培训需求向培训内容转化。

(4)实施阶段。该阶段将前面几个阶段的工作成果置于实际操作条件下,通过高效、灵活的方法,使员工获得预期的成果。

(5)评估阶段。该阶段对已经完成的教学课程及受众学习效果进行评估。评估阶段由形成性评估以及总结性评估共同构成,既面向过程又侧重结果产出。形成性评估主要面向过程,因此需要在 ADDIE 流程的各个阶段和关键培训节点处进行;而总结性评估主要面向培训结果和产出,通常在所有培训项目全部完成后进行。

ADDIE 模型是一个系统化的流程,如图 2.4 所示,该流程从培训需求的确定,到培训项目的设计和开发,以及培训实施和评估管理,形成了培训项目的闭环管理。这种培训项目管理建立在对培训对象和培训工作内容的科学分析的基础上,通过整个流程管理,提升培训的效率。通过培训管理,确保培训对象实现岗位所需各类知识、态度和技能的系统获取[41]。ADDIE 模型是一种交互式的培训设计模型,其每个阶段所完成的内容都是下一个阶段开始的内容和条件。

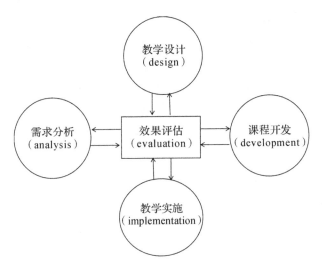

图 2.4　ADDIE 培训组织流程

ADDIE 模型被广泛用于培训及各类课程设计,尤其被用于企业培训项目的优化设计。本篇从培训方案设计优化角度出发,在 SECI 模型培训框架下,融合 ADDIE 的核心流程,通过需求分析阶段明确需求后,在课程开发阶段与教学实施阶段优化和建构高效的基于 SECI 模型的干部培训方案设计,并通过效果评估阶段的评估设计,检验本研究方案的培训有效性,促进培训项目的不断优化。

2. 教学设计的五星教学法

戴维·梅里尔博士通过对不同教学过程主张的研究,提出了五星教学法。该方法对课程开发过程中的各个步骤进行了详细的说明,简单、有效、易操作[42,43]。具体步骤如下。

第一步:聚焦问题。以问题或者任务为中心,当学习者介入解决实际问题时,才能促进学习。

第二步:激活旧知。学员头脑中的旧知是新知识消化的酶。当学员头脑中的旧知被激活后,学员会将新知识与旧知识进行联系,这是形成新知识的基础。

第三步:论证新知。在课程教学中,授课讲师需要对新的知识进行论证的展示,化解学员在新知识学习中的疑问,促进学习的发生。

第四步:应用新知。在课程教学设计中,讲师要设置新知识的应用环节,学员应用新知解决问题,促进新知识的掌握。

第五步:融会贯通。当学习者能够将新知识和旧知识融为一体,在实践中应用自如,学习才最终完成。

3.柯氏四级评估模型理论

柯氏四级培训评估模式(Kirkpatrick 模型)由唐纳德·L.柯克帕特里克教授(Donald L. Kirkpatrick)提出,它重点针对企业培训项目效果的评估问题,研究如何对整个培训结果进行考核[44]。该工具的最大价值在于提出培训效果评估的四个维度,分别从反应、学习、行为和成果对培训效果评估的准确性进行研究,从而为培训效果的提升奠定了基础,成为培训过程闭环优化的必要支持条件[45]。

柯氏四级培训评估模式如图 2.5 所示。

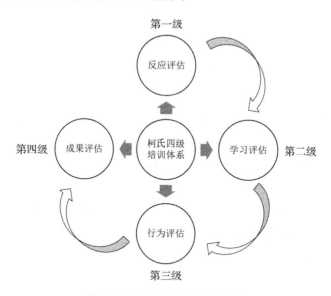

图 2.5　柯氏四级培训评估模式

第一级,反应层级(reaction)。对参与培训项目的学员进行调研分析,准确衡量他们对培训所做出的反应,从而评估被参训人员的满意程度[46]。

第二级,学习层级(learning)。测定参训人员的学习获得程度,包括学员能够在多大程度上实现知识扩充、能力提升以及态度情感转变等培训效果。

第三级,行为改变(behavior)。通过行为考察参训人员的知识运用程度,考察参训人员在培训后能够在多大程度上实现行为的改进。

第四级,成果层级(result)。衡量培训后的业务结果,考察参训人员参加培训项目结束后能否获得包括销售上升、成本下降、管理能力提升等多个方面的成效。

具体对四个层次进行如下说明。

反应层级主要是从受训人员的角度收集反馈信息,观察受训人员的相关反应,以此来评价整个培训活动是否成功,评价培训组织者的工作是否有效,评价授课讲师的课堂表现是否能够令新员工满意。在本阶段,培训管理部门可以通过多种形式的满意度调查来进行反馈信息的采集。满意度调查表需要根据培训目的、培训内容、讲师培训效果及学习成效等多个方面进行精心设计,以达到一定的效度。

学习层级主要是对培训效果的检验,侧重于检验受训人员的学习成效。本阶段,需要有效评价受训人员参与培训活动后在知识、技能和态度等多个不同维度上的成长情况。因为培训活动多种多样,可以分阶段、分活动进行评估。比如,理论课堂培训活动,可以通过考试、理论评测来检查参训人员在理论知识方面的学习成效,考察他们对理论课堂知识的理解、掌握程度;在各项实践培训活动中,可以通过模拟实践环节来考察参训人员的实践动手能力。

行为改变层级主要是对参训人员在培训前后的工作行为、状态变化进行检测、分析,以确定参训人员通过参与培训发生多大程度上的行为改进,即培训对参训人员行为的影响。通过合理的行为指标定义、采集及前后行为状态的比较,判断培训对参训人员在行为上的影响范围及影响内容。行为评估的结果是培训成效的组成部分,可以提供培训迭代改进的依据。

成果层级面向业务的产出和结果,可以从微观和宏观两个维度来进行评价,一是参训人员在参与培训后工作业绩的变化;二是企业或部门因人员培训产生的变化。这一阶段的重点是设置合适的评价机制和办法。

上述四级评估根据其内容不同,从不同维度、不同层次对培训成效进行监测评价,形成了四级体系,逐层推进,构成了一套完整的培训成效评价体系。

柯氏四级培训评估被广泛应用于企业干部培训效果评估。但目前尚未有研究工作将 SECI 模型与培训评估进行融合。为实现对基于 SECI 模型的宏发股份中层干部培训成效的有效性评价,本篇采用柯氏四级培训评估构建系统化的培训成效评价体系,融合定性与定量两种评价方式,实现培训效果的准确监测和反馈,从而将培训效果作为 SECI 模型迭代更新的重要依据。

(四)本章小结

　　本章主要对企业知识的基本概念、SECI 模型及企业培训相关理论做了系统性总结和梳理,找到了中层干部培训与知识管理 SECI 模型的关系。

　　首先,SECI 理论提供了一套实现隐性知识与显性知识相互转化的方法,为干部培训有效性的提升指明了方向,并明确了中层干部在知识转化过程的关键作用。其次,SECI 模型的四个过程和场域的设计,可以贯穿于培训项目的整个 ADDIE 流程中,将其应用在 D 阶段的教学设计策划和 DI 阶段的培训实施过程策划中,为更好地实现知识的转移提供了切实可行的方法。再次,研究过程中,发现 SECI 模型的五阶段法与梅里尔的五星教学法相通,可以运用于课程开发过程实践中,提升课程的互动性,促进知识转移的产生。最后,企业培训理论的柯氏四级评估模型,提供了一套验证干部培训有效性的系统方法,帮助企业建立中层干部培训项目的评价方案,以了解培训的真实效果,帮助找到后续的改进和提升方向。

　　后续内容,将从培训现状和需求调查、培训方案设计、培训实施效果评估等几个方面对基于 SECI 模型的宏发股份中层干部培训方案设计进行论述。

三、宏发股份中层干部培训现状调查及需求分析

（一）宏发股份及管理团队介绍

宏发电声股份有限公司于1984年成立,2012年上市,员工人数超过1.5万人。通过30多年的发展,公司已成为世界一流的电子元器件研发和生产基地,目前拥有30多家全资、控股子公司,产品涵盖了继电器、低压电器、高低压成套设备、精密零件及自动化设备等多个类别,其主营业务的国内市场占有率达到40%,全球市场占有率超过17%,位居该行业全球第一,产品出口到120多个国家和地区。产品的应用范围涉及工业、能源、交通、信息、生活电器、医疗、国防等行业,并建立了全球多个国家和地区的本地化产品服务网络,具备全球化的市场运作和服务能力。自成立以来,宏发股份通过"严抓质量、以质取胜"的经营理念,创建了从产品研发、模具制造、零件制造、自动化设备制造,再到成品装配的全产业制造链,形成了企业独特的核心竞争优势。

近几年,一方面,随着公司的快速发展,成员企业不断增加,对具有先进管理经验的干部需求日益增大;另一方面,公司当前高层团队超过或临近退休年龄的人员偏多(2025年达到退休年龄的人数为6人,占14%),管理干部队伍年龄层次存在一定结构性问题(见表3.1),核心高层管理队伍的接班问题日渐突出,亟须培养一支年轻的中高层管理队伍。高层团队对干部培养工作非常重视,并将其作为公司当前发展的头等大事来抓。

表 3.1　宏发股份核心高层管理团队人员构成

当前年龄/岁	人数/人	占比/%	当前年龄/岁	人数/人	占比/%
$\geqslant 60$	3	7.0	$40 \leqslant X < 50$	21	48.8
$55 \leqslant X < 60$	3	7.0	$30 \leqslant X < 40$	7	16.3
$50 \leqslant X < 55$	9	20.9	合计	43	100.00

为此,集团内负责干部培训工作的部门于 2019 年更名为工业管理学院,其使命也从围绕"质量"工作开展队伍建设,更改为"输出理解公司企业文化的人,更好地提炼和总结企业的知识和经验",同时将"干部培养和挖掘"作为其核心业务来抓(见图 3.1)。

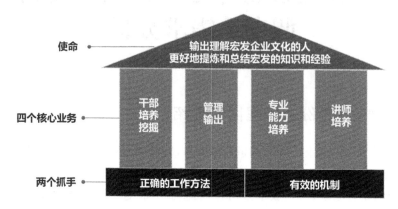

图 3.1　宏发工业管理学院的业务与使命

当前宏发股份共有中层干部 767 人,配备还是比较充裕的。从干部年龄结构(见表 3.2)来看,40 岁以下的人员占比达到 55.8%,有较大的培养空间。

表 3.2　宏发股份当前中层干部年龄构成

当前年龄/岁	人数/人	占比/%	当前已达退休年龄人数及占比	2025 年将达退休年龄人数及占比
≥60	4	0.5	15 人,占 1.9%	52 人,占 6.8%
55≤X<60	14	1.8		
50≤X<55	53	6.9		
40≤X<50	268	34.9		
X≤40	428	55.8		
合计	767	100	15	52

(二)宏发股份中层干部培训现状

为了更好地设计中层干部培训方案,本篇将之前已经开展过的所有中层干部培训的情况进行了调查汇总。

2015 年以前,在中层干部内部基本没有开展过培训,大部分干部的培养都是通过岗位历练及主管带教的方式进行,也尝试过将个别干部送到外部进行系统培训,但后续没有持续。

2015—2017 年,宏发股份共开展了 11 期不同的中层干部培训,平均每年 2~3 期。具体见表 3.3。

表 3.3　宏发股份 2015—2017 年开展的中层干部培训汇总

序号	时间	培训项目	期数/期	培训形式	培训内容
1	2015 年	MTP 才能发展培训	1	外训	1.管理角色与原则 2.任务管理 3.人员管理 4.领导力发挥
2	2015 年	干部宏发之道研讨班	4	内训	宏发的企业文化
3	2016—2017 年	中层干部企业文化培训班	3	内训	1.宏发之道 2.财务管理之要义 3.宏发技改工作的经验与教训 4.宏发质量发展历程与挑战 5.精益生产管理技术
4	2016—2017 年	经济管理高级研修班	2	外训	1.微观经济学 2.管理经济学 3.宏观经济学 4.企业经营统计学 5.管理学 6.运营管理 7.组织行为学 8.战略管理 9.公司理财
5	2017 年	新任中层干部培训班	1	外训	1.管理者如何打造高绩效团队 2.管理者如何培育及辅导部署

结合上表,可以将宏发股份中层干部培训的现状总结如下。

(1)从培训方式和培训内容来看,内训 7 期,外训 4 期。内训全部围绕企业文化及企业文化在关键模块的管理经验来进行,外部培训全部都是管理技能提升的相关培训,其中一半的培训是外部机构来承担的,另外一半是与高校进行合作,将高校讲师请进来进行培训。总体来说,除了与高校合作的高级管理研修班,其余的培训内容都比较单一。

(2)从培训参加人次来看,内部培训 156 人次,占比 47％,外部培训 179 人次,占比 53％。由于每期培训都是单独报名的,对其参与名单进行进一步核对,发现内外部培训重合的人员比例不到 20％,大部分干部没有同时接受企业文化和管理技能的培训。

(3)从培训效果的评估方式来看,目前已开展的干部培训大部分都只采用了第一级和第二级的评估方式,采用第三级评估方式的培训活动集中于外部的两期培训,其最终的完成率也不到 50％,培训的最终落地效果并不好。对学员进行调查后发现,培训落地性不好的主要原因是课程内容与实际工作有一定的差异,迁移较难,时间一长,工具也忘记了,更不会去使用了。

(4)从培训的满意度得分来看,得分最高的是新任中层干部培训班的培训,其次是 MTP 管理才能发展培训,满意度得分最低的是经济管理高级研修班。在对原始的满意度调查问卷信息进行分析后发现,满意度得分高的培训,其授课形式都比较多样化,除了原有的讲师讲授,都采用了游戏教学、角色演练、课堂研讨等多种教学方式结合,课堂的趣味性和互动性比较好(见表 3.4)。

表 3.4　宏发股份 2015—2017 年中层干部培训效果评估

培训项目	培训效果评估			
	满意度 得分/分	培训心得 提交率/％	行动计划 提交率/％	行动计划 完成率/％
MTP 管理才能发展培训	95.15	—	30	—
干部宏发之道研讨	90.5	100	—	—
中层干部企业文化培训班	94.8	100	100	32.0
经济管理高级研修班	84.0	—	—	—
新任中层干部培训班	97.1	100	100	27.5

根据上述调查,总体来看,2015—2017 年的中层干部培训的摸索,既建立了部分企业文化相关课程,又引进了不少管理技能培训的经典课程,也得到了不少学员的认可,但从调查结果来看,主要存在以下不足。

（1）这些培训都是基于课程本身来开展的，并没有将其作为一个培训项目进行整体策划，培训前期没有对培训目标进行确定，也没有匹配足够的教学设计来对培训的目标实现进行保障，培训的落地性难以保证。

（2）已开展的培训没有进行内训与外训的结合，而且每次培训都只围绕管理或文化的其中一部分进行，培训的系统性不足。

（3）培训的课程大部分都是纯知识传授，缺乏实际工作经验和案例的融合，而且缺乏练习和辅导，讲师的知识与学员的知识之间没有足够的衔接，学员从知道到最终做到所需的知识转化过程设计不足。

（4）没有建立系统的培训评估方法，培训后的转化和巩固效果也缺乏跟进和管理，培训后的有效性评估不够，无法给后续培训提供参考和迭代依据，无法促进培训项目的优化和培训效果的提升。

（三）中层干部培训需求调查

从宏发股份过往的培训分析来看，培训的内容多种多样，众多课程也让人眼花缭乱。为了更好地确定培训的重点，本次研究对培训需求分别从组织和学员两个层面进行重新调查，调查结果分析汇总如下。

1. 组织层面的需求

干部的管理是所有企业一把手最重视的事情，为了更好地了解一把手对干部培训的需求，本次研究特将宏发公司总裁的相关讲话内容进行整理，提炼出组织对干部及干部培训的两个关键要求。

（1）对干部的评价重点在于干部对公司企业文化的理解程度，并且要求干部能够真正传承公司的核心管理经验和管理要求。干部的企业文化和管理传承对于公司的当下发展和未来发展至关重要。

（2）干部培训的内容设置，要将公司的内部知识放在第一位，要重视企业内部知识的培训和学习。企业内部知识是纲，在这个基础上再结合其他先进的管理方法的学习，才能培养企业未来所需的干部。

2. 学员对象的培训需求调查

（1）需求调查方式

问卷调查。

（2）问卷调查目的

了解中层干部当前面临的主要管理问题，以及他们所期望的培训内容。

(3)问卷设计

本次问卷主要围绕挖掘培训对象在管理工作中的主要痛点(短板),了解真实的、最急迫的培训需求,同时参考外部培训机构的管理培训相关调查问卷进行设计。问卷初步设计好之后,选取拟调查对象 3 人(不参与后面的正式调查)进行预调查,通过调查结果检验问卷的效度,并根据被调查者反馈的意见对问卷相关内容进行修订,制成正式问卷。

该问卷共分为五个部分,共 24 道题目。除基本信息问题(2 题)之外,问卷第一部分是关于管理认知(4 题);第二部分是关于学习认知和学习状态(4 题);第三部分是个人管理的优劣势分析(3 题);第四部分是关于管理工具/方法的应用情况(9 题);第五部分是开放式问题(2 题)。

该问卷分别设置单选题 2 题,是非题 14 题,多选题 6 题,开放型问题 2 题。大部分是非题都匹配了多选题进行相互验证,以确保调查的准确性。

(4)问卷发放

本次调查选取集团各公司任职五年内的中层干部作为调查对象,借助"乐调查"这一专业的网络调研平台,采用网上匿名填写调查问卷的方式进行。为便于调查对象填写问卷并确保回收率,通过邮件发送调查问卷时,同时提供 PC 端的问卷页面链接及手机端的问卷二维码(可任选一种),并发送手机短信进行提醒。

(5)问卷回收情况

本次共发放问卷 150 份,回收 131 份,问卷的回收比例为 87.33%。

(6)调查结果分析

①干部任职时间和下属人数情况

根据调查问卷,干部任职时间分布情况如图 3.2 所示,各干部所管理的下属人数分布情况如图 3.3 所示。

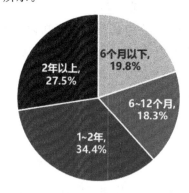

图 3.2 中层干部担任干部时间分布示意

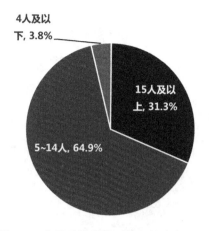

图 3.3　中层干部所带下属人数分布示意

　　根据上述统计结果,担任干部职位 2 年以上的只占 27.5%,大部分干部为 2 年以内的新任干部。而 96.2% 的干部带人数量都超过 5 个人,亟须提升管理经验。

　　②干部年龄、司龄及专业领域分布情况

　　根据调查问卷,干部年龄及司龄分布情况如图 3.4 所示,各干部所负责的专业领域分布情况如图 3.5 所示。

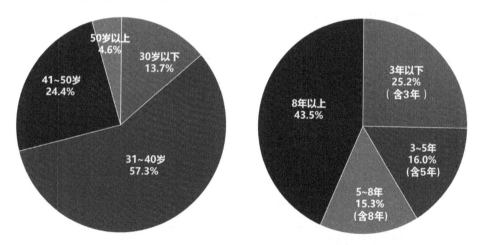

图 3.4　中层干部年龄与司龄分布示意

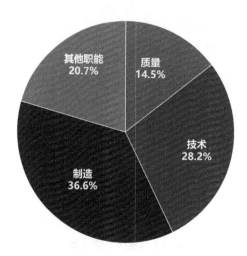

图 3.5　中层干部所负责的专业领域分布示意

根据上述统计结果,31～40 岁的中层干部占 57.3%,近 59% 的干部司龄在 5 年以上。在调查对象中,制造领域的中层干部最多,占 36.6%,其次是技术领域。

③管理认知调研分析

为了解中层干部对于管理工作的基本认知,笔者设置了 3 道是非题及 1 道多项选择题,具体调查情况统计如表 3.5 所示。

表 3.5　中层干部的管理认知情况

序号	问题	是	否
Q3	我能清楚地理解公司的管理理念及发展目标	98.5%	1.5%
Q4	我能清楚地理解公司对部门及自己的工作期望	98.5%	1.5%
Q5	我明确管理者的角色及定位	86.3%	13.7%
Q17	我认为有效管理者最重要的任务(Top 3)是:		
	1. 实现目标和绩效	43.5%	
	2. 团队建设	17.6%	
	3. 明确职责与分工	16.8%	

Q3－Q5,几乎所有干部都认为自己已经明确公司的理念和发展目标,理解公司期望且能够清晰明确管理者的角色和定位。

Q17,中层干部认为的效管理者最重要的任务分别为实现目标和绩效

(43.5%)、团队建设(17.6%)、明确职责与分工(16.8%)。

虽然,86.3%的调查干部认为自己能够明确管理者的角色和定位,但只有43.5%的干部认为有效管理者最重要的任务是实现目标和绩效。

④学习认知及学习状态调研分析

为了解中层干部对于管理学习的认知情况,笔者对中层干部对学习的认知情况及学习状态进行了调研。根据问卷调查结果,中层干部对学习的认知情况如表 3.6 所示,而他们的学习状态情况则如图 3.6 所示。

表 3.6　中层干部对学习的认知情况

序号	问题	是	否
Q6	近半年内我认真阅读过至少一本管理类书籍	41.9%	58.1%
Q7	近一年内我参加过至少一场管理类培训	55.7%	44.3%
Q8	我认为目前没有参加管理培训的必要性	4.5%	95.5%
Q19	我目前的学习状态是:		
	1.偶尔主动学习,但缺少计划,不能坚持	32.8%	
	2.有工作需要的时候才会针对需要学习	27.5%	
	3.经常主动学习,有计划地持续进行	23.7%	
	4.有学习的念头或打算,但没时间	16.0%	

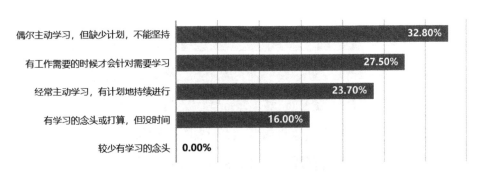

图 3.6　中层干部学习状态调研分布情况

根据调查,只有不到5%的调查对象认为自己目前没有必要参加管理培训。而在自我学习状态方面,仅有 23.7%的调查对象能够做到经常主动学习,有计划地持续学习。

⑤管理中的优劣势分析

为了解中层干部对自我管理水平的感知情况,本次调研通过 Q20—Q22 这三个问题对宏发中层干部进行调查,问卷提供了经有效分析列入的多个备选项,由中层干部根据自身情况进行选择。笔者对调研表各问题(见表 3.7)反馈的主要方面进行了统计,结果如图 3.7 至图 3.9 所示。

表 3.7 中层干部管理中的优劣势分析

序号	问题
Q20	我认为自己做得出色的方面有哪些(多选)
Q21	我认为自己存在的主要不足有哪些(多选)
Q22	我觉得工作中存在的主要困惑有哪些(多选)

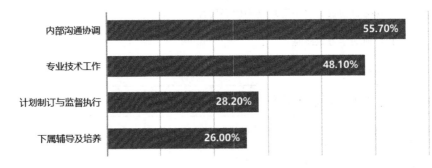

图 3.7 中层干部自认做得出色的四个方面统计

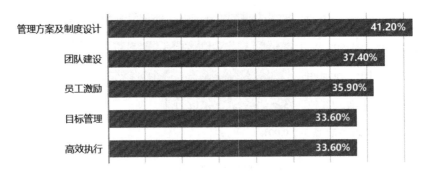

图 3.8 中层干部自认存在的主要不足统计

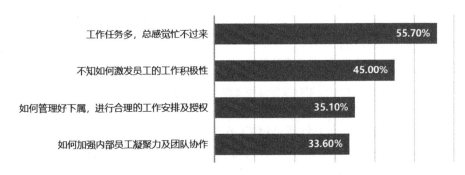

图 3.9　中层干部自认工作中存在的主要困惑统计

所有的回收问卷中,认为自己在管理中较为出色的前两项工作分别为内部沟通协调工作及专项技术工作,分别占 55.7% 和 48.1%,只有 26.0% 的人认为自己在下属辅导及培养工作中较为出色。

而对于管理不足,约 41% 的调查干部认为自己的主要不足在于管理方案及制度设计。

55.7% 的干部目前的主要困惑在于工作任务多,总感觉忙不过来,还有45.0% 的干部困惑点在于不知如何激发员工的工作积极性。

⑥管理工具/方法的应用调研情况

表 3.8 所示的调查结果显示了中层干部对管理工具的应用情况。

表 3.8　中层干部对管理工具/方法的应用情况

序号	问题	是	否
Q9	我善于应用一些工具和方法提升个人工作效率	74.0%	26.0%
Q10	我能清晰地对下属进行目标设定、任务分配	86.3%	13.7%
Q11	我能有效地对下属进行授权	87.8%	12.2%
Q12	我能清晰地识别团队成员的优势并知人善用	78.6%	21.4%
Q13	我善于应用一些工具方法对下属进行因人而异的辅导	46.6%	43.4%
Q14	我经常对表现出色的下属进行正面反馈/及时表扬	86.3%	13.7%
Q15	对绩效不佳的员工,我勇于面对并能进行建设性反馈	77.9%	22.1%

续表

序号	问题	是	否
Q16	我善于对下属进行非物质性激励	55.7%	44.3%
Q18	您在管理工作中应用过以下哪些管理工具/模型	多选题	

调研表中 Q18 列出了包括 ABC 工作检查法、3Q 提问模型在内的 8 项常用管理工具/模型,并对中层干部对这些管理工具/模型的使用情况进行了调研,结果如图 3.10 所示。

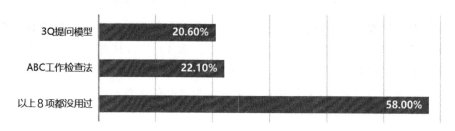

图 3.10　中层管理干部应用管理工具/模型的情况

根据调查结果,58.0%的调查对象基本没有使用过调研表中列示的 8 项管理工具/模型,但 74.0%的调查对象都认同自己善于应用一些工具和方法来提升个人工作效率。在管理方法上,干部们认为自己善于对下属进行非物质性激励的比例是最低的,只占到 55.7%,这与 Q22 的调查中不知如何激发员工的工作积极性,有一定的呼应关系。

⑦开放式问题

为了解中层干部面临的困难或挑战,并了解他们对于干部培训的期望,特设计两项开放式问题,如表 3.9 所示。

表 3.9　开放式问题

序号	问题
Q23	作为一名中层管理干部,我认为自己当前面临的最大困难或挑战是什么
Q24	除本问卷所涉及的内容之外,我对中层干部的培训还有哪些建议或期望

笔者对上述开放式问题的回答进行了充分分析和挖掘,发现 51%的受访对象认为自己在人员管理方面存在较大的挑战。

被调查中层干部反馈的建议主要有以下三个方面:首先,70%的调查者提到希望培训能够更多地结合与自己工作比较贴近的案例,并且希望能够与现行的管理模式相匹配;其次,45％的调查者希望培训的形式能够更加多样化,除了课程,能够增加学员之前的交流或者是一些优秀管理经验的应用分享;最后,30％的调查者提到希望培训项目能够增加实操环节,并对实际应用的问题进行辅导,希望培训能够更加务实、落地。

(7)问卷调查结论

第一,中层干部对培训持有积极的态度,期待能够通过培训来提升管理水平。

第二,从对管理认知、管理的优劣、管理工具/方法的使用调查结果来看,中层干部们对管理者角色的认知及管理任务的理解还存在一定的偏差,这与他们提到的工作任务分配、管理方案设计等管理能力的不足和困惑有较密切的联系。调查还显示,中层干部们在专业技术工作和沟通方面比较有信心,对于下属的辅导、培养和激励还存在较大压力。而且,他们普遍都没有接受过管理工具的培训。因此,干部培训中,需要加入管理技能的相关培训,来帮助干部们改进不足,解决困扰。管理的基础知识(含角色认知和任务分配)及人员的管理(尤其是培养和激励),是干部培训中必须纳入的内容。

第三,从培训建议和期望来看,干部们对培训的落地性和有效性提出了更高的要求。首先,干部们希望培训的课程设计能够更多地结合实际工作案例,尽可能地贴近当前的管理问题;其次,干部们建议培训的形式能够多样化,增加成员们互动交流、优秀经验分享等环节,而不要仅限于课程本身;最后,还提到了培训项目实操设计的要求,干部们认为更多的实操、辅导,可以帮助自己实现知识的转化和落地。从培训方案设计来看,如何优化课程,增加课程的问题聚焦程度、案例和练习的结合程度,如何优化整个教学设计,让培训的落地性和有效性增强,也是必须深入思考的。

第四,从中层干部们对学习的认知和学习的状况了解来看,大部分的干部现有工作内容较多,主动学习的干部占比很少。这给培训过程管理带来非常大的挑战,如果只是采用传统的培训方式,显然无法让干部们主动学习。如何让干部们能够全身心投入培训过程中,如何能够激发干部们的学习动机,让他们能够更多参与培训互动,成为培训方案设计中必须解决的问题。

3.宏发股份中层干部培训目的和培训课程设置

(1)培训目的

结合组织层面和学员层面的调查结果,本篇将宏发股份中层干部培训目标设置为:

①加强对企业文化的理解;

②优秀管理经验的传承;

③管理技能提升(重点:角色认知、任务管理、人员管理)。

(2)培训课程设置

围绕中层干部培训的三大目标及培训的前期需求调查,搭建以内训为主、外训为辅的中层干部课程体系,如表3.10所示。

企业文化模块,主要设置3门课程,分别为:

①宏发之道:讲述公司企业文化的发展历程,并结合公司发展的具体事例,公司企业文化的形成及其关键内核的理解。

②另外2门课程,主要围绕公司的核心竞争优势——质量和技术改造的锻造过程,探讨其重要意义及管理要求。

管理经验传承模块,共设置了4门课程,分为制造业比较核心的质量和生产管理两个部分来探讨管理经验的传承。这两个部分,都采用系统理论知识加管理实践案例分享的课程模式。尤其是精益管理概论,将整个精益生产过程优化为游戏的方式来进行教学,使授课过程充满趣味性。

管理技能模块,设置了3门课程。采用内外训结合的方式。

①外训课程重点在于管理者角色认知和任务管理等综合能力的打造,优先选择了之前已经合作过的"MTP管理技能提升"课程。

②内训课程主要围绕人员管理来谈招聘、培训、绩效、激励及人才管理等人员管理事务,也同步安排了一门人员管理实践分享课程。

表 3.10 中层干部培训课程设置

模块	序号	课程名称	培训方式	课时/小时
企业文化	1	宏发之道	内训	4
	2	质量发展历程及经验得失	内训	4
	3	技改经验及教训	内训	4
管理技能	4	MTP管理技能提升	外训	16
	5	人力资源管理:从理论到实践	内训	8
	6	员工管理实践分享	内训	4
管理经验传承——质量管理	7	质量管理体系基础及基本认知	外训	8
	8	优秀企业质量管理实践分享	内训	4

续表

模块	序号	课程名称	培训方式	课时/小时
管理经验传承 ——生产管理	9	精益管理概论	内训	8
	10	优秀企业精益生产实践分享	内训	4

(四)本章小结

通过对宏发股份中层干部培训现状的研究,本章发现已经开展的培训基本上还停留在传统培训模式上,存在以下问题。

首先,培训项目策划设计不足,培训实施过程没有进行管理,导致所有培训都是基于课程本身来开展,培训形式单一,学习状态难以保证。再加上培训课程的开发大部分都是纯知识的讲授,缺乏工作经验与案例的融合,实操性不够,知识没有内化到学员的实际行动中,培训落地效果较差。

其次,没有建立系统的培训评估方法,培训后的效果评估不够,既无法检查培训目标的完成情况,更无法给后续培训提供优化和迭代的信息。

在本章中,通过对组织需求和学员需求的分析,确定了宏发股份中层干部培训的三大目标,分别是加强企业文化的理解、优秀管理经验的传承、管理技能提升,并匹配该培训目标设计了内外训结合的 10 门课程。

第四章将融合 SECI 模型,对宏发股份的中层干部培训项目进行整体优化,提升培训的有效性。第五章将针对培训效果评估方案进行系统设计、实施评估,确认优化后方案的可行性。

四、基于 SECI 模型的宏发股份中层干部培训方案设计

(一)基于 SECI 模型的培训有效性提升思考

在对宏发股份中层干部的前期培训情况及培训需求(含组织需求和学员需求)进行调查分析后,笔者发现,影响培训有效性的主要问题集中于培训的策划设计。因此,需要找到一个合适的方法,对整个项目的教学设计、培训过程管理(含课程开发)设计进行优化,以确保宏发股份中层干部培训能够最终实现三大目标的要求。

野中郁次郎的 SECI 模型认为,企业的内部知识创造的起点是个体的隐性知识,通过共同化、表出化、联结化、内在化等四个过程,实现显性知识的转化,最终升华为组织所有成员的隐性知识,新知识也就被创造出来。对应于知识转化的四个过程,SECI 模型提出"场"的概念,通过场域的设计,个体知识可以交流、融合和增强,提高隐性知识到显性知识的转化效率。

本篇将隐性知识与显性知识的四个转化过程应用在培训项目策划中,充分发挥了知识转化"场"的作用,建立了从培训教学设计到培训实施管理设计的双螺旋中层干部培训框架(见图 4.1)。

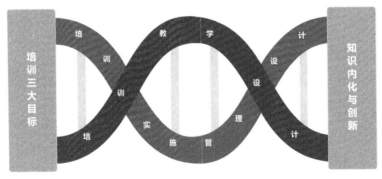

图 4.1 基于 SECI 模型的宏发股份干部培训框架

(二)基于 SECI 模型的宏发股份中层干部培训方案全景

基于 SECI 模型的宏发股份中层干部培训方案优化,围绕培训三大目标的实现,从教学设计到培训实施过程管理构成了一个有机的、系统化的培训设计体系。整个体系从 SECI 四个转化过程和场域设计,对教学设计环节和培训过程管理环节优化,构成了宏发股份中层干部培训所需的企业文化、管理传承、管理技能等知识创造螺旋,将学习的知识有效内化于实际工作中。同时,随着干部培训工作的不同期次迭代,企业知识得到不断扩充和创造,为公司打造了以参训中层干部为核心、具有活力的企业知识创新团队(见图 4.2)。

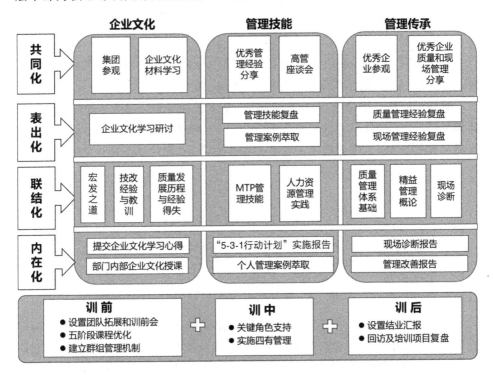

图 4.2　基于 SECI 模型的宏发股份中层干部培训方案全景

(三)基于 SECI 模型的教学设计优化

知识传递与知识创造需要构造合适的情境。在 SECI 模型下,场就是知识传递与知识创造所构造的情境(见图 4.3)。

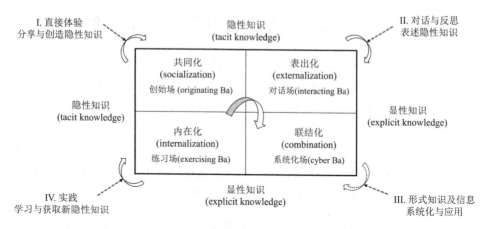

图 4.3　SECI 模型及其关键知识转化

　　基于 SECI 模型，本篇在培训教学设计中构建了四种培训类型：直接体验类、对话与反思类、信息联结类、实践学习类（见图 4.4）。

　　而在不同培训类型下，结合企业特性，设计了不同的培训活动。所有培训活动都按照上述 SECI 培训框架进行系统化设计，都包含上述四种基本类型，从而支持在 SECI 框架下不同维度的企业知识有效传递、管理及企业知识创新。

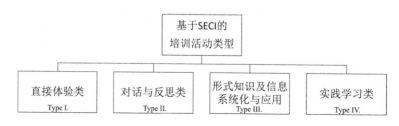

图 4.4　基于 SECI 的培训活动类型

　　SECI 模型的培训方案与培训相关理论相辅相成，可以从 SECI 视角重构传统培训理论中的相关概念来实现 SECI 与培训活动的深层融合。干部培训总是由若干教学活动按一定教学设计有机组成，这些教学活动与 SECI 模型下的场存在高度相关性，因此需要在 SECI 培训方案下，构造合适的场，来促进有效教学设计。

　　对于教学设计活动的有效性，美国缅因州国家训练实验室学者埃德加·戴尔总结了一个教学活动有效性规律，即学习金字塔[47]，如图 4.5 所示。

图 4.5　教学活动类型与学习金字塔[47]

资料来源:美国缅因州国家训练实验室。

在中层干部培训中,也应该借助上述教学规律,结合 SECI 模型选择并构造合适的教学活动,即 SECI 模型下的场的建设(见图 4.6)。

总的规律概括如下。

第一,教学活动应向金字塔底部扩展,产生合适的场,促进学员主动学习,实现知识的高效传递与创造。

第二,应该采用多种不同类型的教学活动,相互配合,发挥融合效应,对应 SECI 不同过程,构造合适的场作为这些教学活动选择和设计的依据。

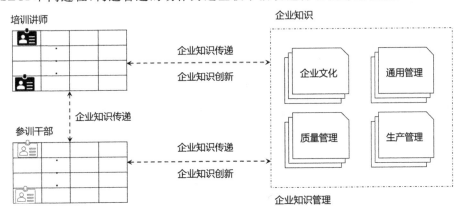

图 4.6　基于 SECI 模型培训框架的企业知识传递、创新与管理

第三,实践、讲授等教学活动主要覆盖在联结化、内在化过程,可以产生较好的成效,因此应构造合适的系统化场、练习场来促进教学效果提升。

为促进知识转化与知识创造,增强培训效果,本次教学设计依托 SECI 模型框架,在四种培训类型下,构造了多元"场",以终为始,设计了不同的培训活动以促进实际培训效果提升。

1. 基于 SECI 模型的企业文化模块教学设计

企业文化模块的培训目标为:加深对企业文化的理解。

衡量中层干部对企业文化的理解程度,需要通过中层干部在企业文化模块所发挥的作用进行探讨。一方面,中层干部要能正确理解企业文化,从行为上符合企业文化要求,以身作则;另一方面,中层干部也是企业文化的传播者,要能清晰地传达企业文化的意义及内涵,让更多人理解和执行。

因此,企业文化模块的学习检验设置了企业文化部门培训和企业文化学习心得这两大任务,并通过企业文化自学、小组交流、讲师授课、案例研讨等教学活动来帮助中层干部实现企业文化知识的转化,正确、深入地理解企业文化(见表 4.1)。

表 4.1　基于 SECI 模型的企业文化模块教学设计

知识转化过程	SECI"场"	教学设计活动	学员输出	知识类别
共同化过程	直接体验类	1.集团参观 2.企业文化学习材料自学	个人企业文化体验小结	隐性知识
表出化过程	对话反思类	小组研讨交流	小组企业文化学习汇报 PPT	显性知识
联结化过程	信息联结类	1.小组企业文化学习汇报 2.宏发之道课程授课 3.提问和交流	组间交流 与老师交流	显性知识
内在化过程	实践学习类	1.给自己部门人员上"企业文化"课程 2.提交企业文化心得总结	授课满意度评价表 企业文化学习心得	隐性知识

2. 基于 SECI 模型的管理经验传承模块教学设计

管理经验传承模块的衡量目标是:中层干部能够在现场管理中,传承现有优秀企业的管理经验,将优秀的管理经验用于现场管理问题的发现和改善。

基于此,管理经验传承模块的学习检验设置了现场诊断及问题改善报告这两个任务。但管理经验传承模块最大的难点在于宏发股份目前还没有对其管理经验进行梳理总结,企业内部知识还处于隐性知识的状态。因此,这次教学活动的过程设计,首先是梳理质量和精益模块的知识点,进行系统化的授课,其次请优秀企业提炼其实践经验,将做法分享给学员。学员通过现场实地参观交流及小组复盘,将学到的知识进行表出化,然后通过现场诊断的方式,将学到的知识进行串联,最后通过改善行动,将管理经验的要点进行内化,形成最终成果报告。

通过学员的第一轮知识循环,小组的复盘总结内容、现场诊断内容及改善内容,都将丰富原有的企业管理经验知识,为后续归纳和总结系统的企业内部管理知识库提供了素材(见表 4.2)。

表 4.2　基于 SECI 模型的管理经验传承模块教学设计

知识转化过程	SECI"场"	教学设计活动	学员输出	知识类别
共同化过程	直接体验类	1. 优秀企业管理经验分享 2. 企业现场参观交流	—	隐性知识
表出化过程	对话反思类	小组内复盘	复盘海报	显性知识
联结化过程	信息联结类	1. 质量知识和精益知识的课程学习 2. 企业管理现场诊断	现场诊断报告	显性知识
内在化过程	实践学习类	问题改善行动	改善行动报告	隐性知识

3. 基于 SECI 模型的管理技能模块教学设计

管理技能模块的衡量目标比较直接,就是能够学以致用,将管理技能灵活运用到实际的管理问题中。

该模块设置的学习检验任务是制订和采用"5-3-1 的行动计划表",将管理技能运用到实际管理问题中。实践后,通过个人管理案例的萃取任务,形成管理技能运用总结报告。

　　由于短期内无法让每位学员把每项技能都实践一遍,因此教学设计活动中,每个小组和各小组间的管理技能实施分享、总结交流,让学员之间相互学习。最终通过优秀案例评选活动,将优秀管理案例编订成册,成为显性的企业内部知识(见表 4.3)。

表 4.3　基于 SECI 模型的管理技能模块教学设计

知识转化过程	SECI"场"	教学设计活动	学员输出	知识类别
共同化过程	直接体验类	第一轮:优秀管理者实践分享 第二轮:个人管理案例萃取	第一轮:无 第二轮:个人管理案例萃取报告	隐性知识
表出化过程	对话反思类	第一轮:小组复盘 第二轮:管理案例分享交流	第一轮:复盘海报 第二轮:无	显性知识
联结化过程	信息联结类	第一轮:制订个人行动计划 第二轮:优秀管理案例成册	第一轮:"5-3-1 行动计划表" 第二轮:优秀管理案例学习手册(知识创新)	显性知识
内在化过程	实践学习类	第一轮:管理改善行动	第一轮:改善行动报告	隐性知识

(四)基于 SECI 模型的培训实施过程管理优化

　　培训的实施过程管理分为训前、训中、训后三个部分,三个部分的管理都按照 SECI 模型进行了优化设计(见图 4.7)。

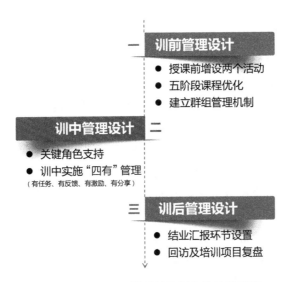

图 4.7　基于 SECI 模型的培训实施过程管理

1. 训前管理设计

传统培训的训前管理工作都是针对课程本身进行的,主要是课件的准备、教具的准备、现场培训设施、设备的确认等,忽略了每位学员本身自我认知差异的存在。

在参训前,学员心里充满疑问:这次培训讲些什么内容? 和我有关吗? 我为什么要学这个? 这个培训好玩吗? 我能学会吗? 这些疑问就像学习途中的拦路虎,没有解决好,学员可能随时失去学习的热情。

SECI 模型中也提出了相应的解决方案。首先,在知识创新循环的共同化阶段,提出了需要通过一些直接体验的方式来建立成员之间的相互信任,这里的关系既包括学员与群组之间,也包括学员与学员之间。其次,为了更好地做好讲师传授的知识与学员传授知识之间的联结,讲师的课件也进行了优化处理,将知识更加的结构化、形象化,并将原有课程的 40% 的时间用于与学员进行互动交流。

(1)授课前增设两个活动

训前管理工作增设了两个活动,一个是班组团队拓展训练,另一个是训前会。班组的团队拓展训练,通过一些挑战性的游戏体验和反思活动,促进了学员之间的快速认识和了解;训前会中,班主任对整个培训项目的全面介绍,让学员充分认识到开办培训班的目的、群组管理机制、学习过程中的各项要求,明确学院和讲师在这个过程中可以给到的资源支持和帮助,让学员消除紧张感,建立学习的信心,在整个体验中发自内心地认同。

(2)五阶段课程优化

讲师在培训的知识转化中起到了非常重要的作用。这个作用不在于老师本身掌握的知识有多少,传授了多少,而在于学员真正学进去了多少,知识联结和内化了多少。因此,好的课程必须以学员为中心,课程设计优化的关键在学员知识创建过程的设计、互动过程的设计。

SECI 模型中提出知识创造由五个阶段组成,分别是共享隐性知识、创造概念、验证概念、建造原型、转移知识。这五个阶段与梅里尔的五大教学过程的思路完全吻合,本次研究将这五个阶段充分应用在课程开发中。

①共享隐性知识——聚焦问题。优化后的课程以中层干部的问题或者任务为中心,通过设置与干部工作任务相关或将碰到的问题情境化的案例,建立干部与讲师之间的共同体验,在课程前期抛出问题,让学员主动参与。

②创造概念——激活旧知。学员来参加培训学习,都带着自己的隐性知识(包括过往的工作经验、过往的旧知)来到现场。学习中,人们也比较习惯以自己的经验和知识来解释新的知识。因此,课程中,讲师采用更多与旧知识联系的方式,包括比喻、类比等,让学员可以更好地激活旧知,理解新的概念,促进学习的发生。

③验证概念——验证新知。知识是经过验证的真实信念。学员只有自己想明白了,才能真正地接受。讲师要通过更多的新知与旧知之间的联系,让知识更加结构化、清晰化,来展示和论证要学习的新知识,学员完成知识在大脑中的综合和桥接。

④建造原型——应用新知。在这个阶段,讲师设置练习,让学员应用新知,建造原型,亲自验证新的知识,讲师给予适当的反馈和指导,来帮助学员正确验证新知,强化其对于新知的理解。

⑤知识转移——融会贯通。在这个阶段,学员将老师传授的知识融汇到自己的实际工作中,能够做到在不同的情境中熟练使用,还能灵活运用自己的所学进行新一轮的知识创造,就表明学员实现了知识的融会贯通,讲师传授的新的知识,就内化为了学员的旧知。

在这五个阶段中,情境还原、案例分析、类比、归纳、练习等各种方式方法被运用到课程中,而且在每个阶段,讲师和学员的互动是非常密切的,最终学员建立了自己的新知内化,讲师也通过学员的学习反馈,对课程进行新一轮优化。

以人力资源管理课程部分内容为例,五阶段课程优化展示如图 4.8 所示。

五、知识转移
——融会贯通

课后作业：将新知转移到实际工作中

学员设计本部门实际招聘岗位的结构化面试题，并将其结构化面试招聘的实践情况进行总结提交。

四、建造原型
——应用新知

应用新知练习及指导

角色扮演：扮演"产品经理"模拟招聘过程，让学员应用结构化面试的方法来实施招聘。

讲师对应用过程进行指导，并点评方法的使用结果。

最后，归纳并总结常见面试问题，帮助学员纠偏。

三、验证概念
——验证新知

新知展示

引出：招聘六字真言之结构化面试法。

总结"七步面试法"，带领大家一步步了解面试的实际操作要务。

二、创造概念
——激活旧知

通过"冰山素质模型"联系学员旧知

通过冰山素质模型小故事，引出行为与结果之间的关系。

通过过去常见面试方法的讨论，回顾旧知。

一、共享隐性知识
——聚焦问题

案例及讨论

聚焦人选判定问题：招聘过程中，你一般如何判定人选符合要求？

图 4.8　人力资源管理实践课程的五阶段优化设计

（3）建立群组管理机制

1）班委管理机制

建立微信群，并设立"班长＋组长"的班级管理机制，如图 4.9 所示。

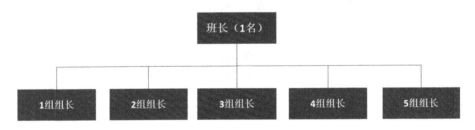

图 4.9　班级管理机制

班长职责：

①协助班主任做好班级有关的各项学习活动；

②在班级中起到带头模范作用，关心班级，为班级服务；

③协助做好班级学习氛围的打造，并主动了解同学的学习情况，提出改进建议和反馈。

组长职责：

①协助班长做好班级的各项管理，打造良好的班级学习氛围；

②组内成员作业的跟进收集，带领小组积极完成各项学习任务；

③关注组员对课程学习情况的效果反馈。

2)学习积分制

主要是通过正向激励的方式激发学员相互学习,相互促进,形成你追我赶的学习氛围。

积分制分为个人积分和团队积分,个人积分、团队积分将分别作为"优秀学员""最佳学习小组"荣誉的评选参考标准之一。团队积分细则如表 4.4 所示。

表 4.4 团队积分细则

评分项目	分值/分	分值说明
小组出勤	10	每次课程,小组全勤,并且未出现迟到、早退情况,可获得积分 10 分,缺勤一人扣 2 分
课前互动及破冰	20	每次开课前,带领大家进行课前游戏互动,可获积分 20 分
课程纪律和秩序	10	培训期间,小组人员手机均已上交,并未出现随意走动情况,小组可获得积分 10 分
面授课程小组 PK	10	每次课程小组 PK,优胜小组可获得积分 10 分
课程学习复盘	15	每次培训后,按照要求完成课程学习复盘,小组即可获得学习积分 15 分
课后作业提交	20	每次课后作业,小组所有人员在规定时间并在规范的要求内提交,小组可获得积分 20 分

2. 训中管理设计

中层干部培训班的实施周期比较长,整个学习过程持续了 4 个月的时间,而且很多课后的实践活动都是发生在学员的实际工作现场,为了确保学习过程可控,通过"场"的优化,为创造知识的过程赋予能量和质量。

(1)关键角色支持

约翰·纽斯特朗姆和玛丽·布罗德做过一项针对 85 家《财富》杂志 500 强公司的调查,发现有 3 个角色对于培训内容是否可以转化到实际工作中的影响最大,分别是学员的上级、参训学员、培训管理者(班主任),在培训的转化阶段,学员上级的影响程度是最大的。而且,中层干部的培养工作实际上本身就是高层管理者的关键任务。

在培训实施过程中,将学员上级和班主任的工作进行分工,如表 4.5 所示。

表 4.5 关键角色工作分工

关键角色	分工要求
学员上级	1.确认培训后行动计划,提供应用机会 2.给予支持与指导 3.给予精神激励 4.成果把关(评审和确认)
班主任	1.学习阶段任务布置 2.学习任务完成情况跟进和反馈 3.学习氛围的营造(活动组织和激励) 4.关注学员学习动态,适当时机给予辅导和帮助,实现与学员上级的联动管理

(2)实施有任务、有反馈、有激励、有分享的"四有"管理

如图 4.10 所示,每个阶段上课前,班主任会将阶段教学设计的相关任务提取出来,明确任务要求及具体完成时间,让学员对本阶段的学习要求一目了然,并可以为此进行预习和相关的准备工作。

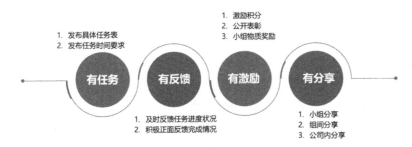

图 4.10 "四有"管理实施机制

没有行动的培训无法落地,没有跟踪的行动容易落空。在这个过程中,班主任和学员的上级都将参与其中,对其完成情况进行督促而非干涉,协助学员完成任务,而不是替代其完成任务。督促的最好办法就是有效反馈。班主任主要是掌握任务完成进度,及时了解学习动态,协调资源帮助学员,而学员的上级更多关注任务的完成质量,给予支持与指导,并对其成果进行把关。

有激励,是指学习过程采取措施使学员保持动力,并鼓励学员做出企业所希望和要求的行为。这里的激励,既包括物质激励也包括精神激励,当然以精神激励为主,以物质激励为辅。精神激励包括积分激励、公开表彰(公布在班级群中,或者抄送到上级领导等);物质激励就是完成阶段性目标的一些小礼品或聚餐礼

包等。这些肯定的行为,都是对学员成果的极大鼓励。

分享是最好的学习,也是知识创造的高效模式。分享的过程,需要学员对知识进行更系统、更透彻的理解,而且通过一次次的分享,启发小组内、小组间、公司内、公司间的知识共享,提升整个企业的学习氛围,为培训效果转化提供更有利的环境。每个阶段,从个人学习到小组分享再到班组分享,分享形式也丰富多样,有复盘、PPT 报告、沙龙、课程等。

3. 训后管理设计

三个模块培训和实施结束以后,将所有知识点进行串联,让学员可以更好地实现模块知识的系统互通也是培训实施一个很重要的工作。因此,在培训的最后,特别策划了结业汇报环节,让中层干部将所学知识进行整合和复盘,班主任和学员的上级对企业知识的内在化情况进行确认,将产生的新知识转化和沉淀,为后一轮培训的开启提供优化和改善的空间。

(1)设置结业汇报

完成三个模块的学习后,班主任会给学员预留近一个月的时间进行个人学习复盘与实践总结。每个学员需提交 Word 格式的培训总结报告一份,报告内容包含:对培训内容知识点的回顾、学习体会、课程知识在工作中应用的情况、工作改进成果展示、对培训项目的改进建议等。每个学员提交总结后,以小组为单位,进行讨论和汇总,整合一份小组最终学习汇报 PPT。学员的个人学习成果及小组的 PPT 都将在结业汇报中进行展示。

结业汇报包含三个环节:一是各小组学习成果汇报(PPT);二是班主任带班过程回顾,反馈学习过程管理的数据和完成情况;三是优秀表彰环节,根据积分管理结果,评选出优秀个人和优秀团队进行现场表彰。

为了更好地连接培训与业务,共享知识创新的成果,让高管更加了解中层干部的学习情况,以便在后续工作中更有针对性地培养干部,实现人才培养的持续性,结业汇报也邀请了总裁、讲师、学员的上级参加,检阅每个学员的学习成果,听取学员的学习汇报,并在汇报会最后给予现场的评价和指导。

(2)回访及培训项目复盘

知识创新是一个持续的循环过程,干部的自我提升和成长也是一个持续的过程。为了真正了解知识内化和培训落地的情况,培训后,除了原有的满意度评价、实施成果总结归档,本项目训后管理中设计了 6 个月后针对学员和学员上级的回访。

整个回访情况将和之前的学习总结一并纳入项目的复盘中,以便在后续的培训项目设计中,实现项目的升级迭代,让中层干部的成长更为快速、高效。

(五)本章小结

本章通过基于 SECI 模型的教学设计及培训实施管理的优化,对宏发股份的中层干部培训方案进行系统的阐述。本章围绕本次干部培训的三大目标,基于 SECI 模型的四个过程,对三大目标模块内容进行教学活动的重新设计,充分使用自学、经验分享、参观交流、小组研讨、角色扮演、行动学习、教授他人等教学方式进行知识创造。为了使学习效果不因学员个人主动性差异而受到影响,培训实施管理也按 SECI 模型进行了优化,训前、训中、训后的管理,将大大提升培训的"场"的作用,促进学习成果的产生。

五、培训实施效果评估

（一）培训评估方案

培训方案策划完成后，接下来进入培训的正式实施阶段。

培训是一个需要不断反思、不断完善的过程，为了更好地对培训班的实施效果进行评估，第一期学员的选择也是非常重要的。本次培训选取了担任部门一把手2～5年的36人为培训对象。这样的选择，主要考量两个因素：一是宏发股份干部管理采用的是一把手授权方式，部门管理中业务一把手发挥了重要的决定作用，优先选择一把手，更有利于培训的后期落地实施，也有利于更好地发挥培训的延续作用；二是任职2～5年的干部已经初步了解了中层干部实际要做的工作内容，也碰到了一些管理的实际困难，但又没有完全摸索出自己的成功经验。他们对培训的需求是迫切的，对于培训是否能够真正发挥实际作用，有更直接的体会。这些都更有利于培训项目的效果评估更加准确。

宏发股份中层干部培训班从4月开始到8月结束，整个实施过程持续了四个半月。培训评估既是这个培训项目的终点，也是后一个项目得以提高和改进的基石和起点。在基于SECI模型对宏发中层干部培训班的策划进行了系统优化后，需要建立一个相对系统和全面的评估框架，对整个培训项目进行评估。在查阅了一系列的文献资料后，笔者决定采用唐纳德·L.柯克帕特里克的柯氏四级培训评估模式来对这个培训项目的有效性进行评估分析。

按照柯氏四级评估理论，本篇将培训项目的评估分为四个级别：第一级，学员反应层级；第二级，学习层级；第三级，行为改变层级；第四级，业务结果层级。

第一层级，学员反应，衡量的是参与培训项目的学员对培训所做出的反应。在这个层级中设置了两部分的满意度评价：一部分是单个培训课程的满意度评价，以便更好地对单个培训课程进行评估；另一部分是整个项目的满意度评价，用于系统了解学员对于项目的整体满意度反应。

第二层级，学习衡量的是培训结束后学员实现态度转变、知识扩充或能力提升等相应结果的程度。这个层级中,针对企业文化这样的态度转变设置了培训心得作业,通过作业了解学员培训前后的态度变化情况;针对管理经验传承这样的知识扩充,设置了现场诊断作业,通过现场诊断报告,看学员是否掌握这些知识;针对管理技能提升,设置了"5-3-1 行动计划表",通过计划表的编制,检查学员对于培训技能的理解。最终,通过学员的作业完成情况及讲师对于这些作业的评价,对学员学习层级的情况进行评估。

第三层级,行为改变,衡量的是参训学员参加培训后在行为方面的改变程度。这个层级的评估,设置在培训项目结束 6 个月后,对所有学员和学员的上级采用问卷和深度访谈的方式进行。

第四个层级,业务结果,衡量的是学员参加培训后能够实现的最终成果。这个层级的评估相对来说比较难。因为业务的提升结果是由很多因素造成的,很难直接将其归结为培训的效果。尤其是针对中层干部培训这样的管理类培训,想要得到量化的结果更是艰难。这个层级的评估,采取的是与第三层级一起调查的方式,通过其行动及行动后的业务结果情况来体现。

宏发培训项目效果评估方案具体见表 5.1。

表 5.1　宏发培训项目效果评估方案

序号	柯氏四级评估	评估活动	说明
1	第一层级——学员反应	(1)课程满意度评价 (2)培训项目满意度评价	每次课程结束 结业汇报结束后
2	第二层级——学习	(1)作业完成情况 (2)讲师对学员作业进行评估	每次作业提交后
3	第三层级——行为改变	(1)学员问卷调查及深度访谈 (2)学员上级深度访谈	项目结束 6 个月后
4	第四层级——业务结果	部门学员及学员上级问卷和访谈(同第三层级)	项目结束 6 个月后

(二)第一级评估结果分析

1.课程满意度评估分析

课程的满意度调查表分为满意度打分及反馈建议两部分内容,其中课程满意度设置课程内容、培训讲师、教学效果这三个部分进行评价。具体如表 5.2 所示。

表 5.2　宏发培训项目课程满意度调查

一、满意度打分项目

课程内容	我能够明确课程学习目标,并将学习目标与所学内容联系起来 课程设计逻辑清晰,条理分明,易于我理解及接受 课程内容密切联系工作实际,能够满足我的实际需求 PPT 制作美观大方,便于我学习
培训讲师	语言表达清晰流畅,便于我掌握各个知识点 我能够很投入地参与培训 我得到了充分的机会去练习我需要掌握的技能 对我来说,积极地参与课堂的讨论、案例学习等各项学习活动很容易
教学效果	课程内容紧密围绕教学目标,我能够接受并掌握课程内容 学完课程,我会将所学到的应用到我的工作中去

二、反馈建议

1.您希望课程在哪些主题上花更多或更少的时间?
2.讲师在哪些方面做得比较好? 在哪些方面需要提升?
3.为了改进课程,您认为还要做哪些调整?

宏发中层干部培训班设置了 10 门课程,每次课程结束后,均采用线上问卷方式匿名评价,满意度问卷提交率 100%。其评价结果汇总如图 5.1 所示。

课程满意度最高分课程为人力资源管理:从理论到实践,达到了 98.71 分;最低分课程为优秀企业质量管理实践分享,也达到了 94.89 分。10 门课程的满意度平均得分为 96.59 分,超过工业管理学院当年度开课课程的满意度平均得分 94.50 分。

总体来说,基于 SECI 模型五阶段法进行优化的课程得到了学员积极正面的评价,学员普遍反馈学习过程互动性好,课程内容和自己的工作贴合紧密,课程中的案例讲解、练习让他们能够很好地掌握所学内容。

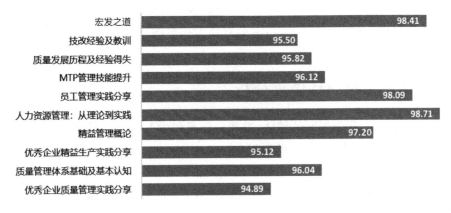

图 5.1　课程满意度评价得分情况

2. 培训项目满意度评估分析

培训项目除了课程满意度评价,还设置了项目的满意度评估表,以便了解学员对于整个项目的反应。

项目的满意度评估设置在结业汇报结束时,主要从与个人发展的关联度、对实际工作的指导、学习落地与运用、学习感知度评价、培训安排的评价、培训组织工作的评价、培训班总体评价等方面让学员进行打分评价。每个项目也是 1—10 分的打分设置。所有参训学员都参与了本次评价,具体评价结果如图 5.2 所示。

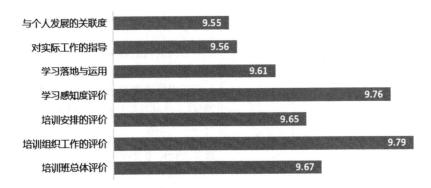

图 5.2　培训项目满意度评价得分情况

从评价结果来看,学员对本次培训的总体评价为9.67分,其中最高的得分项为培训组织工作,得到了9.79分的评价,最低分也超过了9.5分。细看每一份评分表,所有学员对项目满意度评估表的打分都超过了8分,在非常满意和满意之间。因此,整体来看,学员对整个项目的设计和过程管理还是非常认可的。

(三) 第二级评估结果分析

第二级评估,学习层面的评估,主要从学员的学习参与情况、作业完成情况及作业的讲师评价来进行(见表5.3)。

这次培训的出勤率为98%,学员的学习参与积极性远高于现有培训出勤率93%的平均水平。在整个学习项目的激励下,学员的学习热情被激发了,多次出现小组讨论到半夜的情况。

另外,基于SECI模型的教学设计优化后,针对不同模块的培训目标,共设置了企业文化学习心得、现场诊断报告(按小组提交)、个人管理案例、个人行动计划(2次)、培训总结复盘报告等6次作业,作业完成率98.2%(除1名学员中途调离岗位,其余全部提交)。

培训总结复盘报告是在结训仪式上进行汇报,没有进行作业评价,其余的几份作业都反馈给讲师进行作业评价,作业合格率100%。

表5.3　第二级评估结果

输出内容	完成情况	合格率/%	备注
企业文化学习心得	36篇	100	1. 优秀心得8份。所有心得均能正确理解公司成功的最核心的要点,能够围绕企业文化的核心阐述自己的观点,并将企业文化用在实际管理问题点,理解较为准确,还有一定的创新思考 2. 部门内训企业文化培训满意度评价8.93分(高于8分目标),转训学员企业文化考试合格率100%
小组现场诊断报告	6份	100	报告逻辑结构清晰,能够很好地运用所学的精益管理和质量管理知识,找到的现场问题点均较为系统,提出的建议也较为准确、合理。其中有1份报告评为优秀报告

续表

输出内容	完成情况	合格率/%	备注
个人管理案例	35 份	100	1.讲师评价:针对管理案例中的问题,使用的解决工具准确、步骤合理、改善有效 2.学员互评:12 份案例被选为优秀案例
个人行动计划	70 个	100	课程的核心内容归纳准确,个人行动计划制订合理,工具方法使用正确
个人培训总结复盘报告	35 份	100	—
合计	147	100	—

从作业完成情况来看,中层干部在培训期间,都能够较好地将学习到的知识应用于各项任务中。所有的作业除一名学员因为临时调到外地工作,导致后续的作业完成情况受影响外,其余学员都完成了所有的学习作业以及相关的学习任务。

另外,从对作业的输出成果进行检查评价情况来看,原设定的三大目标——加强干部对企业文化的理解、管理经验的传承、管理技能的提升,学习层目标已经基本实现了。

(四)第三级、第四级评估结果分析

第三级、第四级评估是针对行为改变和业务结果方面的评估。考虑到行为改变需要一个时间段来验证,本次培训将这一级评估设置在培训项目结束 6 个月后,通过对学员和学员的上级进行问卷调查和访谈方式来进行。

1. 学员的问卷调查和访谈结果

本次行为方面的问卷调查,共设置 5 道题,分别是企业文化、管理经验传承、管理技能三个部分的落地情况,教学设计对行动落地的促进作用、整个培训的评价,共五个方面。

问卷调查结束后,培训部门还对学员逐一进行了访谈,主要围绕问卷涉及的几个方面,了解其各模块的主要落地行为及成效。

问卷调查及访谈结果汇总如下。

企业文化模块的落地行为调查结果如表 5.4 所示。

表 5.4 企业文化的学习有没有给你的实际工作带来变化?

选项	人数小计/人	比例/%
变化非常大(10 分)	16	45.72
变化比较大(9 分)	13	37.14
有一定的改变(8 分)	6	17.14
本题有效填写人次	35	100.00

注:本题平均得分为 9.25 分。

问卷显示,所有的学员都认同该模块学习后,在实际工作中有改变。其中,83%以上的学员认为学习对实际工作的变化非常大。

培训部门访谈时发现,该模块的落地行为主要体现以下两个方面:

第一,55%的学员组织了部门人员进一步深入学习企业文化,而且将企业文化培训的机制建立在部门内部管理中,持续传播。

第二,70%的学员通过企业文化模块的学习,将企业文化落实在自己的实际工作中,尤其是企业文化中提到的三个核心层面内容及"以质取胜"的精神,推进了当前工作的不断改善。

调查中,大部分的学员都提到,原来认为企业文化只是口号,看不见也摸不着,但通过本次学习,学员发现日常管理与文化息息相关,理解了以后,可以将企业文化很好地融合到工作中。

企业文化与业务结果的直接关系相对较少,但大部分学员都反馈,通过对企业文化的进一步传播以及自己的以身作则,部门员工的认同感和归属感增强了,整个团队的积极性也提升了,员工的满意度调查结果明显高于上一年度。另外,也通过企业文化的贯彻,学员转变了一些错误的观点,纠正了一些技改或质量上的错误决策,一定程度上节约了成本。

管理经验传承模块的落地行为调查结果如表 5.5 所示。

表 5.5 管理经验的学习有没有给你的实际工作带来变化?

选项	人数小计/人	比例/%
变化非常大(10 分)	14	40.00
变化比较大(9 分)	11	31.43
有较小的改变(8 分)	8	22.86

续表

选项	人数小计/人	比例/%
有较小的改变(7 分)	2	5.71
本题有效填写人次	35	100.00

注:本题平均得分为 9.06 分。

　　问卷显示,所有的学员都认同学习该模块后在实际工作中有改变。其中,超过 71% 的学员认为学习对实际工作的变化非常大。

　　访谈培训部门时发现,该模块的落地行为主要体现在以下几个方面。

　　第一,有 83.0% 的学员将质量和精益模块学到的管理经验应用在实际工作中,将"质量和效率"作为工作的两大重点方向,推进部门内部不断发现问题并不断改善问题,提升工作质量和工作效率。

　　第二,41.7% 的学员本身就是制造部门的管理者,学习后,他们将其在制造现场的质量管理和精益生产的优秀管理经验,包括制度、流程的经验,应用在自己的制造现场。而且,通过分享和交流,制造部门的管理者相互学习、借鉴,与分享经验的优秀企业持续保持联系,通过实践—交流—再实践,推进各自制造现场管理经验的传承和创新。

　　管理经验传承模块学习的业务结果主要集中在质量和效率提升两个方面。15 位制造现场管理者,在过去的半年中,将现场的质量 DPPM(defect part per million,每百万缺陷机会中的不良品数)值和客诉 PPM(part per million,百万产品中的不良品数)值下降了 15%～50% 不等,人均效率也提升了 23%～60% 不等,产能也提升了 15% 以上,这对缓解 2020 年订单不断增加带来的人员紧缺问题非常有帮助。其余非制造现场的管理者,通过对质量和精益的学习,梳理了自己的工作流程,减少了浪费环节,也取得很多可衡量的业务成果,例如将原有产品开发周期缩短 15% 以上,流程效率提升 30% 等。

　　管理技能模块的落地行为调查结果如表 5.6 所示。

表 5.6　管理工具的学习有没有给你的实际工作带来变化?

选项	人数小计/人	比例/%
变化非常大(10 分)	12	34.28
变化比较大(9 分)	15	42.86

续表

选项	人数小计/人	比例/%
有一定的改变(8分)	7	20.00
有较小的改变(7分)	1	2.86
本题有效填写人次	35	100.00

注:本题平均得分为9.09分。

问卷调查结果显示,所有的学员都认同学习该模块后在实际工作中有改变。其中,77%以上的学员认为学习对实际工作产生的影响非常大,近23%的学员认为学习后,实际工作有一定的改变。

访谈中,对学员的工具应用进一步深入了解,发现管理工具中用得最多的是PDCA(戴明环,plan,do,check,action)、七步面试法、KSA(知识,技能,能力,knowledge,skills,abilities)分析、工作指导五步法等,对于MTP(管理培训计划,management training program)和人力资源管理课程中提出的转换专家心态、状态共有、马斯洛需求层次论、绩效管理飞轮等也印象非常深刻,在管理过程中,能够让自己对角色的认知更加清晰,对工作任务的管理和人员的管理都产生了非常积极的作用。

在管理技能提升的业务结果调查情况中,学员普遍都提及通过明确部门目标、做好沟通、过程监控、事后总结等方法,部门的工作完成率有了明显的提升,部门的年度目标达成率都超过95%;学会了用人和激励人,员工的积极性有了明显的提升,不少部门员工离职率明显下降;帮助自己招聘到了更合适的人选,且新人转正的评价也都达到了良好以上等。

除了以上这些业务结果,学员中有45%的干部带领部门获得先进部门或其他团队荣誉,取得不少无形的效果。

教学活动设计和培训过程管理对学习落地和运用的行为调查结果如表5.7所示。

表5.7 培训中的教学活动设计和培训过程管理
有没有给你的学习落地和运用带来变化?

选项	人数小计/人	比例/%
变化非常大(10分)	11	31.43
变化比较大(9分)	14	40.00

续表

选项	人数小计/人	比例/%
有一定的改变(8 分)	9	25.71
有较小的改变(7 分)	1	2.86
本题有效填写人次	35	100.00

注:本题平均得分为 9.00 分。

问卷显示,所有的学员都认同学习该模块后在实际工作中有改变。其中,71.43%的学员认为学习对实际工作的变化非常大。

访谈发现,原本只是为了促进培训目标达成的各项教学设计和过程管理方法,不仅在目标达成上产生了效果,还让各位学员在实际工作中借鉴应用,发挥了不少作用,主要体现在以下几个方面。

(1)71%的学员将复盘、分享、行动学习等方法用在自己的日常学习中,让自己对所学知识的吸收及内化效率提升了不少。

(2)54%的学员将教学设计中的研讨交流、分享、复盘、行动计划等放在自己部门人员培养上,团队成员的能力也得到了较大的提升。

(3)43%的学员将训前、训中、训后的过程管理方法借鉴到部门工作任务的管理中,形成了上下级之间的有效沟通,将工作任务予以更好的落实和跟进。

"是否有助于将工作做得更好"对整个培训项目的评价调查结果如表 5.8 所示。

表 5.8　从"是否有助于你将工作做得更好"这个角度来说,
你对本次培训项目的整体评价

选项	人数小计/人	比例/%
变化非常大(10 分)	15	42.86
变化比较大(9 分)	16	45.71
有一定的改变(8 分)	4	11.43
本题有效填写人次	35	100.00

注:本题平均得分为 9.31。

对整个项目效果评价的问卷调查结果显示,88.57%的学员认为这次培训后自己实际工作的变化非常大。

访谈过程,除原本预定的学习目标达成外,所有学员对于 4 个月的培训周期中与不同业务模块、不同企业干部之间的研讨和交流活动评价非常高,认为这种交流方式不仅帮助大家解决了不少棘手的问题,更是通过这样的方式,自己的思维方式得到改变,懂得了换位思考,拓展了眼界,一定程度上杜绝了僵化思维。

学员们也对后续的培训提出了不少好的建议,综合下来有几个共性的建议。

(1)学员们希望不再局限于质量和精益模块内部管理经验分享,能增加更多其他模块的内部管理及经验分享,例如研发模块、营销模块、采购模块等。

(2)模块的任务实践时间可以适当再延长,模块的知识转化过程效率可以再提升一些,学员与老师之间、与其他学员之间的交流可以更加充分。

(3)建议参训前,可收集本期学员的管理案例和管理困惑,使学习更有针对性。

(4)建议在 SECI 知识转换中,适当增加一些外部知识的输入。例如世界先进制造业的参访或管理经验分享或工业 4.0 等制造业先进理念等,以拓展思维,促进知识创新。

2.部分学员上级的访谈结果

培训结束 6 个月后,培训部门要求所有的学员将本次培训所学、所做向自己的直接上级进行汇报。汇报结束后,培训部门再对学员的上级进行访谈。由于时间关系,最终预约了 20 位学员的上级进行访谈。

访谈从对学员在培训班的学习情况反馈、培训对学员实际工作的指导和提升作用、对中层干部培训项目的评价及建议这三个方面进行。

访谈前,学员的上级先对上述三个方面进行打分,每个方面从非常满意到非常不满意,设置了 1—10 分 10 档,其打分结果如图 5.3 所示。

图 5.3　学员上级评价反馈情况统计

从打分情况来看,学员上级普遍对本次学员的学习表现、培训对实际工作的指导和提升作用、项目的整体情况评价很高,这点在访谈过程中也能得到验证。现将学员上级的访谈调查结果总结如下。

(1)学员上级认为学员在中层干部培训班的学习期间,一方面,在确保现有工作不受影响的情况下,能够积极投身于培训班的学习;另一方面,在培训过程中,能够主动与其沟通各项任务的完成情况。很明显地可以感受到学员在这段学习经历中收获不少。

(2)学员所学的知识,很多已经运用在其工作中,有些形成了计划,个人的管理意识和能力方面有了一定的提升。学员能够充分理解公司的企业文化,做人、做事都明显成熟了不少。在规划部门行动计划方面也产生了一些新观点、新举措。

(3)学员上级因为参与了这个项目的管理过程,对这次培训班的整体设计也了解了不少。高管们认为这样的项目设计比较接地气,能够让学员有条理、模块化地吸收这些知识,能够对其后续的不断成长带来较大的帮助。

(4)不少学员上级希望培训部门尽快开展更多这一类的中层干部培训,让所有干部都能够参与这样的培训学习。

(5)部分学员的上级建议培训部门应该搭建更多的内外部交流平台,让同一期、不同期的学员与学员之间,学员与不同企业之间建立更多的联系,不断提升,不断创新,让干部能够面对未来更多的挑战。

(五)本章小结

通过柯氏四级评估,基于 SECI 的宏发中层干部培训方案的实施效果得到了学员和学员上级的积极正面的评价。基于 SECI 的知识转化教学设计和实施管理设计,不仅很好地实现了既定培训目标,培训的落地和有效性提升明显,学员还通过干部之间的充分交流、各专业领域的交叉交流,实现了原设计内容以外的企业内部知识交流,将各企业之间的知识进行互通互联,打开了学员的管理思路,为中层干部拓展思路、树立全局观、实现知识创新提供了很好的平台。

除对已有方案实施效果的肯定外,本次评估调查也给后续的培训方案设计提供了不少好的建议。在培训内容方面,学员希望企业内部知识能够更加系统和丰富,不仅是质量和精益模块,还能增加其他模块的知识经验分享,同时也希望增加外部的一些好的经验和先进理念的分享;在教学设计和实施管理中,提出希望课前增加现有管理困惑案例的收集,课中搭建更多的内外部交流平台,建立同期、不同期、内外部的各种交流机制,促进干部的自我提升和创新,让干部具备应对未来更多挑战的能力。

六、总结与展望

建立企业内部中层干部培训体系,加速人才的成长,是实现企业目标的重要手段。基于 SECI 模型的宏发股份中层干部培训方案,从企业自身现状和特点出发,结合组织需求和学员需求,深入研究 SECI 理论和培训相关理论,形成了一套较为完整的培训项目设计方案,并将其应用到培训实践中,获得了一定的效果,为后续培训项目的不断完善和改进奠定了基础。

(一)主要研究结论

(1)通过 SECI 模型的知识创新螺旋的共同化、表出化、联结化、内在化四个过程,本篇构建了面向企业文化、管理经验传承、管理技能提升等三个模块的教学设计全过程框架图。

(2)将 SECI 模型培训方案与 ADDIE 培训模型相融合,建立了基于 SECI 模型的培训实施管理机制,打造了训前、训中及训后的培训实施全流程管理设计。

(3)为确保基于 SECI 模型的培训设计方案的有效性,对其培训实施效果进行评价。本篇提出基于柯氏四级评估方法的培训评估方案,建立了有效的宏发中层干部培训评估机制,为准确评估培训效果、实现培训方案的螺旋式上升奠定了基础。

(4)基于 SECI 模型的宏发中层干部培训方案已在宏发股份实施,取得了良好的培训效果,显著提高了中层干部的企业文化认知和企业管理水平。

(5)本篇基于 SECI 模型的宏发中层干部培训方案的设计,丰富了 SECI 模型的应用,验证了 SECI 模型在企业干部和人才培养中的有效性。

(二)研究的局限

本篇基于 SECI 模型的中层干部培训方案设计,主要是针对宏发这样有超过 30 年发展历史的制造型企业特点而设计的。培训中,涉及企业内部知识比较多,对企业内部知识的萃取和管理依赖性比较高,外部知识涉及的比较少,不一定适用于初创公司的干部培养。

另外,中层干部培训班的培训方案也仅在一期学员中完成应用,实践的样本量不足,其管理实践的可推广性还有待进一步验证。

虽然笔者在企业培训管理方面有较长时间的工作经验积累,但对于 SECI 知识、培训知识的掌握水平还有不足,对这些理论知识的理解程度还有一定的局限性,论点可能不是很全面。

(三)未来的展望

笔者期望通过 SECI 模型对宏发中层干部培训方案设计优化的实践,提升干部培养的落地性和有效性,不断促进企业知识和管理知识的转化和创新,加速企业的人才培养,帮助企业实现组织的成长,打造人才核心竞争力。未来,首先,宏发股份需要不断萃取和完善企业的内部知识,建立一套完整的企业内部知识体系,以利于企业文化和管理模式的不断传承和迭代创新;其次,应在干部培训中适当引入智能化、信息化模块等前沿知识,拓宽思路、促进管理的创新融合,以适应未来管理的需要;最后,企业还可以通过学习平台的建立,将 SECI 理论应用在不同的学习形式中,提升知识交流和转化的及时性,以应对不断变化的外部环境,让 SECI 理论发挥更大效用。

鉴于笔者的理论知识有限,本篇对基于 SECI 的中层干部培训方案的设计可能有未涉及或不足之处,恳请各位读者批评指正。笔者将在培训管理方面继续学习和研究,并加以完善。

参考文献

[1] 康至军,施琦,蒋天伦.人力资源开发阅读地图:如何让培训更有效[M].南京:江苏人民出版社,2010.

[2] 葛明磊,黄秋风,张丽华.基于学习目标的企业培训课程设计与实施:以华为大学 C8 培训项目为例[J].中国人力资源开发,2017(11):98-107.

[3] Nonaka I, Takeuchi H. The Knowledge-Creating Company: How Japanese Companies Create the Dynamics of Innovation[M]. Oxford: Oxford University Press,1995.

[4] 野中郁次郎.掌握知识经营的本领[J].IT 时代周刊,2012(9):74-75.

[5] 王仕斌.知识创新致胜:访"知识管理之父"野中郁次郎教授[J].企业管理,2017(5):22-23.

[6] 罗仕国.野中郁次郎和竹内弘高的企业知识创造思想及其理论基础[J].科技管理研究,2015(17):248-253.

[7] Bandera C, Keshtkar F, Bartolacci M R, et al. Knowledge management and the entrepreneur: Insights from Ikujiro Nonaka's dynamic knowledge creation model (SECI)[J]. International Journal of Innovation Studies, 2017,1(3):163-174.

[8] 李平,周静子,周是今.东西融合的典范:野中郁次郎与知识管理[J].清华管理评论,2017(1):92-98.

[9] 吴春玉,冯玉晶,王艾.管理学大师野中郁次郎与他的知识创造理论[J].经济研究导刊,2009(4):149-150.

[10] 李姣滢.我国近十年企业知识资本管理研究综述[J].黑龙江教育(理论与实践),2014(6):55-56.

[11] 周江华,刘子諝,邱航.知识创造企业未来[J].清华管理评论,2017(1):67-73.

[12] 黄华新,邱辉.知识管理与隐喻认知[J].科学学研究,2014(11):1698-1704.

[13] 王钦.下一个范式:未来,管理走向何处:"知识管理之父"野中郁次郎专访[J].清华管理评论,2017(Z1):56-66.

[14] 施赖伯,等.知识工程和知识管理[M].史忠植,等,译.北京:机械工业出版社,2003.

[15] 倪国栋,王建平.基于知识管理和组织学习的代建绩效改善研究[J].科技进步与对策,2012(18):58-61.

[16] 秦铁辉,彭捷.SECI框架下不同组织和层级间的知识转化研究[J].情报学报,2006(6):695-699.

[17] 胡玮玮.知识管理战略对组织文化的适应性研究[D].杭州:浙江大学,2009.

[18] 陈德智,陈香堂.技术跨越系统发展研究[J].系统工程理论方法应用,2006(4):83-87.

[19] 张红太.浅谈隐性知识与显性知识的相互转化[J].重庆科技学院学报:社会科学版,2011(7):162-163.

[20] 程红莉.企业知识创造的场及其评价研究[J].科技管理研究,2013(2):138-141,165.

[21] 王成,王玥,陈澄波.从培训到学习:人才培养和企业大学的中国实践[M].北京:机械工业出版社,2010.

[22] Nonaka I. A dynamic theory of organizational knowledge creation[J]. Organization Science,1994,5(1):14-37.

[23] Nonaka I,Takeuchi H. The Knowledge-Creating Company[M]. Oxford: Oxford University Press,1995.

[24] Nonaka l,Umemoto K,Takeuchi H. A theory of organizational knowledge creation[J]. International Journal of Technology Management,1996,11(7/8):833-845.

[25] 吴庆海.野中郁次郎的"知识创造"[J].企业管理,2017(5):18-21.

[26] 姚志毅.基于SECI模型的企业内训结构体系设计[D].上海:复旦大学,2008.

[27] 竹内弘高,野中郁次郎.知识创造的螺旋[M].李萌,译.北京:知识产权出版社,2006.

[28] 赵蓉英,刘卓著,王君领.知识转化模型SECI的再思考及改进[J].情报杂志,2020(11):177-184.

[29] Nonaka I, Konno N. The concept of "Ba": Building a foundation for knowledge creation[J]. California Management Review,1998,40(3): 40-54.

[30] Nonaka I,Toyama R,Konno N. SECI,Ba and Leadership:A unified model of dynamic knowledge creation[J]. Long Range Planning California Management Review,2001,33(1):5-34.

[31] 谢昌醒,张强.SECI 理论视角下教学过程中教师场域的构建[J].教学与管理(理论版),2020(5):18-20.

[32] 范秀成.野中郁次郎及其组织知识创新理论[J].南开管理评论,1998(2): 53-57.

[33] 刘曦卉.SECI 模型对企业创新知识管理的启示[J].科技管理研究,2012 (6):160-163.

[34] Canonico P, De Nito E, Esposito V, et al. Knowledge creation in the automotive industry:Analysing obeya-oriented practices using the SECI model[J].Journal of Business Research,2020,112(C):450-457.

[35] 王海宝,李仙,王海芳,等.SECI 模型在半导体显示企业中的研究和创新实践[J].企业改革与管理,2018(4):4-6.

[36] 张琳琳.SECI 视角下参与式信息技术教师培训模式设计与实证研究[D]. 长春:东北师范大学,2013.

[37] Branch R M. Instructional Design:The ADDIE Approach[M]. New York: Springer US,2010.

[38] Allen W C. Overview and evolution of the ADDIE training system[J]. Advances in Developing Human Resources,2006,8(4):430-441.

[39] 尹苗,史洁,李逢庆,等.基于 ADDIE 教学设计模型的智慧课堂教学:以"真菌"一节的教学设计为例[J].现代教育技术,2020(11):20-26.

[40] 刘迪,刘佳.基于 ADDIE 模型的系统培训模式研究[J].中国人力资源开发,2012(9):47-50,78.

[41] 刘嘉俊,胡巧真.企业培训模型发展研究:基于 ADDIE 模型[J].企业经济,2015(11):74-78.

[42] 盛群力.五星教学过程初探[J].课程·教材·教法,2009(1):35-40.

[43] 魏戈.五星教学四十年:追求效率、效果与魅力之路[J].开放教育研究,2012(6):63-71.

[44] 柯克帕特里克,柯克帕特里克.柯氏评估的过去和现在:未来的坚实基础

　　　［M］.崔连斌,胡丽,译.南京:江苏人民出版社,2012.

［45］柯克帕特里克,柯克帕特里克.如何做好培训评估:柯氏四级评估法［M］.
　　　奚卫华,林祝君,等,译.北京:机械工业出版社,2007.

［46］蒯燕敏.柯氏四级评估体系在企业培训项目中的应用［J］.质量与认证,
　　　2020(4):72-74.

［47］Dale E. Audiovisual Methods in Teaching［M］. Chicago:Dryden Press,
　　　1946.

第二篇

厦门宏发电声股份有限公司中层管理人员工作满意度提升策略研究

张春雪[*]

* 张春雪,女,工商管理(MBA)硕士,经济师,人力资源管理师。2007年本科毕业于山东大学,2021年硕士毕业于杭州电子科技大学。2010年加入厦门宏发电声股份有限公司,从事行政管理、内刊编辑、薪酬管理、HRBP等工作,现任厦门宏发电声股份有限公司总裁秘书。

一、绪　论

（一）研究背景

中层管理人员需要领会高层管理人员的意图，调动基层管理人员的积极性，执行公司战略，保持团队的战斗力。只有当企业的高层决策者和基层执行者的意志相通，心意相通，整个企业才能够上下一心，保持旺盛的生命力和战斗力，在持续的竞争中脱颖而出，立于不败之地，而中层管理人员正是承担了这一重要的纽带作用。

中层管理人员的作用非常重要，而他们在企业中受到的压力非常大，包括可能来自上级领导的指责、同级同事的误解、下属的抵触情绪、客户的无理责难以及个人职业生涯发展受限等困扰。在企业界，中层管理人员的困惑和抱怨不绝于耳，中层难做，似乎成了管理界面对的一个共同难题。一家猎头公司所做的一项关于职场压力的调查显示：超过75％的受访者认为中层管理人员高居压力排行榜榜首，他们的压力指数最高。如果中层管理人员的职场压力不能得到及时、有效的释放，就会间接地导致职业倦怠，继而造成人才流失。而关键人才资源的流失无疑将对企业稳定运营产生不良影响，阻碍企业可持续发展。

厦门宏发电声股份有限公司（以下简称宏发股份）是一家大型电子元器件企业。目前集团正处于快速转型发展阶段，公司已由高速增长转入高质量发展阶段，对人才资源的需求非常旺盛，尤其是对公司转型和长远发展起着关键作用的中层管理人员。宏发股份目前拥有中层管理人员591人，占管理类员工比为39％。结合宏发股份近三年的离职率进行分析可以发现，作为企业关键人才资源的中层管理人员，离职率呈现出逐年上升的趋势，长期下去势必引起人才资源供给和公司发展需求的不平衡，影响公司的稳定运营和长远发展。

基于宏发股份的实际情况，本篇开展了满意度调查研究，对影响满意度的因素进行分析，为宏发股份提高中层管理人员的满意度水平提供对策和改善建议，保障集团关键人才队伍稳定，助力长远发展。同时希望能为电子元器件行业的中层管理人员满意度提升研究提供借鉴。

（二）研究意义

1. 理论意义

目前，国内外理论界对于工作满意度的研究已经非常丰富和全面，但对于大型电子元器件制造企业的中层管理人员工作满意度研究还非常匮乏。随着国家一系列重大战略的部署和推进，经济体制改革不断深入，制造业的行业结构、行业发展特点已经发生显著变化。信息技术与制造技术深度融合，推进了电子信息产业与各行业的跨界融合，加速形成了全新的产业体系和生态体系，产业体系的快速发展和变化对企业的人力资源管理提出了严峻挑战。企业最重要的竞争资源是人才，不仅要让人才愿意留下来，更要管理好人才，使他们发挥应有的作用。中层管理人员的工作满意度高低越来越成为影响企业可持续发展的重要因素，高满意度将激发中层管理人员的工作激情和动力，推进各项工作高效运转；反之，低满意度则可能导致中层管理人员缺乏工作热情，消极怠工，甚至导致高离职率，严重影响企业各项生产经营活动正常开展，给企业造成重大损失。在对其他学者研究成果进行梳理的基础上，本篇明确了研究的方向，结合研究对象的特殊性，有针对性地编制了调查问卷；借助问卷对宏发股份中层管理人员的满意度进行分析，进一步明确了影响他们满意度提升的关键点，有针对性地提出了对策，给分行业、分类别的工作满意度研究提供一定的理论借鉴，在一定程度上丰富了大型电子元器件企业中层管理人员满意度的研究方法。

2. 实践意义

宏发股份历来重视人才资源的满意度，不定期组织开展人才资源的各项满意度调研，但调研大多集中在对所有人才资源进行的全面调研和分析，尚没有针对中层管理人员这一特定人群做过系统的满意度调研。诸多研究表明，离职率和满意度之间存在着较强的关系。本篇对近三年来宏发股份整体和集团中层管理人员这一特定人群的离职率进行了梳理、分析和对比，结果显示，集团整体和集团中层管理人员的离职率都呈现了逐年上升的趋势，而且中层管理人员离职率上升的速度远远高于集团整体离职率上升水平。本篇旨在通过对宏发股份中层管理人员的满意度进行系统调研和分析，尝试探索出影响中层管理人员满意度水平的主要因素，尽可能全面地评价宏发股份中层管理人员的满意度现状，并对宏发股份中层管理人员在满意度方面存在的突出问题进行总结、归纳和分析，进而为提高宏发股份中层管理人员的满意度水平提出具体的策略,为降低宏发股份中层管理人员的离职率,激发工作激情,增强管理信心,稳定人才队伍,促进集团可持续稳定发展提供借鉴。

(三)研究内容

本篇通过六章对宏发股份中层管理人员工作满意度现状和具体提升策略进行了研究。第一章是绪论,这一部分对研究背景、研究意义、研究内容、研究方法和框架进行了基本的阐述。第二章为理论基础与文献综述,主要梳理介绍了国内外理论界关于满意度的定义和内涵、满意度的影响因素和满意度的测量方法,并明确了本次调查问卷的结构,为后续的研究设计打下理论基础。第三章介绍了研究对象宏发股份的概况、发展历程和组织架构,以及职级设置和福利政策,重点对中层管理人员的特征以及近三年的离职率情况进行了梳理和分析。第四章是针对中层管理人员的满意度进行问卷设计,开展问卷调查和数据收集,并对工作满意度的调查结果进行分析研究,从宏发股份整体满意度水平、满意度水平表现较好的因素和满意度水平表现较差的因素三个方面入手,提炼出满意度水平较高的因素,以期在日常工作中继续保持和完善。反之,要积极采取改进措施。该章尽可能详细和系统地评价和归纳了宏发股份中层管理人员的工作满意度现状及存在的突出问题。第五章是在第四章的基础上,结合宏发股份的实际情况,对提高宏发股份中层管理人员的满意度提出相应策略。第六章是结论与展望,概要总结了本篇的主要论点,总结本次研究的不足之处,并对未来该领域的研究前景进行展望。

(四)研究方法

1. 文献研究法

相关研究成果可以为本篇的研究提供丰富的理论支撑,也可以指导研究方向、方法的选择。所以,笔者在研究之初就阅读了大量的相关文献,进一步明确了工作满意度的含义和可能的影响因素,分析了工作满意度的测量方法和工具,结合本篇的研究目标,对有关文献进行深入分析,明确了本篇所要采用的理论和方法。

2. 问卷调查法

本篇在大量文献梳理和研究的基础上,结合宏发股份的实际情况,确定了调查问卷的结构、调查维度、调查问项以及最终的调查展开形式,保证问卷的科学性、针对性及数据结果的客观性、全面性,为后期的实证研究做好铺垫。

3.统计分析方法

收集到问卷后,对不符合要求的问卷进行剔除,利用 SPSS 软件对有效问卷的数据进行分析,并对调查结果从工作满意度整体统计结果和各大维度分析、工作满意度水平表现较好问项分析、工作满意度水平表现较差问项分析和工作满意度水平表现比较分析,得出相对全面和有针对性的实证研究结果,为后续提出中层管理人员满意度策略研究提供坚实基础。

(五)研究框架

本篇关于宏发股份中层管理人员满意度的研究框架如图 1.1 所示。

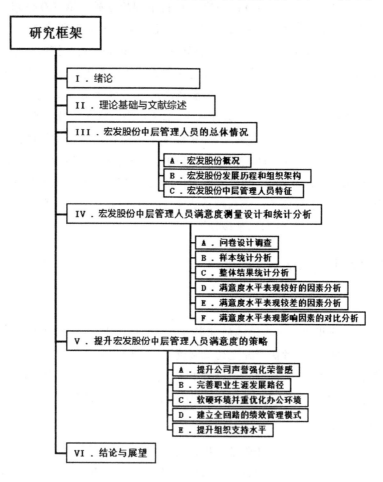

图 1.1　宏发股份中层管理人员满意度的研究框架

二、理论基础与文献综述

(一) 工作满意度的概念和内涵

工作满意度作为影响企业成功的重要因素,心理学方面的研究强调工作满意度的标准化度量,更多从心理因素出发对其进行研究;而经济学、管理学等相关学科更侧重关注收入、制度等因素对工作满意度的决定作用[1]。工作满意度的第一篇经验研究由桑代克(Thorndike)于 1917 年发表在应用心理学杂志上[2]。霍波克(Hoppock)认为,工作满意度是人的主观感受,感受的内容可以包括工作环境、薪资待遇等[3],这是最早被提及的概念。他在随后的研究中发现,不论何种工作,都会有人表现出较高的满意度,有人表现出较低的满意度,而且满意度的高低与所从事的工作并不存在必然、直接的联系,从事体力劳动的员工也可能拥有较高的满意度。斯佩克特(Spector)对工作中可能影响满意度的因素进行了细分,认为只要员工在这些细分方面表现出高满意度即可,员工是否喜欢这份工作并不会影响到满意度方面的评价[4];休林(Hulin)、贾奇(Judge)和史密斯(Smith)指出,工作满意度是对个体工作的多维度的心理反应,这些心理反应主要有个人认知(评价)、情感(或情绪)和行为成分[5-6]。史密斯(Smith)、肯德尔(Kendall)和休林(Hulin)认为,工作满意度是多种因素综合后的效果,是员工将工作的多方面按照自己心中预期的标准,进行比较、分析后得出的效果,这种比较、分析又会受到诸如个人偏好、周围环境、家庭因素、受教育程度等多种因素的影响[7]。

普顿斯(Price)将满意度定义为员工对自身工作各个方面的总体态度,主要包括工作待遇、工作关系等[8]。全恩(Jeon)和崔(Choi)认为,员工满意度是员工对工作环境、升职机会、工作中和领导及同事间关系的感知[9]。丹(Dam)通过对员工满意度的研究指出,员工满意度主要是员工在工作感受到的成就感和竞争感等。员工满意度对企业发展有着重要意义,员工的满意会促进企业业绩不断提高[10]。赛尔(Sell)和克利尔(Cleal)认为,员工满意度不能仅从一个点去进行描述,它应当是在一个连续的过程中员工产生的对工作的评价[11]。埃德曼斯(Edmans)、李(Li)和张(Zhang)认为,员工满意度是难以描述的概念,来源于员工对工作多个方面的真实感受和预期假象的比较结果。高满意度的员工更愿意在产品、服务改进上下功夫,精益求精,社会对该企业产品形成良好的口碑,表示企业正处于良好的运营状态[12]。

当前,员工的需求越来越多样化,企业要想留住人才,应该对工作满意度进行研究。国内的一些文献立足于中国社会的实际情况,对工作满意度展开了符合本土特色的研究。李成文将员工满意度定义为员工在工作过程中作为职业人的满足感,以及来源于他人对工作成果的评价。他还认为对企业员工满意度的研究有利于企业更好地进行人力资源管理,提升企业竞争力,增强企业凝聚力[13]。吴建平、胡涛认为,员工满意度是一个综合性概念,涵盖了员工对工作内容、晋升机会、工资待遇、上级认可、同事关系、上级关系和工作环境共7个方面的满意度[14]。罗明忠、陈明认为,员工满意度由内聚和外聚两个因素构成,内聚指对待工作本身的态度,外聚是指员工从组织中获得的愉悦状态[15]。蒋磊、赵丽娟认为,工作满意度本质上是一种心理感受,企业可以根据相关的研究,提出满足他们心理预期的举措,从而激发他们工作的积极性[16]。廖金萍、李长生也认为,工作满意度是一种心理感受,将实际工作中的各个维度与心理预期的标准进行比较,并给出了具体的判断方法,即工作满意度是实际感受与期望值的比值[17]。崔智巍和黄晨的研究,也采取了类似的有关工作满意度的定义[18-19]。柯江林、王娟对工作满意度进行了细分,认为可以分为内在和外在满意度两种,内在的满意度表示与当前工作相关的因素的满意度,包括工作的强度、工作的难度、工作的环境等;外在的满意度指受到与工作不直接相关因素影响的满意度,包括员工的薪酬、个人发展、领导风格等[20]。杨露露、肖群雄的研究将工作满意度定义为员工对工作中实际得到的主观感受,例如薪资、福利、职级的晋升等,强调的是实际获得感[21]。解进强、付丽茹、隆意认为,虽然可以通过多种维度对满意度进行分析,但是都是片面的,工作满意度应该是一种综合评价,即员工在长期的工作中形成的对工作的一种综合评价,既受到当前工作的影响,也会受到以往工作经验的影响[22]。宋长江也持类似的观点,认为工作满意度是指员工对当前工作特性的一种主观、综合评价,是工作各方面的满意程度的集中表现[23]。

众多学者对工作满意度展开了研究,通过整理归纳,定义大致分为四类。

第一,综合型定义。它侧重将工作满意度作为一个整体来研究,是员工对工作内容、报酬、环境等因素综合后,对工作整体做出的反应。

第二,层面型定义。众多学者对工作满意度层面有不同的分类方法,它侧重于员工对工作这一层面的心理反应。

第三,参考型定义。员工对工作的评估有一个参考模式,基于参考模式形成了满意度。它强调客观存在的因素对工作满意度影响不大,参考模式才是影响满意度的主要因素,参考模式因人而异。

第四,期望型定义。它认为员工在工作中实际所获得的价值与期望能获得的价值之间的比值形成了满意度。当工作给予的实际回报低于期待时,员工会感到不满意;反之,则会感到满意。

基于相关的研究背景,本篇以综合型定义为前提,参考期望型定义,认为工作满意度是指员工在自我认知和理解的基础上,对组织各种因素进行综合解释和反应,从而得出自己的满意度程度,是一种情感和态度的反应。

(二)工作满意度的影响因素

工作满意度的评估是多元的,需要因时因地具体分析。

赫兹伯格(Herzberg)提出了双因素理论,分析了使员工满意和不满意的因素[24]。弗鲁姆(Vroom)认为,工作满意度主要由公司管理、晋升、工作内容、薪酬、工作环境与人际关系等六个方面构成[25]。洛克(Locke)认为,工作内容、环境、薪酬、晋升、鼓励、津贴、价值实现、管理者、人际关系等九个因素会影响工作满意度[26]。罗宾斯对工作满意度较高的情况进行了描述,他认为报酬与工作难度、强度相适应,具有良好的同事关系,能够做合适的工作,这些都将会使员工具有较高的满意度[27]。凯里伯曼通过一个历时四年的对4000名员工的调查发现,中层管理者在对薪水的满意度处于平均位置的同时,对自身发展机会的满意度却最低,还发现在"组织使命"和"个人发展"两个指标中,也不时出现中层管理人员的满意度低于生产性员工的现象[28]。

我国学者从不同的维度对工作满意度的影响因素进行了分析。中国人力资源开发网的首份"工作倦怠指数"调查报告显示,33.07%的中层管理人员出现了工作倦怠,主要是因为缺少激励因素,包括不能获得提升、工作不具有挑战性等[29]。张晓宁和顾颖从员工的个性特征入手进行研究,他们认为企业想获取员工的持续承诺,不仅需要获得员工的工作态度,而且需要工资、福利等经济方面的激励[30]。尤玉钿和黄炳坤立足于对知识型员工的研究,探讨了工作满意度在性别特性上的不同影响因素,其中男性员工相较于女性员工更在意人际关系,女性与男性相比更在意工作报酬[31]。冉斌的研究更加具体和量化,他构建了工作满意度的评价模型,分别从薪酬待遇、工作环境等五个方面进行指标的提炼,为五个维度在模型中分别设置比例,从而构建了可以量化的评价模型[32]。刘平青等关注到领导风格会对工作满意度产生影响,在研究的过程中,他们对领导风格的各维度进行了细分,通过分析得出领导具有宽容心、领导能力和个人魅力将会促进员工工作满意度的提升[33]。李镇江、周子琛认为,现代企业制度下的企业应该着重考虑员工对于工作环境以及工作兴趣的需求[34]。王宇飞认为,中层管理人员满意度低是因为企业对中层管理人员的激励上出现了问题,除了薪酬,企业愿景、职务权力、工作环境、人际关系、社会地位等非物质因素是造成满意度低的主要因素[35]。

颜爱民、胡仁泽和徐婷认为,随着新生力量投入工作中,新生代员工与老一辈的员工具有明显的特征,需要根据新生代员工的特性展开工作满意度的研究。研究发现,工作期望能够对满意度产生正向作用,新生代员工更愿意接受具有一定难度和挑战性的工作,他们更注重工作对自身成长的作用[36]。欧湘庆的研究关注到了企业的公平,他认为要想提升员工的工作满意度要分两步:第一步是对员工的工作进行公平的评价;第二步是提供与绩效评价结果相匹配的工作报酬[37]。郑立明研究了员工满意度对员工在组织中言行表现的影响,认为能够影响到满意度的因素很多,不仅包括工作本身,还包括了可以获得的报酬、员工个人的个性特征等[38],对影响因素的罗列比较全面,但是在某一项研究中不可能涵盖全部的要素。李力和封玫的研究关注到了影响工作满意度的工作激情要素,通过分析发现,如果员工具有和谐的激情,那么员工能够进行自我调节,能够更加主动地投入工作,积极思考克服工作中遇到的问题的办法,并且这种调节和投入是持续性的[39]。刘富成和肖李梅认为,影响工作满意度的因素有很多种,需要根据不同的研究对象选择合适的关键因素,但是可以将众多的因素归纳为四类:一是员工的个性特征;二是个人的发展以及企业提供的上升通道;三是目前在公司中的职级;四是劳动获得的薪酬、福利等[40]。李瀚洲认为,不管是何种性质的组织,工作满意度问题都是组织中非常重要的问题,他认为在分析满意度时必须从组织和个人两个层面进行分析,将影响工作满意度的因素分成人口统计学变量、外在客观环境因素以及内在个人因素等三大类[41]。余启发和叶龙研究了工作中的人际关系对满意度的影响,研究发现,当员工与领导、同事具有和谐的人际关系时,他们更愿意花时间和精力在工作上,也将获得较高的工作绩效,工作的满意度也就越高,反之,则会出现辞职等现象[42]。徐贤明、钱胜和张燕平将研究的重点放在组织支持上,其所指的组织支持不仅指组织实际的物质、精神支持,而且指能够被员工识别并且认可的支持,通过研究发现,员工感知到的支持越全面、越有力度,员工的工作积极性就会越高,工作的满意度也就越高;如果得到的支持种类较少,力度较小,那么就会削弱员工的工作动力[43]。戴秋旻认为,国企内部缺乏竞争,组织公平中的互动公平满意度较高;受体制影响,分配和程序公平处于较低的满意度[44]。

吕景胜、庄泽宁和黄宏伟研究了劳动强度对满意度的影响,认为强度适当的劳动能够保持员工的工作满意度,当劳动强度超过一定的限度,并且这种情况没有得到及时的改善时,就会导致员工的低满意度情况,甚至引发员工的离职[45]。苏红对工作满意度相关文献进行了梳理和总结,最终总结出影响满意度的三个方面因素:一是社会因素,如价值观念、法律法规等;二是员工的个性特征,如性别、职级、年龄等;三是与工作相关的因素,如工作的环境、工作的报酬等[46]。刘昱认为,员工满意度和行业背景、企业发展、办公环境、工作内容、职业发展、薪酬激励、人际氛围和个人认识等因素密切相关[47]。

通过上述对有关学者研究成果的分析,本篇认为,影响工作满意度的因素可以分为以下几种:第一种是工作回报,这是最直接的影响因素,如薪资、福利、晋升等;第二种是工作本身,如工作的强度、工作的难度;第三种是工作环境,如企业的声誉、办公环境等;第四种是工作关系,如在工作中和他人的相处情况;第五种是组织的支持,如公司的产品和服务、资源协调等。

(三)工作满意度的测量

1. 工作满意度测量方法

通过前文对工作满意度内涵的综述可看出,工作满意度是一种情感和态度的反应,而情感和态度是一种心理状态、一种行为的内在历程,很难直接观察测量,需要通过间接测量的方法获知。常用的方法包括观察法、问卷调查法等,需要设定评价的维度,然后通过员工的表现和回答进行判定。单一整体评估法和工作要素综合评价法是目前使用比较多的两种间接测量方法。

(1)单一整体评估法。这种方法要求被调查者对工作进行总体的评价,例如:您对自己的工作总体上是否满意,设定"非常满意"到"非常不满意"共五个维度,让员工根据自己的感受,直接进行评判。这种方法的优点在于能够快速了解员工对工作的总体满意程度,不足之处是不能了解影响员工满意度高低的因素,不利于提出进一步提升工作满意度的策略;同时每个维度之间没有明确的划分依据,导致员工在评价时的尺度也比较模糊。

(2)工作要素综合评价法。该种方法最重要的特征就是将工作满意度进行了细分,划分为多个具体的、可以评价的维度,测量工作满意度不是简单地圈中某个答案就行,每个维度编制了一些更加具体的问题,通过员工对每个问题的回答,企业管理者或者相关研究人员可以了解员工对不同维度的满意程度,可以有针对性地采取提升举措。该种方法的优点是将工作满意度这一概念进行了细化,有助于实践中的操作,缺点是很难包含能够影响工作满意度的所有方面,并且每个维度问题的有效性也有待进一步的验证,操作起来比较复杂。

2. 工作满意度测量工具

工作满意度可以直接进行测量,应用得比较多的方法是问卷调查法。正如前面所说,工作满意度是心理学研究的重要领域,心理学家们编制了大量的问卷进行相关的测量,在后续的应用中,学者们又根据研究对象的特点,对标准量表进行了调整和优化。

布雷菲尔德(Brayfield)和罗特(Rothe)编制了工作满意度指数量表,用于衡量员工的一般满足情况,采用五点计分法,测量员工的整体满意度情况[48]。维斯(Weiss)等编制成的"明尼苏达工作满意度问卷"(简称"MSQ 量表")分为长式和短式两种,不仅可以测量整体的满意度情况,也可以分不同维度分别测量,目前已经被广泛地应用在满意度的测量中。该量表的缺点是题目过多,不能保证员工在回答每一道题目时都是认真作答[49]。斯佩克特(Spector)编写修订的"工作满意度调查量表"(Job Satisfaction Survey,JSS)包含九个维度、36 项指标,用于评定员工对工作的态度,每个维度包含四项指标,每一维度的分数为四项指标分数之和,而总体工作满意度则为所有指标得分之和,对每项指标的评分从"非常不同意"到"非常同意"分成六等。JSS 的九个维度分别是报酬、晋升、管理、福利、绩效奖励、办事程序、同事、工作本身和沟通[50]。

我国学者卢嘉等在国外量表基础上编制了适合国内企业应用的工作满意度量表。该量表在实践中应用时,表现出了较高的信度和效度,能够反映出员工满意度的真实情况。这份量表的三级维度达到了 65 个,与明尼苏达量表一样,也存在着题量较多的情况,二级维度分为工作回报、领导行为等五个方面。同时他也指出,运用工作要素综合评价法能够获得更加全面、具体的结果,能够了解每个维度的满意度情况,有助于进一步发现问题、制定对策,提高员工满意度[51]。刘凤瑜和张金成以我国的民营企业员工为研究对象,在对其他量表进行分析的基础上,编制了民营企业员工的满意度调查量表,该量表的题目也多达 60 多道[52]。李庆恒构建了满意度的评价模型,不仅提供了各个维度的测量方式,更重要的是通过分析明确了各个维度的权重,从而使各个维度的满意度能够结合成为员工整体的满意度,权重的大小也可以反映该维度对整体满意度影响的大小[53]。

在国内,满意度的研究一般是通过问卷调查以及访谈来进行。但是员工满意度的研究是在特定环境下进行的,会受到文化氛围、人口特征等因素的影响,西方国家的调查量表在中国员工满意度研究中往往并不具有适用性。

本篇针对大型电子元器件企业的中层管理人员这一特定人群进行调研,结合宏发股份的实际情况,总结归纳了这一人群的特点:

第一,工作层级上处于中间层,在企业中发挥着承上启下的作用。

第二,工作能力上一般需要较高的业务水平和团队管理能力,重视组织支持水平。

第三,薪酬待遇上小幅度的薪酬增长对激励的作用不明显,更注重自身价值发挥。

第四,职业发展上大多处于职业的黄金期,对成就感的追求旺盛,对职业生涯发展有较高的需求。

第五,工作认知上,更注重工作本身的挑战性和自主性,工作和生活的平衡、工作环境和工作关系的融洽等。

综合以上因素,本篇将结合宏发股份实际情况明确工作满意度的问卷结构,并采用工作要素综合评价法进行满意度的研究。

3. 工作满意度问卷结构

根据以上文献关于工作满意度的定义、影响因素和测量量表的阐述,结合宏发股份的实际情况,本篇的工作满意度调查问卷结构主要包含以下内容:

(1)工作回报的满意度。主要包括薪酬福利的满意程度、分配的公平性、工作的成就感、工作和生活的平衡程度等。

(2)工作本身的满意度。主要包括工作内容与自身能力的匹配程度、工作的难度、部门分工和岗位职责的清晰程度以及绩效考核等。

(3)工作环境的满意度。主要包括公司声誉、办公环境的满意程度、制度的合理程度和流程的有效程度。

(4)工作关系的满意度。主要包括高层领导者带来的职业发展信心和期待程度、上级领导对工作难题的沟通程度、公司内同事关系融洽程度、公司各部门沟通协作关系好坏程度、团队氛围的好坏程度。

(5)组织支持的满意度。主要包括公司的产品和服务带来的管理信心强弱程度、公司提供的培训对管理技能的促进程度、公司帮助化解工作阻力的有效程度、公司各级领导管理水平的高低程度、公司对有效完成工作提供的资源支持力度。

(四)文献述评

纵观关于工作满意度的研究文献,针对各个行业的工作满意度研究著述非常多,但是这类研究大多停留在对员工整体的满意度研究方面,针对大型电子元器件企业尤其是该类企业中层管理人员这一特定人群进行的工作满意度研究则非常少。

本篇在参考相关文献关于工作满意度定义和内涵、影响因素和测量量表的研究的基础上,充分结合宏发股份的实际情况,确定了适合宏发股份中层管理人员的测量量表。随着国家经济体制改革的不断深入,产业体系的快速发展和变化对企业的人力资源管理提出严峻挑战,结合行业结构和行业发展特点对细分关键人才进行满意度研究,保障关键人才较高的工作满意度,越来越成为影响企业可持续发展的重要因素。

三、宏发股份中层管理人员的总体情况

（一）宏发股份概况

宏发股份创建于 1984 年,是集继电器产品、电气产品、模块/控制器、电容器、自动化设备等于一体的高新技术企业,2012 年获证监会批准上市。集团拥有 40 余家子公司、七大事业部,全球雇员 12000 余人,年营业额近 100 亿元。集团拥有 30 余年的继电器研发生产经验、超 200 条生产线,累积生产逾 200 亿只继电器,目前年出货量近 20 亿只,是中国继电器行业的标杆企业。

自 1995 年以来,宏发股份连续跻身"中国电子元件百强"前列,是继电器行业唯一入选"中国电子信息百强企业"和唯一入选"国家汽车零部件出口基地"的企业。2018 年,宏发股份入选中国电子信息行业社会贡献 50 强。

宏发股份拥有国内继电器行业内首家国家级企业技术中心、院士工作站、博士后工作站以及亚洲最大的继电器检测中心,测试能力及结果获德国 VDE(电气工程师协会)、美国 UL 标准和中国合格评定国家认可委员会(CNAS)认可,测试报告得到 ILAC(国际实验室认可合作组织)国际互认。宏发技术中心是业内唯一一个覆盖全产业链的研发中心,代表了继电器行业内的最高研发水平。宏发股份是继电器行业唯一主持制定国家标准的企业,主持、参与制定国标、行标 22 项,是唯一加入美国 UL 标准组织的中国企业。

宏发股份以顾客需求和期望为导向,基于 ISO9001、ISO14001、ISO45001、IECQ QC080000、IATF16949 和两化融合体系要求以及卓越绩效评价准则,建立具有自身特色的一体化管理体系。公司产品出口到全球 120 多个国家和地区,具备国际市场运作和技术服务能力,可为全球客户快速提供适配需求的产品与解决方案。

宏发股份拥有厂房面积超过 100 万平方米,分为东部、西部、厦漳三大生产基地,在厦门、漳州、四川、西安、舟山、宁波等地设有生产制造工厂,在国内北京、上海、成都、香港等地,以及印尼、德国、美国等国家设有销售公司,在韩国、土耳其、巴西、菲律宾、印度等多国设有办事处,是国际性的大型企业集团。

宏发股份产品应用极广,家电行业的 LG、三星、格力、索尼、海尔、海信、美的、奥克斯等,汽车行业的奔驰、宝马、大众、GM、福特等,工控行业的西门子、ABB 等,电力行业的 Aclara(阿克拉拉)、Enel(意大利国家电力公司)等,通信行业的 Honeywell(霍尼韦尔)、飞利浦、华为等;低压行业的绿地集团、建发集团、国家电网等都是宏发股份的主要客户。

(二)宏发股份发展历程和组织架构

宏发股份自 1984 年成立以来,历经三次创业阶段,2021 年实现营业额 100.23 亿元。目前,宏发股份正处于第三次创业阶段,发展目标是成为世界最主要的继电器制造商。具体如表 3.1 和图 3.1 所示。

表 3.1　发展历程

时间段	创业阶段	发展目标
1984—1998 年	第一次创业阶段	营业额突破 1 亿元,国内最大的继电器生产基地之一
1999—2007 年	第二次创业阶段	营业额突破 10 亿元,世界知名的继电器制造供应商
2008 年至今	第三次创业阶段	世界最主要的继电器制造供应商

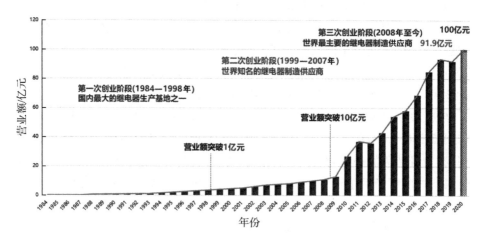

图 3.1　三次创业阶段

　　宏发股份属于董事会领导下的事业部制的大型集团公司,集团总部根据管理职能类型划分九大管理中心、六大部门和一家培训学院,对集团目前42家子公司履行"战略管控、职能管理、业务引领、价值服务、商务支撑和平台支持"六大职能。各制造型企业以技术类型和产品特征为依据,划分为七大事业部。总部营销中心通过 SAP 和 CRM 等信息管理系统对各销售型企业进行集中管理,集团总部、各生产型企业和销售企业之间形成纵横结合的管理模式。具体组织架构如图 3.2 所示。

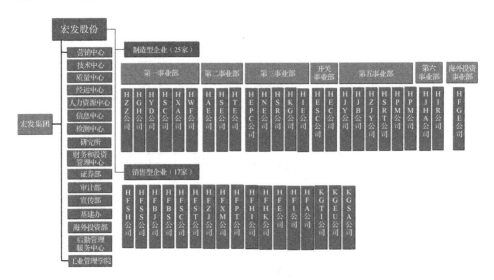

图 3.2　宏发股份组织架构

(三)宏发股份中层管理人员特征

1. 宏发股份人力资源概况

　　根据岗位工作职责和内容、能力要求的相似性,宏发股份将所有职位分为管理类、专业职能类、营销类、技术研发类、辅助事务类、技术作业类、普通作业类等7 个职类,59 个职种。其中,管理类、技术研发类、专业职能类、营销、技术作业类被归为公司的人才资源。截至 2020 年 2 月,宏发股份人才资源占总人数比为38.3%,平均司龄为 5.6 年。宏发股份共有员工 12872 人,其中管理类人员1516 人,职能和生产辅助人员 4519 人,普通作业人员 6837 人。在男女比例方面,男性员工人数为 7969 人,占比 61.9%,女性员工人数 4903 人,占比 38.1%,男女比约为 6∶4;在学历结构方面,宏发股份一线员工普遍文化程度不高,大多集中在中专及以下的水平,占比达到 64.9%,大专学历 2327 人,占比 18.1%,本科及以上学历 2193 人,占比 17.0%;集团雇员年龄主要集中在 30 岁及以下,共7074 人,占总人数的 55.0%,其他各年龄段:50 岁以上人员 329 人,41～50 岁人员 1550 人,31～40 岁人员 3919 人。具体如表 3.2 所示。

表 3.2　宏发股份人员结构

人员结构		总人数/人	占比/%
股份公司全体员工	间接员工人数	6288	48.90
	直接员工人数	6584	51.10
	合计	12872	100.00
职类结构	管理类	1516	11.80
	其中:高层管理	155	1.20
	中层管理	591	4.60
	基层管理	770	6.00
	专业职能类	1516	11.80
	营销类	1010	7.80
	技术研发类	1370	10.60
	辅助事务类	700	5.40
	技术作业类	1077	8.40
	普通作业类	6837	53.10
学历结构	博士	12	0.10
	硕士	182	1.40
	本科	1999	15.50
	大专	2327	18.10
	中专及以下	8352	64.90
性别结构	男	7969	61.90
	女	4903	38.10

人员结构		总人数/人	占比/%
年龄结构	50 岁以上	329	2.60
	41～50 岁	1550	12.00
	31～40 岁	3919	30.40
	30 岁及以下	7074	55.00

数据来源:宏发股份 2020 年 2 月人力资源报表。

历经 30 多年的发展,宏发股份在"以人为本,培养行业尖端人才"的理念指引下,通过以自身培养为主,全球化引进为辅,以博士后工作站、院士专家工作站、培训学院为基地,打造了一支涵盖继电器各相关技术和学科领域顶尖技术和管理人才的队伍,从而具备了国内继电器行业最强的人力资源优势。公司被评为"海西产业人才高地",拥有全国电子信息行业领军企业家 1 人,享受国务院特殊津贴专家 3 人,SAC TC217(中国国家标准化管理委员会全国有或无电气继电器标准化技术委员会)主任委员 1 人,IEC TC94(国际电工委员会有或无机电继电器技术委员会)技术专家 5 人,全国五一劳动奖章等国家级荣誉获得者 4 人,省级技能大师等省级荣誉获得者 8 人,市级专业技术拔尖人才等市级荣誉获得者 26人,外部顾问专家 25 人,教授级高工 4 人,高级工程师 69 人,高级技师 45 人。

2. 宏发股份职级设置及福利政策

根据《股份公司职级设置及管理规定》,宏发股份针对各个职类,共设置了17 个职级,1 级为最高职级,17 级为最低职级。其中,中层管理人员的职级分布范围为 9－5 级。根据职级的高低,集团在商业保险、社会保险、出差待遇、购房补贴、健康体检、教育培训等各项福利政策方面设置了不同的享受标准。本篇将宏发股份商业保险、社会保险、出差待遇三个方面的福利政策进行了整理,各职级享受标准如表 3.3、表 3.4 和表 3.5 所示。

表 3.3　商业保险各职级保额标准

职级	保障服务项目	保额/元
7－1 级	意外医疗	2000
	意外身故、疾病身故	300000
	重大疾病	200000

续表

职级	保障服务项目	保额/元
	意外医疗	2000
17—8级	意外身故、疾病身故	120000
	重大疾病	100000

表 3.4 社会保险各职级缴交标准

员工类别	职级	社保缴费基数	公积金缴费基数
本市		上年1—12月平均工资（年薪制按设定年薪）	上年1—12月平均工资（年薪制按设定年薪）
外来	5—1级	上年1—12月平均工资（年薪制按设定年薪）	上年1—12月平均工资（年薪制按设定年薪）
	8—6级	社平工资的60%	社平工资的60%
	12—9级	当地最低工资标准	当地最低工资标准
	13级及以下	当地最低工资标准	

表 3.5 出差待遇各职级对应标准 　　　　　　　　　　单位:元

职级	交通费最高限额	一线住宿标准	二线住宿标准	其他住宿标准
1级	据实	据实	据实	据实
2级		1000	700	600
3级	7天内:400	1000	700	600
4级	8天:450	800	600	500
5级	9天:500 10天:550	700	550	450
6级	11天:600	600	500	400
7级	12天:650 13天:700	550	450	350
8级	14天:750			
9级	超过14天:800	450	350	250
10级及以下				

从上述表格中可看出,不同职级所享受的福利待遇也不尽相同。除以上各项针对各职级的福利待遇外,集团还对不同职级的人才设定了15万～30万元的无息贷款以及4万元的购房补贴。另外,在生日津贴、教育培训机会等方面也分门别类地制定了一系列保障措施,通过各类福利政策激励,激发各层级人才工作激情,保障公司人才队伍的稳定。

3. 宏发股份中层管理人员现状

(1)管理类人员基本情况。根据宏发股份职类职种划分的相关规定,管理类包括高层管理、中层管理和基层管理三个职种,在层级结构上,高层管理属于战略层,中层管理属于战术层,基层管理属于执行层,各个层次有对应的职责规定。具体层级划分依据如表3.6所示。

表3.6　管理类人员职类划分依据

管理职类	层级	职责
高层管理	战略层	根据组织内外情况,分析和制定组织整体及各运营系统长远目标和政策并组织落实
中层管理	战术层	根据公司总体目标与大政方针,调动内外部资源,组织基层单位和人员共同实现总体目标
基层管理	执行层	执行与控制公司各项具体任务,直接指挥和监督现场作业人员完成上级下达的各项计划和指令

管理类人员中,高层管理人员155人,平均司龄10.5年;中层管理人员591人,平均司龄为8.5年;基层管理人员770人,平均司龄为7.8年;中层管理人员占管理类人数比为39.0%。591名中层管理人员中,453人为男性,占比76.6%,女性人数仅为138人,占比23.4%,男女比接近8∶2。具体如表3.7和表3.8所示。

表3.7　管理类人员数量占比情况

特征	高层管理	中层管理	基层管理
人数/人	155	591	770
所占比例/%	10.20	39.00	50.80

数据来源:宏发股份2020年2月人力资源报表。

表 3.8　管理类人员平均司龄及性别人数分布情况

特征	高层管理	中层管理	基层管理
平均司龄/年	10.5	8.5	7.8
男性人数/人	134	453	499
女性人数/人	21	138	271

数据来源:宏发股份2020年2月人力资源报表。

(2)中层管理人员学历情况。宏发股份中层管理人员中,中专及以下学历50人,占比8.46%;大专学历178人,占比30.12%;本科学历325人,占比54.99%;硕士及以上学历38人,占比6.43%。从学历数据可看出,中层管理人员学历水平集中在大专和本科学历,占比达到85.1%,拥有硕士及以上学历的高学历人员占比相对较低。具体如表3.9和图3.3所示。

表 3.9　中层管理人员学历结构　　　　　　　　　　　　单位:%

占比情况	中专及以下	大专	本科	硕士及以上
所占比例	8.46	30.12	54.99	6.43

数据来源:宏发股份2020年2月人力资源报表。

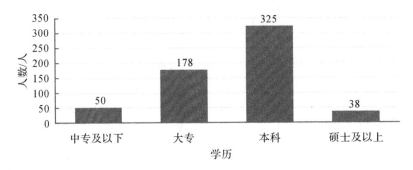

图 3.3　宏发股份中层管理人员学历分布情况

(3)中层管理人员年龄情况。在年龄分布方面,中层管理人员中,50岁以上人员37人,41~50岁人员171人,31~40岁人员359人,30岁以下人员24人。可以看出,宏发股份的中层管理人员队伍以31~50岁的中青年为主,占比达到89.6%。具体如表3.10和图3.4所示。

表 3.10　中层管理人员年龄结构　　　　　　单位:%

占比情况	50 岁以上	41~50 岁	31~40 岁	30 岁及以下
所占比例	6.3	28.9	60.7	4.1

数据来源:宏发股份 2020 年 2 月人力资源报表。

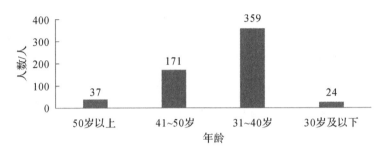

图 3.4　宏发股份中层管理人员年龄分布

4. 宏发股份中层管理人员离职率情况

中层管理人员掌握着企业重要的生产资源,其任职情况关乎着企业的生存和发展。这部分人才的流失,不仅会使得项目或业务受到影响,还有可能带走与企业相关的其他资源。同时,中层管理人员的流失将对其所带团队造成负面影响,有损公司人才队伍稳定,对企业生产经营造成严重影响。如果为了弥补职位空缺,选择从外部招聘成熟的管理人员,一方面,需要耗费高昂的成本,另一方面,如何使其快速融入公司文化、快速发挥工作绩效也是一个需要解决的问题。为了尽量降低中层核心人才的流失对公司造成的影响,公司内部需要有非常完善的继任计划以及快速反应的招聘机制,而这也正是宏发股份目前存在的比较突出的发展问题之一。

宏发股份中层管理人员的来源主要有两种,一种为外部招聘,另一种为内部培养,两者在构成比例上大约为 2∶8,也就说大部分的中层管理人员都是由集团内部培养起来的。从宏发股份内部培养中层管理人员的时间来看,成为一名中层管理人员至少要在公司内部经过 3~5 年的历练,也就是说培养一名中层管理人员需要耗费企业大量的成本。

很多研究表明,离职率和满意度之间存在较强的关系,本篇对宏发股份近三年的整体离职率以及中层管理人员的离职率情况进行了梳理。通过数据梳理分析可发现:2017—2019 年,不论是人才资源的整体离职率,还是中层管理人员的离职率,都呈现了较为明显的上升趋势,具体如表 3.11、表 3.12

和图 3.5 所示。

表 3.11 2017—2019 年宏发股份人才资源离职率

年度	总人数/人	离职人数/人	年离职率/%	增减
2017	12113	894	7.38	+0.3 个百分点
2018	12113	1144	9.44	+2.06 个百分点
2019	12833	1321	10.29	+0.85 个百分点

数据来源:宏发股份 2017 年 12 月、2018 年 12 月、2019 年 12 月人力资源报表。

表 3.12 2017—2019 年宏发股份中层管理人员离职率

年度	总人数/人	离职人数/人	年离职率/%	增减
2017	442	22	4.98	+0.18 个百分点
2018	491	28	5.70	+0.72 个百分点
2019	535	37	6.92	+1.22 个百分点

数据来源:宏发股份 2017 年 12 月、2018 年 12 月、2019 年 12 月人力资源报表。

图 3.5 宏发股份人才资源和中层管理人员离职率比较

从以上图表可以看出,2018 年和 2019 年宏发股份人才资源整体离职率分别为 9.44% 和 10.29%,中层管理人员离职率分别为 5.70% 和 6.92%,离职增长率保持较明显的上升趋势。这已逐渐成为宏发股份在发展过程中必须加以高度注意并亟待解决的问题。

四、宏发股份中层管理人员满意度 测量设计和统计分析

(一)满意度测量调查问卷的研究设计

1.调查问卷的设计

本研究在大量查阅国内外文献的基础上,结合行业发展特点和企业的实际情况,认为工作满意度不仅与工作回报、工作本身和工作环境相关,而且与工作中的关系和企业给予的支持相关。因此本篇选取了工作回报、工作本身、工作环境、工作关系和组织支持五个维度进行工作满意度的测量,每个维度编制了五个方面的问题,合计 25 道题目。

除了以上五个维度,本研究将性别、年龄、学历、任职期限 4 项个人因素作为控制变量,纳入统计分析。各维度衡量划分情况如表 4.1 所示。

表 4.1 宏发股份中层管理人员满意度各维度衡量划分

维度	对应序号	题项细分维度	来源
工作回报	1	总体收入和福利水平	郑立明(2017)[38]
	2	薪酬福利的内部公平性	
	3	工作认可度	
	4	工作成就感	
	5	工作生活平衡度	
工作本身	6	工作的自主权	Herzberg(1959)[24]
	7	工作的挑战性	
	8	职责匹配程度	
	9	人岗匹配程度	
	10	绩效考评方式	

续表

维度	对应序号	题项细分维度	来源
工作环境	11	企业声誉	Locke 等(1976)[26]
	12	群体重视感受	
	13	办公环境	
	14	制度流程	
	15	激励措施	
工作关系	16	高层领导	罗宾斯(1997)[27] 张晓宁和顾颖(2010)[30]
	17	上级领导	
	18	同事关系	
	19	部门沟通协作关系	
	20	所在团队氛围	
组织支持	21	产品和服务	徐贤明、钱胜、张燕平(2019)[43]
	22	培训效果	
	23	工作阻力化解	
	24	管理水平	
	25	资源支持	

注:调查问卷采用五点式量表,按照非常满意到非常不满意,划分为 5 个段位,分别给予 5、4、3、2、1 分,得分越高,满意度越高。

2. 调查问卷的展开

(1)调查对象。宏发股份总部及所有国内子公司的在职中层管理人员。

(2)调查展开过程。本研究采取的是抽样调查,如果采用电子邮件等方式收集问卷,员工可能存在不真实回答的情况,所以在问卷星上编制问卷,将相关链接转发在微信群里,并设置了每个 ID 只能提交一次的限制,避免了员工的重复回答。

3. 调查问卷的收集

本研究通过对宏发股份在职的 591 位中层管理人员进行抽样调查,最终回收有效问卷 203 份。

本问卷是在参考相关学者研究的基础上编制的,在数据收集完成后,对问卷的效度和信度进行了测量。目前,比较常用的测量量表效度的方法是 KMO

(Kaiser-Meyer-Olkin)检验和巴特利特球形检验(Bartlett's test of sphericity)。借助 SPSS 软件进行分析,结果如表4.2所示。

表 4.2　KMO 和 Bartlett 检验

KMO 检验值		0.949
巴特利特球形检验	Approx. Chi-Square	3272.361
	df	300
	Sig.	0.000

可以看到 KMO 的值在 0.9 以上,并且 $p<0.05$,说明该份问卷具有较好的结构效度,表明通过问卷这些维度和问题的分析,能够得到较为有效的工作满意度情况。

借助 SPSS 对问卷的信度进行了检验,本问卷共计 29 题,其中 4 题为中层管理人员的基本情况,涉及性别、年龄、学历、任职年限等,这些因素不会影响到问卷的信度,在分析信度时暂不考虑这些因素。得到的分析结果如表4.3所示。

表 4.3　可靠性统计

克朗巴哈系数	条目数
0.957	25

由上表可以看出,整体的克朗巴哈系数达到了 0.957,一般可以认为通过了可靠性检验,说明收集到的数据具有较好的可靠性。同时,本研究也做了删除项后的克朗巴哈系数统计,发现剔除任何一个问题后,所得到的系数均小于或等于0.957,可以认为每一个问题都是有用的,无须进行剔除,也表明量表的信度较好。

(二)样本的统计分析

首先对调查对象的性别、年龄、学历、任职年限 4 项信息数据进行统计分析,其结果如表4.4所示。

表 4.4　样本的基本信息统计

项目	类别	人数/人	所占比例/%
性别	男	147	72.40
	女	56	27.60
年龄	30 岁及以下	10	4.90
	31～35 岁	67	33.00
	36～40 岁	86	42.40
	41～50 岁	35	17.20
	50 岁以上	5	2.50
学历	大专以下	15	7.40
	大专	51	25.10
	大学本科	121	59.60
	硕士	13	6.40
	博士	3	1.50
任职年限	5 年及以下	131	64.50
	6～10 年	37	18.20
	11～15 年	18	8.90
	16～20 年	12	5.90
	20 年以上	5	2.50

通过对统计结果的分析,可以看出:受调查者以男性居多,有147人,占受调查人数的72.40%,女性人数为56人,占受调查人数的27.60%。年龄主要集中在31～40岁,人数占比为75.40%;学历以大学本科为主,占比为59.60%,说明从业的大部分员工属于知识型员工,需要根据他们的特征制定相应的提升满意度的措施。样本数据分布情况与宏发股份整体人力资源状况基本保持一致,具有一定的代表性,可作为本次研究的样本。

任职年限以5年及以下的人员居多,占比达到64.50%。这一数据说明很大一部分中层管理人员任职年限并不长,一定程度上也是离职率不断升高的侧面反映,为本篇研究主题提供重要的数据支持。

（三）满意度整体结果统计分析

此次问卷调查的内容共涉及影响员工满意度的五个大类 25 个小项，采用五级量表法用 1 至 5 分依次代表非常不满意、不满意、一般、满意、非常满意五个满意度水平，平均分为 3 分。本篇首先从整体上分析此次调查的结果。通过整理问卷数据得出的总体评分结果见表 4.5。

表 4.5　受测人员对各类影响因素的满意度平均分数统计

问卷维度	维度平均得分/分	问卷问项	问项平均得分/分	方差
工作回报	4.10	我对目前的总体收入和福利待遇感到满意	4.26	0.45
		公司的薪酬福利分配在内部是公平的	4.21	0.47
		当表现出色时，我能得到上级或同事的肯定	3.96	0.48
		目前的工作能赋予我成就感	3.91	0.48
		我能保持工作与生活的平衡	4.18	0.46
工作本身	3.95	我有足够的自主权开展管理工作	3.98	0.45
		我的工作具有一定的挑战性	3.83	0.43
		公司部门和岗位之间分工明确、职责清楚	4.21	0.41
		我的工作能让我充分发挥管理才能	3.89	0.51
		绩效考评方式利于我找出不足并加以改进	3.86	0.48
工作环境	3.88	公司有良好的社会声誉	3.43	0.35
		我能感受到公司对中层管理人员的重视	3.85	0.47
		公司提供了良好的办公环境	3.81	0.45
		公司内部的制度和流程是合理且有效的	4.18	0.44
		公司内部的激励措施可以切实发挥激励作用	4.14	0.45

续表

问卷维度	维度平均得分/分	问卷问项	问项平均得分/分	方差
工作关系	3.86	高层领导者使我对职业发展充满信心和期待	3.67	0.47
		上级领导经常与我共同探讨解决工作中的难题	3.88	0.56
		公司内的同事关系和谐融洽	3.90	0.45
		我与公司各部门有良好的沟通协作关系	4.01	0.50
		我管理的团队有良好的工作氛围	3.86	0.44
组织支持	3.96	公司的产品和服务能让我增强管理信心	3.83	0.53
		公司提供的培训能促进管理技能提升	4.02	0.49
		公司能有效地帮我化解工作阻力	4.10	0.51
		公司各级领导展现了良好的管理水平	3.99	0.51
		公司提供的资源能支持我有效完成工作	3.85	0.44
汇总平均得分			3.95	

从表4.5的结果来看,宏发股份受测人员的满意度整体平均分为3.95分,可以说,在总体上处于较为满意的状态。以平均分3为标准,进行 t 检验,发现均具有显著性的差异。从五个维度的平均分来看,还是存在一定的差距:对工作回报的满意度平均分达到4.10分,也是五大类因素中的最高分值。工作环境和工作关系分值较低,分别为3.88分和3.86分。五个维度得分主要受所包含的各个分项得分的影响,对各个分项的得分以及结合个人因素这一控制变量进行研究,有利于进一步分析各个因素的满意度表现。下面对五大维度逐一进行分析。

1. 工作回报

工作回报满意度平均分是五大类影响因素中得分最高的指标,说明宏发股份中层管理人员对工作回报方面较为满意。工作回报包含了总体收入和福利水平、薪酬福利内部公平性、工作认可度、工作成就感、工作与生活的平衡五个细分维度,每个细分维度对应的平均得分如表4.6所示。

表 4.6　工作回报满意度各项得分

工作回报满意度各分项	分项平均分
我对目前的总体收入和福利待遇感到满意	4.26
公司的薪酬福利分配在内部是公平的	4.21
当表现出色时,我能得到上级或同事的肯定	3.96
目前的工作能赋予我成就感	3.91
我能保持工作与生活的平衡	4.18

从上表中可以看出,"我对目前的总体收入和福利待遇感到满意"以及"公司的薪酬福利分配在内部是公平的"两个分项的满意度平均分分别达到 4.26 分和 4.21 分,可以看出宏发股份中层管理人员对工作回报维度的薪酬分项的两项关键指标都处于较为满意的状态。另外,工作与生活的平衡分项满意度得分也相对较高,得分为 4.18 分。比较来看,工作赋予的成就感和工作得到的认可两项指标得分相对较低,说明在这两方面还有提升的空间。

利用皮尔逊(Pearson)相关系数,对工作回报维度下各个问题的相关性进行细分,可以发现:"公司的薪酬福利分配在内部是公平的"与工作回报的相关性最高,达到了 0.808,其次是"当表现出色时,我能得到上级或同事的肯定",相关系数为 0.800,"我能保持工作与生活的平衡"相关系数相对较小(见表 4.7)。结合"当表现出色时,我能得到上级或同事的肯定"的得分较低的情况,可以在中层管理人员表现出色时,及时给予肯定和表扬,以此来提升工作回报方面的满意度。

表 4.7　工作回报维度相关性分析

维度	我对目前的总体收入和福利待遇感到满意	公司的薪酬福利分配在内部是公平的	当表现出色时,我能得到上级或同事的肯定	目前的工作能赋予我成就感	我能保持工作与生活的平衡
工作回报	0.765**	0.808**	0.800**	0.745**	0.667**

注:** 表示 $p < 0.05$,下同。

2. 工作本身

工作本身满意度平均得分为 3.95 分,说明受测人员对工作本身也是较为满意的。工作本身包含工作的自主权、工作的挑战性、职责匹配程度、人岗匹配程度、绩效考评的合理性五个细分维度。每个维度对应的问项平均得分如表 4.8 所示。

表4.8　工作本身满意度各项得分

工作本身满意度各分项	分项平均分/分
我有足够的自主权开展管理工作	3.98
我的工作具有一定的挑战性	3.83
公司部门和岗位之间分工明确、职责清楚	4.21
我的工作能让我充分发挥管理才能	3.89
绩效考评方式利于我找出不足并加以改进	3.86

从表4.8的数据可以看出,"公司部门和岗位之间分工明确、职责清楚"方面的满意度为4.21分,处于较为满意的水平。但是"我的工作具有一定的挑战性"和"绩效考评方式利于我找出不足并加以改进"两个方面的满意程度低于整体满意度平均水平,说明在激励中层管理人员充分发挥才能、设定更有挑战性的工作目标、进行有效的绩效管理等方面还有很多工作要做。

如表4.9所示,"我的工作能让我充分发挥管理才能"与工作本身的相关性最高,系数达到了0.851,说明中层管理人员希望能在其岗位上发挥出自己的管理才能,实现他们的价值,与其相印证的是"我的工作具有一定的挑战性"的分项的相关性,相关系数达到了0.824,说明中层管理人员认为,只要能够发挥他们的管理技能,即便从事具有一定挑战性的工作,也不会降低他们的满意度。结合这两项回答的得分均不高的情况,可以在岗位设置时,考虑到每位中层管理人员的个性特征,以此提升他们对工作本身维度的满意度。

表4.9　工作本身维度相关性分析

维度	我有足够的自主权开展管理工作	我的工作具有一定的挑战性	公司部门和岗位之间分工明确、职责清楚	我的工作能让我充分发挥管理才能	绩效考评方式利于我找出不足并加以改进
工作本身	0.814**	0.824**	0.706**	0.851**	0.689**

3. 工作环境

工作环境满意度包含企业声誉、群体重视、办公环境、制度流程、激励保障五个细分维度的内容。每个维度对应的问项平均得分如表4.10所示。

表 4.10　工作环境满意度各项得分

工作环境满意度各分项	分项平均分/分
公司有良好的社会声誉	3.43
我能感受到公司对中层管理人员的重视	3.85
公司提供了良好的办公环境	3.81
公司内部的制度和流程是合理且有效的	4.18
公司内部的激励措施可以切实发挥激励作用	4.14

　　工作环境满意度平均得分为 3.88 分,低于公司整体满意度水平,是五大维度中满意度平均得分较低的维度。特别是在企业声誉、办公环境等方面得分较低。尤其是"公司有良好的社会声誉"问项得分仅为 3.43,说明公司在提高社会声誉、增强中层管理人员的荣誉感等方面还存在较大的提升空间。另外,对于办公环境方面的满意度得分也相对较低,需要结合各细分项进行详细分析。

　　通过相关性的分析发现:"我能感受到公司对中层管理人员的重视"与工作环境维度的相关性最高,达到了 0.827,说明中层管理人员在工作中,希望自己的工作成绩能够被领导层认可(见表 4.11)。结合在这一问题上的平均得分只有 3.85,公司可以通过设立多种形式的荣誉或奖励等,让中层管理人员更多地参与到公司决策中,让他们感受到公司给予的认可和重视,以此来提升工作环境维度的满意度。

表 4.11　工作环境维度相关性分析

维度	公司有良好的社会声誉	我能感受到公司对中层管理人员的重视	公司提供了良好的办公环境	公司内部的制度和流程是合理且有效的	公司内部的激励措施可以切实发挥激励作用
工作环境	0.714**	0.827**	0.782**	0.786**	0.747**

4. 工作关系

　　工作关系的整体满意度仅为 3.86 分,低于整体满意度水平,是五大维度中满意度平均得分最低的维度。工作关系包含高层领导、上级领导、同事关系、沟通协作、团队氛围五个维度。各维度得分情况如表 4.12 所示。

表 4.12　工作关系满意度各项得分

工作关系满意度各分项	分项平均分/分
高层领导者使我对职业发展充满信心和期待	3.67
上级领导经常与我共同探讨解决工作中的难题	3.88
公司内的同事关系和谐融洽	3.90
我与公司各部门有良好的沟通协作关系	4.01
我管理的团队有良好的工作氛围	3.86

　　从表中数据可以发现,工作关系满意度各分项得分除了"我与公司各部门有良好的沟通协作关系"高于整体平均满意度,其他各项得分均低于整体满意度的平均值,尤其是"高层领导者使我对职业发展充满信心和期待"问项满意度得分仅为 3.67 分。说明高层领导在给予中层管理人员正向激励、构筑职业生涯的发展路径方面还有较大的提升空间。

　　从表 4.13 中可以看出,"我管理的团队有良好的工作氛围"与工作关系的相关性最高,相关系数达到了 0.823。团队的氛围很大程度上是由管理者的领导风格决定的,具有良好的团队氛围,也说明了管理者具有较强的管理能力,本身也是对中层管理人员的认可。"上级领导经常与我共同探讨解决工作中的难题"也与工作关系具有较强的相关性。以上两者的平均得分分别为 3.86 和 3.88,在该维度的五个问题中,得分比较低,公司可以通过改进这两个方面的管理手段,来提升工作关系维度的满意度。

表 4.13　工作关系维度的相关性分析

维度	高层领导者使我对职业发展充满信心和期待	上级领导经常与我共同探讨解决工作中的难题	公司内的同事关系和谐融洽	我与公司各部门有良好的沟通协作关系	我管理的团队有良好的工作氛围
工作关系	0.781**	0.831**	0.816**	0.831**	0.823**

5.组织支持

　　组织支持包括产品和服务、培训效果、工作阻力化解、管理水平、资源支持五个维度,满意度平均得分为 3.96 分。其中,"公司能有效地帮我化解工作阻力"问项满意度得分为 4.10 分,相对较高。各个维度得分如表 4.14 所示。

表4.14 组织支持满意度各项得分

组织支持满意度各分项	分项平均分/分
公司的产品和服务能让我增强管理信心	3.83
公司提供的培训能促进管理技能提升	4.02
公司能有效地帮我化解工作阻力	4.10
公司各级领导展现了良好的管理水平	3.99
公司提供的资源能支持我有效完成工作	3.85

从上表数据可以看出,"公司的产品和服务能让我增强管理信心"和"公司提供的资源能支持我有效完成工作"两个问项得分较低,分别为3.83分和3.85分,说明在优化产品和服务增强管理信心以及提供有效的资源支持方面存在一定的提升空间,为了使得分析更具有针对性,需要结合各细项进行分析。

通过相关性的分析可以发现,"公司能有效地帮我化解工作阻力"和"公司各级领导展现了良好的管理水平"与组织支持的相关性较高,相关系数分别为0.819和0.817(见表4.15),中层管理人员更加关心在遇到工作阻力时更高层级的领导是否能够及时出面协助解决问题,从而促进自己管理工作的实施。所以可以通过提升这两个分项的满意度来提升组织支持维度的满意度。

表4.15 组织支持维度的相关性分析

维度	公司的产品和服务能让我增强管理信心	公司提供的培训能促进管理技能提升	公司能有效地帮我化解工作阻力	公司各级领导展现了良好的管理水平	公司提供的资源能支持我有效完成工作
组织支持	0.705**	0.665**	0.819**	0.817**	0.756**

6.个人因素变量分析

不同的调查对象对满意度各因素满意程度也不尽相同。本研究选取了性别、年龄、学历、任职年限四项个人因素作为控制变量,对宏发股份中层管理人员的满意度进行分析。四项变量对各维度满意度的得分分类情况如表4.16所示。

表 4.16 个人因素变量对各维度的满意度得分 单位:分

个人因素		工作回报	工作本身	工作环境	工作关系	组织支持	平均得分
性别	男	4.07	3.94	3.87	3.84	3.93	3.93
	女	4.19	3.98	3.91	3.92	4.03	4.01
年龄	30 岁及以下	3.16	3.16	3.10	3.01	3.12	3.11
	31~35 岁	4.13	3.92	3.88	3.85	3.99	3.95
	36~40 岁	4.22	4.07	4.01	3.98	4.05	4.01
	41~50 岁	4.01	3.94	3.81	3.81	3.89	3.89
	50 岁以上	4.20	4.04	3.84	4.08	4.00	4.03
学历	大专以下	4.00	3.97	3.93	3.88	3.93	3.94
	大专	4.09	3.93	3.85	3.89	3.91	3.93
	大学本科	4.14	3.99	3.90	3.87	4.00	3.98
	硕士	3.97	3.74	3.75	3.72	3.86	3.81
	博士	3.80	3.67	3.73	3.73	3.53	3.69
任职年限	5 年及以下	4.13	3.99	3.91	3.90	4.00	3.99
	6~10 年	4.08	3.91	3.85	3.83	3.86	3.91
	11~15 年	4.08	3.86	3.88	3.89	3.93	3.93
	16~20 年	3.97	3.87	3.77	3.73	3.83	3.83
	20 年以上	3.96	3.84	3.56	3.36	3.76	3.70

首先,从性别角度进行分析。从上表可以看出,各维度的满意度中,女性的满意度得分略高于男性满意度的得分,以性别作为分组变量,利用 SPSS 软件进行 t 检验分析,结果如表 4.17 所示。可以发现:五个维度在性别上没有表现出明显的差异性,说明各维度的得分在性别上虽然存在一定的差异,但是这种差异并没有达到统计学上的显著的标准。

表 4.17　独立样本 t 检验结果

维度		列文方差齐性检验		均值相等 t 检验				
		F 检验	显著性	t	自由度	显著系数（双侧）	均值差	标准误差
工作回报	等方差	3.325	0.070	−1.477	201	0.141	−0.1199	0.0812
	假定方差非齐性			−1.355	84.999	0.179	−0.1199	0.0885
工作本身	等方差	10.256	0.002	−0.433	201	0.665	−0.0357	0.0824
	假定方差非齐性			−0.385	80.617	0.702	−0.0357	0.0929
工作环境	等方差	6.429	0.012	−0.467	201	0.641	−0.0373	0.0798
	假定方差非齐性			−0.429	85.198	0.669	−0.0373	0.0870
工作关系	等方差	1.655	0.200	−0.904	201	0.367	−0.0806	0.0892
	假定方差非齐性			−0.864	91.263	0.390	−0.0806	0.0933
组织支持	等方差	2.886	0.091	−1.140	201	0.256	−0.0944	0.0828
	假定方差非齐性			−1.077	89.446	0.284	−0.0944	0.0876

其次，从年龄层面进行分析。一般认为：进行方差齐性检验，如果 $p>0.05$，可以认为方差齐，能够采用方差分析的方法进行数据分析，反之，则不能采用方差进行分析。对年龄因素进行方差齐性检验，结果如表 4.18、表 4.19 所示。

表 4.18　方差齐性检验结果——年龄方面

维度	列文检验	df1	df2	p 值
工作回报	1.632	4	198	0.168
工作本身	1.747	4	198	0.141
工作环境	2.240	4	198	0.066
工作关系	3.797	4	198	0.005
组织支持	2.908	4	198	0.023

表 4.19 方差检验——年龄方面

维度	分组	平方和	df	均方	F	p 值
工作回报	组间	10.568	4	2.642	11.971	0.000
	组内	43.701	198	0.221		
	总计	54.269	202			
工作本身	组间	7.570	4	1.893	7.837	0.000
	组内	47.816	198	0.241		
	总计	55.386	202			
工作环境	组间	7.607	4	1.902	8.512	0.000
	组内	44.014	198	0.223		
	总计	51.621	202			

通过分析可以看出,工作回报、工作本身和工作环境三个维度可使用方差分析的方法。进一步做方差分析发现:工作回报、工作本身和工作环境三个维度在不同年龄段上表现出了差异性(p 均小于 0.05),说明这三个维度在不同年龄层面表现出了统计学上的差异性。50 岁以上的满意度平均分高达 4.03 分,30 岁及以下满意度平均分最低,并且各维度满意度的得分也较低,满意度平均得分仅为 3.11 分,说明对于宏发股份的年轻干部的管理还需加以关注,尤其是在工作回报、工作本身、工作环境等三个维度方面。

再次,从学历层次角度分析。对满意度在学历层次方面进行方差齐性检验,结果如表 4.20 和表 4.21 所示。

表 4.20 方差齐性检验结果——学历层次方面

维度	列文检验	df1	df2	p 值
工作回报	4.176	4	198	0.003
工作本身	2.244	4	198	0.066
工作环境	1.820	4	198	0.126
工作关系	0.926	4	198	0.450
组织支持	1.487	4	198	0.207

表 4.21　方差检验——学历层次方面

维度	分组	平方和	df	均方	F	p 值
工作本身	组间	1.071	4	0.268	0.976	0.422
	组内	54.315	198	0.274		
	总计	55.386	202			
工作环境	组间	0.422	4	0.106	0.406	0.804
	组内	51.198	198	0.260		
	总计	51.621	202			
工作关系	组间	0.342	4	0.085	0.261	0.902
	组内	64.771	198	0.327		
	总计	65.113	202			
组织支持	组间	0.968	4	0.242	0.866	0.485
	组内	55.291	198	0.279		
	总计	56.259	202			

通过分析可以看出,工作本身、工作环境、工作关系和组织支持四个维度可使用方差分析的方法。进一步做方差分析发现:四个维度的 p 值均大于 0.05,表示每个维度在学历层次上并不具备明显的差异性。从平均得分进行分析,具有大学本科学历的中层管理人员满意度得分相对较高,硕士和博士学历人员的满意度分值相对较低,尤其对于博士生在组织支持方面的满意度仅为 3.53 分,说明在激发博士生的工作热情、提供有效的资源支持等方面仍有很大的提升空间。

最后,从任职年限角度进行分析。从任职年限来看,大体呈现了随着任职年限的增长,满意度水平不断下降的趋势,其中任职 5 年及以下的干部满意度水平最高,任职 20 年以上的干部满意度最低,尤其在工作关系和工作环境方面,仅为 3.36 分和 3.56 分,说明公司对于任职时间较长的中层管理人员在这两个维度方面仍有很多工作要做。

通过以上分析,我们可以看出,宏发股份整体满意度水平较高,整体满意度得分为 3.95 分,处于较为满意的水平,但各个维度之间以及结合个人因素分析可得的每个维度的各细项之间的满意度得分水平仍存在一定差距。为了使分析更具有针对性,我们将在下文分别选取满意度水平表现较好和满意度水平表现较差的几个问项进行分析。

(四)满意度水平表现较好的因素分析

根据本次调查问卷的结果统计数据,本篇将满意度得分排名前5的问项进行了归纳整理,可以看到:在五大维度中,满意度得分较高的前5项,工作回报维度占据了3项,其次为工作本身和工作环境维度各1项。具体得分情况见表4.22。

表 4.22　满意度得分较高的五个问项得分

问卷维度	问卷问项	问项平均得分/分
工作回报	我对目前的总体收入和福利待遇感到满意	4.26
工作回报	公司的薪酬福利分配在内部是公平的	4.21
工作本身	公司部门和岗位之间分工明确、职责清楚	4.21
工作环境	公司内部的制度和流程是合理且有效的	4.18
工作回报	我能保持工作与生活的平衡	4.18

从上表可以看出,对于总体收入和福利的满意度、薪酬分配的内部公平性以及工作与生活的平衡的满意度得分分别为 4.26 分、4.21 分和 4.18 分,一定程度上说明宏发股份在工作回报方面具有诸多可圈可点之处。另外,部门和岗位职责的明确清晰程度、内部制度和流程的合理有效程度的满意度得分也较高。为使得分析更加有的放矢,本研究将结合个人因素对这五个问项进行进一步分析,问项得分具体见表 4.23。

表 4.23　结合个人因素的满意度得分较高的五个问项得分　　　　单位:分

个人因素		我对目前的总体收入和福利待遇感到满意	公司的薪酬福利分配在内部是公平的	公司部门和岗位之间分工明确、职责清楚	公司内部的制度和流程是合理且有效的	我能保持工作与生活的平衡	平均得分
性别	男	4.21	4.18	4.25	4.19	4.16	4.20
	女	4.38	4.29	4.09	4.16	4.25	4.23
年龄	30 岁及以下	3.10	3.00	3.20	3.30	3.50	3.22
	31~35 岁	4.36	4.28	4.21	4.24	4.15	4.25
	36~40 岁	4.35	4.33	4.34	4.29	4.36	4.33
	41~50 岁	4.14	4.09	4.14	4.06	3.97	4.08
	50 岁以上	4.40	4.40	4.40	4.20	4.40	4.36

续表

个人因素		我对目前的总体收入和福利待遇感到满意	公司的薪酬福利分配在内部是公平的	公司部门和岗位之间分工明确、职责清楚	公司内部的制度和流程是合理且有效的	我能保持工作与生活的平衡	平均得分
学历	大专以下	4.13	4.07	4.47	4.20	3.93	4.16
	大专	4.27	4.18	4.14	4.10	4.10	4.16
	大学本科	4.27	4.26	4.21	4.22	4.26	4.24
	硕士	4.23	4.00	4.00	4.08	4.15	4.09
	博士	4.00	4.33	4.67	4.33	3.67	4.20
任职年限	5年及以下	4.31	4.25	4.24	4.24	4.21	4.25
	6~10年	4.22	4.14	4.24	4.08	4.19	4.17
	11~15年	4.17	4.11	4.06	4.06	4.11	4.10
	16~20年	4.00	4.08	4.08	4.25	4.08	4.10
	20年以上	4.20	4.20	3.80	3.60	4.00	3.96

从上表数据可以看出,综合5项满意度得分较高的问项计算平均分,年龄结构上,50岁以上的中层管理人员满意度水平最高;学历结构上,具有大学本科学历的中层管理人员满意度水平最高;任职年限上,5年及以下的中层管理人员满意度水平最高。从每个问项的各单项得分来看也基本符合这一规律。其中:"公司部门和岗位之间分工明确、职责清楚"这一问项,总体平均得分为4.21分,博士学历者对该问项的满意度得分更是高达4.67分,说明公司在该方面认可度较高。另外,"公司内部的制度和流程是合理且有效的"这一问项,总体平均得分为4.18分,博士生对该问项的满意度得分为4.33分,说明在制度和流程方面公司也有一定的可借鉴之处。

结合以上的分析结果,对比宏发股份的实际情况,我们不难理解公司诸多可圈可点之处在满意度方面的反映。为了借鉴和总结,下面将宏发股份在以上满意度水平较高的方面的一系列经验和做法进行总结分析,以便保持优势,精益求精。

(1)特色的管理模式和管理经验的传承是宏发股份企业文化的重要组成部分。传承不仅包括企业特有的文化和精神的传承,更是企业特色管理模式和管理经验的学习和贯彻。集团培训学院将"输出理解宏发企业文化的人,更好地提炼和总结宏发的知识和经验"作为工作使命,逐步将宏发股份的管理模式提炼并输出。管理模式和经验的提炼和输出依赖的是人,尤其是有着丰富知识和经验,对企业文化精髓有着深刻理解的老员工。因此,宏发对老员工非常重视和尊重。从调查结果来看,50 岁以上的中层管理人员满意度水平较高。前文我们提到,2019 年宏发股份人才资源的平均司龄为 5.6 年,中层管理人员平均司龄更是达到 8.5 年。人才队伍的稳定是企业可持续发展的重要保障,宏发股份将对老员工的尊重和重视视为一种特色文化。宏发股份不仅对 50 岁以上的老员工设定不同程度的福利政策,也非常注重关爱退休的老员工,很多员工退休后公司仍会每个月发放一定金额的生活津贴,集团总裁亲自参加老员工聚餐活动,公司大型庆典等活动也会邀请老员工参加。这些都让广大员工愿意踏实地留在公司工作,与残酷的狼性文化相比,这份温情更能让员工真心实意和长期稳定地投入工作。在这种文化影响下,很多资深的技术人员愿意将自己的核心技术精髓传授给其他人,"传、帮、带"的文化很好地促进了特色管理模式和管理经验以及核心技术和文化的传承。

(2)鼓励学历水平提升和开展各种形式的继续教育培训,是宏发股份提升人才综合能力的关键途径。前文提到宏发股份具有大学本科学历的人员占比为 15.50%,中层管理人员这一占比达到 54.99%。这一学历水平的满意度较高,也一定程度上说明这部分人员对公司整体比较满意。这部分人员可以说是中层管理人员中的主力军,管理能力水平高低在一定程度上决定了集团的中层管理水平,因此宏发股份非常重视该类人才资源的综合能力提升。宏发股份设置了各类激励政策鼓励员工提升学历水平,并以培训学院为依托开设以干部培养为目的的"雏鹰班""飞鹰班""MBA 班""大学生集训班"等系列课程,提升管理技能。同时聚焦业务发展重点,以人才培养为目标,分质量、技术、营销、人力资源等各个模块进行专业能力的培养,宏发股份也因此具备了行业领先的人力资源优势。

(3)科学的人力资源体系、规范的制度和流程建设,是公司科学管理和较高运营效率的重要保证。从本次调查样本来看,任职年限在 5 年及以下的人员占比达到 64.50%,这部分人员在满意度最高 5 项的平均得分为 4.25。"公司部门和岗位之间分工明确、职责清楚"和"公司内部的制度和流程是合理且有效的"这 2 个问项的平均满意度得分分别为 4.21 分和 4.18 分,尤其是具有博士学历的中层管理人员对这两项的认可度较高,说明公司在人力资源体系建设、制度流程建设方面有可借鉴之处。宏发股份是一家大型电子元器件上市企业,围绕着人才工作"选、用、育、留"四个方面,每年根据公司发展情况,更新和完善部门和岗位职责,并定期进行人力资源盘点工作,最大限度地用好、盘活人才资源,达到科学用人、科学管理的目的。为了提高运营效率,公司近些年投入大量人力、物力和财力开发各类管理信息系统,IOA、SAP、MES、EHR、CRM 等系统的推广和使用,使得公司的制度和流程以管理信息系统为依托,提高了执行落地的速度,有效提升了公司运营管理的效率。

(五)满意度水平表现较差的因素分析

为了更有针对性地发现不足,找到存在的突出问题并加以解决,本篇根据问卷结果的统计数据,将满意度得分较低的五个问项进行了归纳整理。可以看到,在五大维度中,满意度得分较低的 5 个问项,工作环境维度占据了 2 项,工作关系、组织支持和工作本身各 1 项(见表 4.24)。

表 4.24　满意度得分较低的五个问项得分

问卷维度	问卷问项	问项平均得分/分
工作环境	公司有良好的社会声誉	3.43
工作关系	高层领导者使我对职业发展充满信心和期待	3.67
工作环境	公司提供了良好的办公环境	3.81
组织支持	公司的产品和服务能让我增强管理信心	3.83
工作本身	我的工作具有一定的挑战性	3.83

从上表可以看出,5 个问项的满意度得分均不高,而且各个问项之间的满意度得分差距也较明显,其中"公司有良好的社会声誉"问项平均得分仅为 3.43分,分数最低;其次为工作关系的"高层领导者使我对职业发展充满信心和期待"问项,说明公司在社会声誉和对高层领导给予的职业发展信心这两个方面存在较大不足。工作环境维度和工作关系维度平均满意度得分为 3.88 分和3.86 分,均属于较低满意度得分,说明宏发股份在这两方面还存在较大的进步空间。为使得分析更加有的放矢,本篇将结合个人因素进行进一步分析。具体见表 4.25。

表 4.25　结合个人因素的满意度得分较低的五个问项得分　　　　单位:分

个人因素		公司有良好的社会声誉	高层领导者使我对职业发展充满信心和期待	公司提供了良好的办公环境	公司的产品和服务能让我增强管理信心	我的工作具有一定的挑战性	平均得分
性别	男	3.42	3.61	3.78	3.81	3.81	3.69
	女	3.43	3.80	3.88	3.88	3.89	3.78
年龄	30 岁及以下	3.00	3.00	3.10	3.10	3.10	3.06
	31～35 岁	3.49	3.75	3.73	3.88	3.81	3.73
	36～40 岁	3.46	3.72	4.02	3.94	3.93	3.81
	41～50 岁	3.31	3.57	3.66	3.69	3.86	3.62
	50 岁以上	3.60	3.60	3.60	3.60	3.80	3.64
学历	大专以下	3.33	3.53	3.87	3.87	3.87	3.69
	大专	3.53	3.73	3.76	3.76	3.84	3.72
	大学本科	3.41	3.67	3.86	3.85	3.86	3.73
	硕士	3.31	3.54	3.54	3.85	3.62	3.57
	博士	3.33	3.67	3.33	3.67	3.33	3.47
任职年限	5 年及以下	3.45	3.71	3.87	3.92	3.87	3.76
	6～10 年	3.46	3.59	3.62	3.70	3.81	3.64
	11～15 年	3.33	3.67	3.89	3.72	3.72	3.67
	16～20 年	3.17	3.58	3.67	3.42	3.67	3.50
	20 年以上	3.40	3.20	3.60	3.80	3.80	3.56

　　从上表数据可以看出,综合 5 项满意度得分较低的问项计算平均分,年龄结构上,30 岁及以下的中层管理人员满意度水平最低;学历结构上,具有博士学历的中层管理人员满意度水平最低;任职年限上,基本呈现了随着任职年限的增加满意度水平不断下降的趋势。从每个问项的各单项得分来看也基本符合这一规律。

　　结合以上的分析结果,对比宏发股份的实际情况,下面对宏发股份在以上满意度水平较低方面的现状进行总结分析,以发现问题,弥补不足。

　　(1)社会声誉有待提高。从表 4.24 中可看出,工作环境维度"公司有良好的社会声誉"问项得分最低,仅为 3.43 分,说明公司社会声誉方面有待提高。

宏发股份成立之初,因国内继电器市场相对饱和,同时为避免与股东争市场,将企业市场定位为以出口为主的外向型企业,为打开国外市场局面,贴牌生产是早期宏发公司与世界先进同行的主要合作方式。一直到企业慢慢稳定壮大以后才逐步建立自己的品牌。宏发股份多年来一直踏踏实实地做事,虽然年出货量全球第一,产品出口到 100 多个国家和地区,但因产品并未直接面向终端客户,在产品宣传推广方面也存在较多不足,在大众认知里知名度较低。

(2)职业生涯发展路径不清晰。从表 4.24 和表 4.25 可看出,工作关系方面,30 岁及以下和任职 20 年以上的中层管理人员对高层领导给予职业发展信心的满意度得分普遍较低。结合宏发股份的实际情况,可看出集团在职业生涯设计和辅导等方面存在不足。30 岁及以下的中层管理人员大多处于职业生涯的确立阶段,任职 20 年以上的中层管理人员最容易受困于职业生涯的发展问题,他们在职业生涯方面的困惑如未得到有效行解,势必影响工作满意度水平。

(3)办公环境有待优化。从表 4.25 可以看出,30 岁及以下的年轻干部以及具有硕士及以上学历的高学历人员对办公环境的满意度较低。而我们的调查数据显示,30 岁及以下即成为中层管理人员的调查对象均是具有硕士及以上学历的高学历人员。这部分人大多是 90 后,具有较大的发展潜力,人群特点是从小接触互联网,对新事物的认知能力、尝试愿望以及对个性和自我的标榜更为强烈,对办公环境的要求也相对较高。

(4)绩效管理方面存在不足。从表 4.24 可看出,工作本身方面,中层管理人员对于工作本身的挑战性的满意度水平较低,平均分为 3.83 分。结合个人因素可看出,30 岁及以下以及博士学历的中层管理人员对工作本身的挑战性满意度较低,一定程度上说明公司在绩效管理方面存在不足。

目前宏发股份虽然建立了较为完善的绩效管理体系,但是绩效管理在执行上还处于比较粗放的状态。结合战略和实际情况,集团公司每年制定出集团目标,再将集团目标分解至各企业,各企业再分解到各部门。这一过程都有较规范的制度、标准和流程进行管理。但是从部门分解到个人,就呈现了五花八门的状态。部门对个人的考核方式和形式由部门自行决定,公司并没有统一的标准和规范,考核过程缺乏监督和辅导,考核结果也缺乏反馈。

(5)产品和服务与一流同行相比还存在差距。从表 4.25 个人因素项进行细项分析,可以看出,30 岁及以下、博士学历和任职 16~20 年的中层管理人员在公司的产品和服务能让其增强管理信心方面的满意度较低。

一直以来,宏发股份都秉持着"以市场为导向,以质取胜"的经营方针和"追求以完美的质量为顾客提供满意的产品和服务"的质量方针,踏踏实实做事。通用、汽车、信号、功率和计量继电器等产品质量在客户端的不良率已接近或达到国际一流同行水平。但是部分传统产品和新门类产品仍存在质量波动,与先进同行相比,质量水平仍有较大的提升空间,而且在宏发股份不同企业之间产品质量水平参差不齐。

(6)组织支持水平有待提升。从表4.25可以看出,随着任职年限的增长,中层管理人员的满意度水平呈现出逐渐下降的趋势,前文对中层管理人员近三年离职率的分析结果,也在一定程度上印证了满意度与离职率之间的关系。结合表4.16个人因素分析可看出30岁及以下、博士学历、任职20年以上的中层管理人员对组织支持的各问项满意度水平均较低。这说明公司在提升组织支持水平方面大有可为。

(六)满意度水平表现影响因素的对比分析

从表4.5中的方差数据可看出,存在个别问项同比其他问项方差水平相对较高的现象,具体见表4.26。

表4.26 方差水平较高问项统计

问卷维度	维度平均分/分	问卷问项	问项平均分/分	方差
工作关系	3.86	上级领导经常与我共同探讨解决工作中的难题	3.88	0.56
组织支持	3.96	公司提供的培训能促进管理技能提升	4.02	0.53
组织支持	3.96	公司各级领导展现了良好的管理水平	3.99	0.51

从上表可以看出,在工作关系维度的领导沟通方面、组织支持维度的培训效果和管理水平方面,方差水平较高,下面将结合个人因素进行详细分析,具体见表4.27。

表4.27 结合个人因素方差水平较高问项统计 单位:分

个人因素		上级领导经常与我共同探讨解决工作中遇到的难题	公司提供的培训能促进管理技能提升	公司各级领导展现了良好的管理水平
性别	男	3.85	3.99	4.00
	女	3.96	4.09	3.96

续表

个人因素		上级领导经常与我共同探讨解决工作中遇到的难题	公司提供的培训能促进管理技能提升	公司各级领导展现了良好的管理水平
年龄	30 岁及以下	3.10	3.30	3.00
	31～35 岁	3.82	4.07	3.97
	36～40 岁	3.99	4.10	4.07
	41～50 岁	3.91	3.89	4.09
	50 岁以上	4.20	4.20	4.20
学历	大专以下	3.87	3.67	4.00
	大专	3.88	4.00	3.92
	大学本科	3.89	4.10	4.04
	硕士	3.85	3.92	3.92
	博士	3.67	3.33	3.33
任职年限	5 年及以下	3.91	4.08	3.99
	6～10 年	3.86	3.84	3.97
	11～15 年	3.94	3.94	4.11
	16～20 年	3.75	4.00	4.00
	20 年以上	3.40	4.00	3.60

通过上表对于问项的详细分析,我们可以看到,三个满意度水平差异较大的问项,在个人因素方面的满意度表现基本一致。在性别结构上,满意度水平差异不明显;在年龄结构上,30 岁及以下和 50 岁以上的中层管理人员,在三个问项的满意度表现上呈现两个极端,30 岁及以下的中层管理人员满意度最低,50 岁以上的中层管理人员满意度最高;在学历结构上,博士同其他学历人员在满意度表现上相比得分较低;在任职年限上,基本上呈现任职年限越长,满意度水平越低的趋势,任职 5 年及以下的中层管理人员满意度水平最高,任职 20 年以上的满意度水平最低。

结合宏发股份实际情况分析,以上满意度表现基本与集团的实际情况吻合。具体原因如下。

(1)针对不同群体的分类别培训不够完善。通过上文分析我们得知,从集团中层管理人员的整体满意度来看,30 岁及以下满意度平均分最低,仅有 3.11 分,50 岁以上满意度平均分最高,高达 4.03 分。从学历水平来看,博士同其他学历人员在满意度表现上差异较大。根据宏发股份的培训效果分析,培训课程虽然非常完善和多样,但是同一系列课程并未针对不同年龄段、不同学历水平和不同任职年限开设相应的培训课程,所以基于学识基础和认知理解方面的差异,就会出现有些人群对培训效果的认可度较高,而有些人群则认可度较低的情况。对于各级领导展现的管理水平的认知,也是相似的原因,不同人群在学识基础和认知理解方面存在差异,看待和评估问题的角度自然不同,满意度水平差异就相对显著。

(2)上下级之间缺乏有效沟通。通过前文对工作关系的分析可知,工作关系整体满意度得分为 3.86 分,满意度相对较低。结合个人因素分析可看出,不同年龄段和任职年限的中层管理人员对"上级领导经常与我共同探讨解决工作中遇到的难题"问项的满意度差异较大,30 岁及以下干部对该项的满意度平均分只有 3.10 分,而 50 岁以上干部对该项的满意度平均分则为 4.20 分,满意度水平差异较大。结合宏发股份的实际情况分析,在上下级的沟通关系方面,上级往往缺乏对年轻干部的有效沟通和指导,在担任中层管理干部时往往在团队管理和工作方式方法上还处于摸索确立阶段,如未积极主动地与上级领导探讨工作上的问题,上级领导又未及时沟通和指导,很容易造成上下级关系沟通不畅,进而造成在这一方面的满意度水平较低;而 50 岁以上的干部已形成较成熟的工作模式,在上下级的关系处理方面更加得心应手,所以在该方面的满意度较高。因此,在该问项的满意度方面,不同年龄段差距相对明显。

五、提升宏发股份中层管理
人员满意度的策略

根据满意度问卷的实际调查结果和归纳分析,结合满意度水平表现较差的五个方面的影响因素,我们可以看出,在公司声誉、职业生涯、办公环境、绩效管理、组织支持水平等方面存在较多问题。针对这些问题,本章将从以下几个方面提出改进和完善策略。

(一)提升公司声誉强化荣誉感

从前文关于满意度水平表现较差的五个问项分析得知,工作环境维度中"公司有良好的社会声誉"问项得分最低,满意度得分仅为 3.43 分,结合个人因素具体得分见表 5.1。

表 5.1 工作环境维度满意度低分问项(1)

个人因素		公司有良好的社会声誉/分
年龄	30 岁及以下	3.00
	31～35 岁	3.49
	36～40 岁	3.46
	41～50 岁	3.31
	50 岁以上	3.60
学历	大专以下	3.33
	大专	3.53
	大学本科	3.41
	硕士	3.31
	博士	3.33

续表

个人因素		公司有良好的社会声誉/分
任职年限	5 年及以下	3.45
	6～10 年	3.46
	11～15 年	3.33
	16～20 年	3.17
	20 年以上	3.40

从表中可看出,无论从年龄层次、学历水平还是任职年限来看,该问项的满意度水平普遍较低。良好的公司声誉是企业的重要资源,对于提升企业在市场中的竞争力、吸引人才、培养人才忠诚度、增加顾客对产品和服务的信心等方面具有显著影响。中层管理人员作为企业的核心人才资源,团队建设是其重要的工作内容之一。拥有良好的公司声誉可以使中层管理人员对所在企业产生自豪感和荣誉感,增强对企业的认同感和归属感,进而打造具有高凝聚力和向心力的团队,创造更好的团队业绩,提升企业在市场中的竞争力,进而促进公司社会声誉的提升,提升中层管理人员的满意度水平。公司声誉建设是一个系统的过程,本篇主要从对内品牌意识的增强和对外公司形象的推广两个方面进行加强和完善。

(1)增强品牌意识,树立品牌制胜的观念,建立并完善品牌管理体系。宏发股份作为国内最大、世界前列的继电器生产制造销售企业,是制造业单项冠军示范企业,"十四五"规划的目标是建成世界知名企业。这需要从上到下树立品牌意识,从市场战略的高度打造自己的品牌,提高对包括品牌内涵、品牌战略、品牌效应等方面的认识,要把品牌战升级到以公司竞争战略为表现形式的系统战的高度,从产品品牌、公司品牌到个人品牌,从战略到组织到流程全方位地认识品牌,树立品牌制胜的观念。以满足顾客需求为动力,多维度推行品牌建设,坚持培育特色的品牌文化;以树立行业标杆为目标,多层次提升品牌价值,实现将行业龙头、顾客信赖的品牌形象延伸至全球电子元件及制造行业。

(2)多平台展示公司形象,提升企业美誉度。首先,随着"互联网＋"发展的强劲势头,运用专业展会、交流活动、行业协会、官方网站、电子商务、手机微网站等多种平台,"线上＋线下"相结合多平台展示公司形象,对于提升企业美誉度将发挥越来越突出的作用。企业美誉度的提升不仅对提高产品销量起到重要作用,更重要的是在提升品牌知名度方面的作用尤其突出。其次,打造电商渠道,为客户创造更加便捷的产品购买渠道和全新的服务体验。宏发股份可利用大数据、物流等信息资源,建立起更完善的线上运营阵地,实现降本提效、精准获客。同时可通过 SEO 优化、广告推广等增值服务,形成销量增加和知名度提升的良性循环。为了吸引更多优秀人才,公司也可在打造雇主品牌方面下功夫(见图 5.1)。

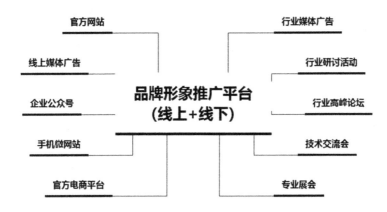

图 5.1　品牌形象推广平台

通过以上方法逐渐将企业打造成为真正受人尊敬同时能够持久存在的企业,不断提升公司声誉,使企业吸引和留住优秀人才,特别是起着纽带作用的中层管理人员,最终形成人才为公司产品和服务的稳定发展提供保障,又正向作用于公司声誉提升,进而提高中层管理人员的满意度水平的良性循环机制。

(二)完善职业生涯发展路径

结合前文分析我们可以看到,在工作关系维度,中层管理人员对于"高层领导者使我对职业发展充满信心和期待"这一问项的满意度打分较低,仅为 3.67分。结合个人因素进行针对性分析,可看出 30 岁及以下和任职年限在 20 年以上的中层管理人员对该问项的满意度水平最低。而且根据表 5.2 的数据,随着任职年限的增长,满意度水平整体呈下降趋势。

表 5.2 工作关系维度满意度低分问项

个人因素		高层领导者使我对职业发展充满信心和期待/分
年龄	30 岁及以下	3.00
	31～35 岁	3.75
	36～40 岁	3.72
	41～50 岁	3.57
	50 岁以上	3.60
学历	大专以下	3.53
	大专	3.73
	大学本科	3.67
	硕士	3.54
	博士	3.67
任职年限	5 年及以下	3.71
	6～10 年	3.59
	11～15 年	3.87
	16～20 年	3.58
	20 年以上	3.20

30 岁及以下的中层管理人员大多处于职业生涯的确立阶段。这个阶段如果未能与上级主管及时沟通和得到有效帮助,很容易陷入职业发展的彷徨和困惑中,降低对上级领导的信心和期待。任职 20 年以上的中层管理人员大多受困于职业生涯的发展问题,公司如没有明确的职业生涯发展路径,随着任职年限的增长,中层管理者对于职业生涯的困惑势必会不断累积,进而影响工作满意度。这需要宏发股份从企业和个人两个方面入手,完善职业生涯发展路径。

(1)制订一套适应企业发展需要的职业生涯发展计划。随着市场竞争的加剧,企业之间对人才资源的竞争也愈演愈烈。目前宏发股份并没有一套完整的职业生涯发展计划,尤其是从中层管理向高层管理晋升的通道缺乏明确的发展路径,而随着企业规模的不断增长,高层管理人员的供给已远远不能满足公司高速发展的实际需要,这也是近几年来制约宏发股份发展的瓶颈问题。本次调查显示的结果也印证了这一现实情况。这需要宏发股份制订一套适应企业发展需要的职业生涯发展计划,定期开展中高层管理人才盘点,建立管理人才库,并进行动态管理；定期通过选拔或自荐的形式从中层管理人员中挖掘高潜力的高层继任候选人，入选高层管理人员候选名单，并对候选人进行系统培养。比如：学历提升计划、领导力和团队管理能力提升系列课程培训，另外也可以通过轮岗制、导师制、扩大授权、项目小组等形式进行综合培养。

（2）敢破敢立，通过多种途径不断提升中层管理人员的管理能力。一方面要破除不符合统一管理模式和难以适应新业务体系发展的管理积习，废除无效低效流程；另一方面要及时统筹优化新机制，要在统一管理模式、升级管理的执行上下功夫。在工作手段上，公司要不断要求中层管理人员创新工具方法，加强学习，提升动力，充分运用企业管理的信息化、数字化工具，加强大数据分析运用，加强量化管理，以基础数据的准确性保障管理工作的精准性和科学性。在工作方式上，要加强各企业中层管理人员之间的调研交流。管理机制的升级变革建立在充分掌握基础情况的前提下，要进一步加强职能部门与业务部门之间的沟通，双方要疏通信息共享、意见反馈等方面的障碍，保证中层管理人员在个人业务能力方面满足公司发展的需求。

（三）软硬环境并重优化办公环境

通过表 4.24 对满意度得分较低的五个问项分析可知，在工作环境维度，"公司提供了良好的办公环境"问项得分相对较低，满意度得分仅为 3.81 分。结合个人因素进行详细分析，可发现 30 岁及以下的中层管理人员以及具有博士学历的中层管理人员对该问项的满意度得分最低，仅为 3.10 分和 3.33 分（见表 5.3）。结合宏发股份的实际情况分析可知，目前具有博士学历的中层管理人员大多为 90 后，90 后有着属于自己的人群特点。因此，本篇对中层管理人员在办公环境方面的满意度改善需要结合 90 后的人群特点进行分析。

表 5.3　工作环境维度满意度低分问项（2）

个人因素		公司提供了良好的办公环境/分
年龄	30 岁及以下	3.10
	31～35 岁	3.73
	36～40 岁	4.02
	41～50 岁	3.66
	50 岁以上	3.60

续表

个人因素		公司提供了良好的办公环境/分
学历	大专以下	3.87
	大专	3.76
	大学本科	3.86
	硕士	3.54
	博士	3.33
任职年限	5年及以下	3.87
	6~10年	3.62
	11~15年	3.89
	16~20年	3.67
	20年以上	3.60

办公环境不仅包括硬件环境,也包括软件环境。针对90后人群的特点,需要从硬件环境和软件环境两个方面下功夫。

从硬件环境来看,宏发股份是一家大型电子元器件的上市企业,早已通过国家环境质量体系认证,在环境保护、清洁生产、节能减排等方面都已做得非常不错。本篇要讨论的硬件环境指的就是研究对象身处的自然办公环境。目前宏发股份的中层管理人员办公空间采用的是传统的隔断型办公桌,和普通员工共处在一个大平层,座位布局不利于个人隐私保护。另外中层管理人员也同车间部门一样,需要执行非常严格的"6S"管理,缺少一些人性化的设计,不符合90后崇尚自由、个性的特点。所以,在空间场所的设计上,公司可尽量采用全开放环境,没有视觉隔断,团队成员转头即可看见对方;座位布局适度尊重个人隐私,确保不是所有人都能轻易看到其他人的电脑屏幕;可有全透隔音高强度玻璃组成的声音隔断区域,避免处在不同工作模式的成员相互干扰;可以加入一些科技元素的办公设计,比如有数字化管理的会议室管理系统;适度布置绿色植物,让人产生放松愉悦的感觉。同时,除工业企业非常关注的"6S"管理外,还需增加一些人性化的办公环境设计,同时设立温馨的休息室、心理辅导站、活动室、健身房等,尽量营造一种轻松舒适的感觉。

从软件环境来看,宏发股份特色的企业文化可以说是其核心竞争力之一。经过30多年的发展,集团形成了自己独具特色的企业文化。由7个核心理念、3个核心内容和6个管理思想组成的企业文化体系(见图5.2),构成了集团企业文化的深刻内涵,把公司和员工的利益以及社会责任三者紧密地结合在一起,员工与企业水乳交融,从工作到生活,都呈现出积极向上的氛围,凝聚力和向心力日益增强。自成体系的特色企业文化是宏发股份最核心的精神信仰和管理精髓,也是成功的根本。然而,一方面,现在各级管理人员对宏发股份这些核心文化的理解有一定的偏差;另一方面,部分企业发展壮大以后,出现"山头主义""本位主义""小团体主义"等不良现象,对于企业文化的贯彻执行造成不良影响。对于90后的中层管理人员而言,企业文化的理解还大多停留在表面,需要经历和时间的逐渐渗透。这需要公司加以引导,需要把管理工作建立在理解公司本身的基础上,再把企业文化核心层面的东西落实到具体的工作中去,发挥企业文化的真正价值;公司需要大力开展企业文化的宣传和学习,在企业文化体系的指导下开展各项工作,培训学院要加大力度组织开发特色管理模式和管理经验传承等系列课程,针对90后的中层管理人员需同时结合企业文化比赛、青年干部论坛、日常文化活动等多种形式渗透企业文化的精髓,发挥企业文化的重要作用。

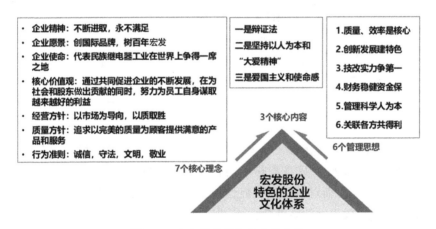

图 5.2　宏发股份特色的企业文化

(四)建立全回路的绩效管理模式

从上文分析可以看出,"我的工作具有一定的挑战性"问项属于工作本身维度满意度得分较低的问项,尤其是 30 岁及以下和具有硕士及以上学历的中层管理人员对该问项的满意度相对来说较低,如表 5.4 所示。

表 5.4　工作本身维度满意度低分问项

个人因素		我的工作具有一定的挑战性/分
年龄	30 岁及以下	3.10
	31～35 岁	3.81
	36～40 岁	3.93
	41～50 岁	3.85
	50 岁以上	3.80
学历	大专以下	3.87
	大专	3.84
	大学本科	3.86
	硕士	3.62
	博士	3.33
任职年限	5 年及以下	3.87
	6～10 年	3.81
	11～15 年	3.72
	16～20 年	3.67
	20 年以上	3.80

　　工作的挑战性往往作为一种无形报酬应用于绩效管理过程中的薪酬分配。综合本次调查结果来看,宏发股份中层管理人员对货币性薪酬以及福利等有形报酬的满意度较高,而对于富有挑战性的工作这一无形报酬满意度较低。一定程度上说明宏发股份在绩效管理方面还存在一定程度的不足。结合前文分析以及宏发股份的实际情况,公司可从以下两个方面加强绩效管理。

　　(1)建立全回路的绩效管理模式。绩效管理的过程是个循环的周期,从周期初的计划制订、目标设定和沟通,到周期中的绩效跟踪、辅导和监控,再到周期末的回顾、反馈和运用,需要形成绩效管理的回路。目前宏发股份的绩效管理大部分工作还停留在周期初,周期中的绩效辅导和周期末的绩效回顾工作相对不足。这需要公司围绕全回路的绩效管理模式,发挥好绩效管理的价值评价的有效性,尤其对于 30 岁及以下和具有硕士及以上学历的中层管理人员需要设定比较有挑战性的工作内容,充分发挥绩效管理的正向激励作用。全回路的绩效管理模式如图 5.3 所示。

图 5.3　全回路的绩效管理模式

（2）加强人力资源部门与各业务部门之间的沟通，针对不同的岗位设定不同的考核标准和流程。目前宏发股份已形成一系列较为完整的绩效考核体系。但是，一方面考核标准大多停留在公司和部门层面，缺乏针对不同岗位的绩效考核标准；另一方面在绩效管理执行过程中，人力资源部门缺少与各业务部门的有效的绩效沟通，在绩效管理执行的过程中也缺乏对各部门的相应辅导和跟踪，使得公司的绩效管理标准不能有效落实到各部门和各岗位，各部门根据本部门特色设定的五花八门的绩效考核标准，公平性和合理性有待提高，这些问题将对中层管理人员实施团队绩效管理造成困扰，影响团队建设，进而影响满意度水平。这需要公司站在全局的角度制定一系列相对公平和合理的并能适应不同部门需求的绩效管理标准和流程，人力资源部门需要和业务部门互相配合，使得绩效管理实现良性循环。特别是要加强对 30 岁及以下和具有硕士及以上学历的中层管理人员的绩效管理辅导，发挥其价值导向作用，在吸引、激励并合理使用优秀人才方面制定具体的措施。

（五）提升组织支持水平

从上文分析可以看出，"公司的产品和服务能让我增强管理信心"问项属于组织支持维度满意度得分相对较低的问项,结合个人因素分析,满意度得分情况如表5.5所示。

表5.5　组织支持维度满意度低分问项/分

个人因素		公司的产品和服务能让我增强管理信心/分
年龄	30 岁及以下	3.10
	31~35 岁	3.88
	36~40 岁	3.94
	41~50 岁	3.69
	50 岁以上	3.60
学历	大专以下	3.87
	大专	3.76
	大学本科	3.85
	硕士	3.85
	博士	3.67
任职年限	5 年及以下	3.92
	6~10 年	3.70
	11~15 年	3.72
	16~20 年	3.42
	20 年以上	3.80

从上表的数据中可以看出,30 岁及以下和具有博士学历的中层管理人员对组织支持问项"公司的产品和服务能让我增强管理信心"的满意度得分较低,仅为 3.10 分和 3.67 分。任职 16~20 年的中层管理人员对于该问项的满意度较低,仅为 3.42 分。对于中层管理人员而言,在开展工作过程中,公司提供的优质产品和服务可以更好地提升管理信心、增加集体成就感和荣誉感,形成强大的精神动力。这需要公司在以下几个方面提升组织支持水平。

(1)持续优化产品和服务,增强中层管理人员的管理信心。前文提到,宏发股份多个门类继电器产品在客户端的不良率已接近或达到国际一流同行水平。但是部分传统产品和新门类产品仍存在质量波动,与先进同行相比,质量水平仍有较大的提升空间,而且在宏发股份不同企业之间产品质量水平参差不齐。这需要集团建立科学的个性化质量考核方案,开展业务层面的质量风险评估并推动改进,持续提升改进专业能力,并运用科学方法论有效解决典型或疑难质量问题;同时,需要优化质量发展环境,深入推进质量先期策划,大力提升设计能力和创新能力,加快产品和服务质量提升,推进质量变革。对于集团不同企业之间产品质量水平参差不齐的问题,需要集团总部重点帮扶薄弱企业,提升其质量控制水平。

在互联网、大数据、人工智能等战略性先进技术的推动下,集团需要加快在新型继电器、自动控制互联元件、智能控制装置及系统等新领域生成有特色的创新成果,不断缩小与世界一流同行之间的差距。围绕集团多年实践总结提出的理念、模式、管理、技术全方位一体化创新模型(见图5.4),充分利用集团国家级企业技术中心、博士后工作站、院士专家工作站和福建省工程技术研究中心等创新平台,推动公司从主要依靠人力和物质资源规模化投入的复制型增长转变为更加依靠产业综合统筹、技术领先、品牌溢价和高素质人才牵引实现的高效率集约化发展,通过理念、模式、管理和技术方面的创新,不断提高公司的管理水平和运行质量,实现稳健经营、科学发展,提升广大中层管理人员的管理信心。

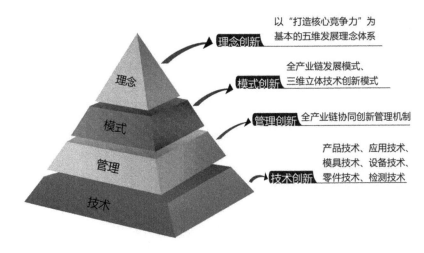

图5.4　全方位一体化创新模型

(2)加强上下级沟通和正向激励,增强信息的高效快速流转。对于工作表现出色的年轻和高学历中层管理人员,上级可给予公开的肯定和表扬,同时结合物质激励,可以有效地提高士气,使其工作主动高效。对于具有博士学历的中层管理人员,公司培训学院需制订因人而异的培养计划,根据专业特长、工作表现、性格特点等进行针对性的、有计划的培训。同时,可充分发挥宏发博士后科研工作站作为培养年轻高级技术人才和管理人才重要载体的作用,通过与高校、科研院所的密切联系,产、学、研联合,把理论创新转化为产品,提高博士后的应用科学研究能力,在促进企业发展的同时,也为企业培养高层次的技术和管理人才。

对于任职时间较长的中层管理人员,需要持续激发他们的工作热情,充分给予授权,让他们从工作中得到足够的创新空间、成就感和价值感,激发深层次的内在动力,增强锻炼培养下属推进业务和带领团队的能力。宏发股份是一家拥有七大事业部、40余家企业的大型企业集团,在信息和决策的上传下达和贯彻执行方面需要经过较多的管理层级,一定程度上影响了信息的流转效率和效果。目前集团正在逐步推进的项目小组式组织结构在促进信息的高效快速流转、提升组织管理的信息化、启迪和激发群体智慧等方面具有较好的效果。但需要在各个项目小组的管理和统筹方面合理规划,以免造成权责不清、工作重叠、多头领导等附加问题。同时,可以通过更高效的工作环境和管理工具,培养更多能够被赋予权力的中层管理人员,打造一种有共同的理想和愿景的志同道合的新的协作关系。

六、结论与展望

(一)研究结论

本篇首先通过对工作满意度的概念和内涵、影响因素、测量工具和方法等内容的研究,结合宏发股份中层管理人员的实际情况,确定了使用问卷调查的研究方法,并设定了问卷结构,明确了测量工具,设计了适合宏发股份中层管理人员使用的调查量表。在此基础上,本篇对宏发股份的中层管理人员展开了满意度调查,针对调查结果进行了全方位、多角度的分析,得出了影响宏发股份中层管理人员工作满意度的几个主要因素,并提出了针对性的提升策略。

第一,通过查阅大量文献资料,设计出了测量宏发股份中层管理人员满意度的调查量表。首先,针对宏发股份中层管理人员的整体现状,确定了五大影响因素,五大因素总共又包含了 25 个具体的细分因素,同时加入性别、年龄、学历水平、任职年限 4 个个人因素变量,共 29 个影响因素。其次,根据其他学者的研究内容以及管理实践,设计了适合宏发股份中层管理人员使用的测量量表。

第二,分析宏发股份中层管理人员整体满意度,分维度、分角度分析了中层管理人员的满意度现状。对收回的有效问卷进行数据分析,一是发现宏发股份中层管理人员整体满意度较高。二是对比了五大因素的得分,发现工作环境、工作关系两大维度的满意度水平较低。为了使分析更加有的放矢,本篇对满意度表现较好和较差的因素进行了针对性分析,并结合宏发股份实际情况对原因和现状进行了分析,分别总结了满意度表现较好的影响因素和表现较差的五个主要方面。三是对于个别问项方差水平相对较高的现象进行了对比分析。通过一系列的数据分析,深入了解中层管理人员的真实满意度,找出影响满意度的真实原因,为提升满意度策略的提出提供依据。

第三,提出了提高宏发股份中层管理人员满意度的具体策略。数据分析结果显示,公司声誉、职业生涯、办公环境、绩效管理、组织支持水平五大方面满意度水平较低,本篇针对这五个方面提出了针对性的改善策略,对提高中层管理人

129

员满意度,提升公司整体管理水平,促进公司可持续发展有一定的借鉴性。

(二)研究展望

本研究在设置问卷时,充分结合了宏发股份的实际情况。回收问卷后,选取了全部有效问卷,对宏发股份中层管理人员满意度进行了初步分析。得到的结论如下:要提升宏发股份中层管理人员满意度,应该从公司声誉、职业生涯、办公环境、绩效管理、组织支持水平等方面入手。一是提升公司声誉强化荣誉感;二是完善职业生涯发展路径;三是软硬环境并重优化办公环境;四是建立全回路的绩效管理模式;五是提升组织支持水平。

但本研究仍然存在一些不足之处:

第一,本研究只是基于一次调查结果进行的统计分析,无法展示宏发股份中层管理人员工作满意度的全貌。

第二,问卷调查的对象是抽样产生的,由于资源有限,没有对宏发股份全体中层管理人员进行调查,结果不能完全代表宏发股份全体中层管理人员的情况。

第三,问卷设计以及提出的建议的有效性和可行性有待验证,需要在后续工作中进一步试验和调整。

第四,本研究只采取了问卷调查的形式对宏发股份中层管理人员进行抽样调查,若同时采用访谈法进行补充调查,将会使调查结果更具有全面性和代表性。

总之,工作满意度对企业发展至关重要,是企业最重要的管理工具之一。研究工作满意度的论文著述众多,但对大型电子元器件企业的中层管理人员的满意度的研究甚少。希望本篇的研究成果可以为大型电子元器件企业的中层管理人员满意度研究提供参考,在提高中层管理人员满意度水平、促进企业高质量发展方面发挥作用。

参考文献

［1］才国伟,刘剑雄. 归因、自主权与工作满意度［J］. 管理世界,2013(1):133-142,167.

［2］Thorndike E L. The curve of work and the curve of satisfyingness［J］. Journal of Applied Psychology,1917,1(3):265-267.

［3］Hoppock R. Job Satisfaction［M］. New York:Harper and Row,1935.

［4］Spector P E. Job Satisfaction:Application,Assessment,Causes and Consequences［M］. Thousand Oaks,CA:Sage Publications,Inc. ,1997.

［5］Hulin C L,Judge T A. Job attitudes［M］//Borman W C,Ligen D R,Klimoski R J. Handbook of Psychology, Industrial and Organizational Psychology. Hoboken,NJ:Wiley,2003.

［6］Hulin C L,Smith P C. A linear model of job satisfaction［J］. Journal of Applied Psychology,1965,49(3):209-216.

［7］Smith P C,Kendall L,Hulin C L. The Measurement of Satisfaction in Work and Retirement:A Strategy for the Study of Attitudes［M］. Chicago:Rand McNally,1969.

［8］Price J L. Reflections on the determinants of voluntary turnover［J］. International Journal of Manpower,2001,22(7):600-624.

［9］Jeon H, Choi B. The relationship between employee satisfaction and customer satisfaction［J］. Journal of Services Marketing, 2012, 26(5):332-341.

［10］Dam J D. The impact of employee satisfaction on the release of human creative potential［J］. Ruo Revija Za Univerzalno Odličnost,2014,3(3):78-81.

［11］Sell L,Cleal B. Job satisfaction,work environment,and rewards:Motivational theory revisited［J］. Labour,2015,25(1):1-23.

［12］Edmans A,Li L,Zhang C. Employee satisfaction,labor market flexibility, and stock returns around the world[Z]. CEPR Discussion Papers 10066,2014.

[13] 李成文. 企业员工满意度测评方法及实证研究[J]. 四川大学学报(哲学社会科学版),2005(5):34—37.

[14] 吴建平,胡涛. 员工满意度:概念界定与影响因素分析[J]. 中共福建省委党校学报,2011(7):84-88.

[15] 罗明忠,陈明,等. 工作特征、员工满意度与劳动争议处理行为[J]. 南方经济,2014(11):78-92.

[16] 蒋磊,赵丽娟. 谈企业员工满意度的提升:基于心理契约角度[J]. 内蒙古科技与经济,2016(4):39-40.

[17] 廖金萍,李长生. 制造型民营企业基层员工满意度调查与影响因素研究:基于 TB 电子公司的实证分析[J]. 企业经济,2016(8):122-126.

[18] 崔智巍. 心理契约对工作满意度的影响[J]. 中外企业家,2018(28):110-111.

[19] 黄晨. AT 公司员工工作满意度研究[J]. 全国流通经济,2018(17):61-62.

[20] 柯江林,王娟. 工作超载对工作满意度的影响效应及其调节变量[J]. 中国临床心理学杂志,2018(5):975-980.

[21] 杨露露,肖群雄. 员工情绪、员工绩效和工作满意度之间的影响[J]. 中国集体经济杂志,2019(8):105-106.

[22] 解进强,付丽茹,隆意. 初创互联网企业工作满意度与工作绩效关系[J]. 企业经济,2019(9):106.

[23] 宋长江. 国内外员工满意度研究相关概念理论评述[J]. 现代营销(下旬刊),2019(1):166-167.

[24] Herzberg F I. Work and the nature of man[J]. Monthly Labor Review,1967,20(3):529-531.

[25] Vroom V H,Deci E L. Management and Motivation[M]. London:Penguin Books,1970.

[26] Locke E A,Sirota D,Wolfson A D. An experimental case study of the successes and failures of job enrichment in a government agency[J]. Journal of Applied Psychology,1976,61(6):701-711.

[27] 罗宾斯. 组织行为学(第七版)[M]. 孙健敏,李原,译. 北京:中国人民大学出版社,1997.

[28] 言启. 中小民企执行难释疑[J]. 企业管理,2009(10):95-97.

[29] 陈维政,吴继红,龚沛. 中高层管理人员激励策略[J]. 决策咨询通讯,2006

(3):62-64.

[30] 张晓宁,顾颖.知识型员工的工作满意度与组织承诺关系研究:以西安高新区科技型企业为例[J].经济管理,2010(1):77-85.

[31] 尤玉钿,黄炳坤.知识型员工工作满意度性别差异的比较研究:珠三角地区外资企业的实证研究[J].区域经济评论,2010(5):65-69.

[32] 冉斌.工作满意度与工作绩效的关系[J].经营管理者,2011(3):197-201.

[33] 刘平青,王雪,刘冉,等.领导风格对工作满意度的影响机理研究:以员工关系为中介变量[J].中国管理科学,2013(S1):75-80.

[34] 李镇江,周子琛.员工工作满意感与组织认同感关系研究:以广州市某国有企业为例[J].中国劳动,2015(4):93-97.

[35] 王宇飞.企业中层管理人员非物质激励措施的探讨[J].经管空间,2015(6):19-20.

[36] 颜爱民,胡仁泽,徐婷.新生代员工感知的高绩效工作系统与工作幸福感关系研究[J].管理学报,2016(4):542-550.

[37] 欧湘庆.企业绩效评估公平感对员工工作满意度的效果评价[J].文化创新比较研究,2017(16):77,79.

[38] 郑立明.基于工作满意度的员工反应行为研究[J].经济问题,2017(2):101-106.

[39] 李力,封玫.工作激情与职业倦怠:工作满意度与冲突的中介效应[J].江西社会科学,2017(12):222-227.

[40] 刘富成,肖李梅.高层管理人员满意度与工作绩效的关系研究[J].西部皮革,2018(12):110,112.

[41] 李瀚洲.工作满意度影响因素探析[J].中外企业家,2018(35):105-106.

[42] 佘启发,叶龙.工作嵌入、工作满意度对工作绩效的影响研究[J].江西社会科学,2018(1):227-235.

[43] 徐贤明,钱胜,张燕平.心理资本和组织支持预测温州企业员工工作满意度[J].中国商论,2019(6):192-195.

[44] 戴秋旻.国有化工企业员工特性和组织公平感对工作满意度的影响研究:以S公司为例[J].市场周刊.2019(2):26-27.

[45] 吕景胜,庄泽宁,黄宏伟.知识型员工过度劳动对离职倾向的影响研究:基于工作满意度中介作用的分析[J].中国物价.2019(1):77-80.

[46] 苏红.员工满意度的影响因素研究[J].商业经济,2019(3):90-91.

[47] 刘昱.提高科技公司员工满意度的对策研究[J].现代商业,2020(13):

60-61.

[48] Brayfield A H,Rothe H F. An index of job satisfaction[J]. Journal of Applied Psychology,1951,35(5):307-311.

[49] Weiss D J,Dawis R V,England G W. Manual for the Minnesota Satisfaction Questionnaire[Z]. Industrial Relations Center,Work Adjustment Project, 1967:56-58.

[50] Spector P E. Job satisfaction:Application,assessment,causes,and consequences [J]. Personnel Psychology,1997,51(2):513-516.

[51] 卢嘉,时勘,杨继锋. 工作满意度的评价结构和方法[J]. 中国人力资源开发,2001(1):15-17.

[52] 刘凤瑜,张金成. 员工工作满意度调查问卷的有效性及民营企业员工工作满意度影响因素研究[J]. 南开管理评论,2004(3):98-104.

[53] 李庆恒. 工业企业员工满意度测评指标体系研究[J]. 集团经济研究,2006 (7):28-34.

附 录
宏发股份中层管理人员工作
满意度调查问卷

说明:

1.请您填写性别、年龄、学历、担任中层管理人员的年限等相关资料。

2.本卷共有 25 个问题,每个问题由 1—5 来描述与您实际工作情况的符合程度,描述问题与您的实际工作情况符合度越高,则选择的数字越大,反之,则选择的数字越小。请您选择最符合您实际工作情况程度的数字。

3.本调查是为了了解您对目前工作的一些看法,调查结果仅供研究使用,对于您的资料我们绝对保密,请放心作答。您的积极配合对于我们的研究非常重要。谢谢合作!

性别:

○男　　　○女

年龄:

○30 岁及以下　　　○31~35 岁　　　○36~40 岁　　　○41~50 岁　　　○50 岁以上

学历:

○大专以下　　　○大专　　　○大学本科　　　○硕士　　　○博士

担任中层管理人员的年限:

○ 5 年及以下　　　○6~10 年　　　○11~15 年　　　○16~20 年　　　○20 年以上

序号	问题	与实际情况的符合程度
1	我对目前的总体收入和福利待遇感到满意	○1　○2　○3　○4　○5
2	公司的薪酬福利分配在内部是公平的	○1　○2　○3　○4　○5
3	当表现出色时,我能得到上级或同事的肯定	○1　○2　○3　○4　○5

135

续表

序号	问题	与实际情况的符合程度
4	目前的工作能赋予我成就感	○1　○2　○3　○4　○5
5	我能保持工作与生活的平衡	○1　○2　○3　○4　○5
6	我有足够的自主权开展管理工作	○1　○2　○3　○4　○5
7	我的工作具有一定的挑战性	○1　○2　○3　○4　○5
8	公司部门和岗位之间分工明确、职责清楚	○1　○2　○3　○4　○5
9	我的工作能让我充分发挥管理才能	○1　○2　○3　○4　○5
10	绩效考评方式利于我找出不足并加以改进	○1　○2　○3　○4　○5
11	公司有良好的社会声誉	○1　○2　○3　○4　○5
12	我能感受到公司对中层管理人员的重视	○1　○2　○3　○4　○5
13	公司提供了良好的办公环境	○1　○2　○3　○4　○5
14	公司内部的制度和流程是合理且有效的	○1　○2　○3　○4　○5
15	公司内部的激励措施可以切实发挥激励作用	○1　○2　○3　○4　○5
16	高层领导者使我对职业发展充满信心和期待	○1　○2　○3　○4　○5
17	上级领导经常与我共同探讨解决工作中的难题	○1　○2　○3　○4　○5
18	公司内的同事关系和谐融洽	○1　○2　○3　○4　○5
19	我与公司各部门有良好的沟通协作关系	○1　○2　○3　○4　○5
20	我管理的团队有良好的工作氛围	○1　○2　○3　○4　○5
21	公司的产品和服务能让我增强管理信心	○1　○2　○3　○4　○5
22	公司提供的培训能促进管理技能提升	○1　○2　○3　○4　○5
23	公司能有效地帮我化解工作阻力	○1　○2　○3　○4　○5
24	公司各级领导展现了良好的管理水平	○1　○2　○3　○4　○5
25	公司提供的资源能支持我有效完成工作	○1　○2　○3　○4　○5

再一次感谢您的配合!

第三篇

厦门宏发电声股份有限公司发展战略设计研究

吴芳玲[*]

 * 吴芳玲,女,侗族,出生于 1986 年,籍贯湖南。2013 年沈阳师范大学硕士毕业后入职厦门宏发电声股份有限公司,2020 年获得杭州电子科技大学工商管理硕士(MBA)学位,现任厦门宏发电声股份有限公司总部经运中心企划部副经理,负责企业经营管理相关工作。

一、绪　论

（一）研究背景及研究意义

企业发展战略是对企业未来发展方向的规划，一般具有全局性、长远性的特点，对企业获得竞争优势、实现可持续发展至关重要。因企业战略管理一直是国内外管理学的热点研究领域，多年来形成了很多经典的理论知识和分析工具，这些研究成果为企业的发展提供了重要的指导，但同时这些研究大多偏理论，如何有效应用相关的理论知识和分析工具，科学制定适合企业自身的战略并保障其落地，是很多企业面临的一大难题。

厦门宏发电声股份有限公司（以下简称宏发股份）成立于1984年，经过30多年的发展，在世界电子元器件领域取得了瞩目的成绩，继电器生产和销售规模连年位居世界前列，这离不开企业领导人精准的战略眼光和务实的管理理念。成立之初，面对连年亏损的企业现状，公司领导通过深入考察，明确了公司战略选择中的两个定位：一是将企业定位为以出口为主的外向型企业，二是将产品定位为当时技术难度更大的继电器。随着市场的发展和规模的不断扩张，宏发股份又先后提出"提升档次、加速扩张、争取上市"和"翻越门槛、扩大门类、提升效率"的发展思路。战略实施方面，宏发股份深刻认识到电子工业产品在质量上的严格标准至关重要，始终坚持"以市场为导向，以质取胜"的经营方针，并将此落实到企业运行的方方面面。1984—2018年，宏发股份销售额年均增速达20%以上，企业实力大幅提升，一步步地实现了从扭亏为盈到迅速扩张再到持续发展的蜕变。

作为全球继电器领域规模的领先者，如何承担行业引领者的角色，实现引领发展，是宏发股份面临的一大挑战。同时，在国内外社会经济的快速变化中，如何抓住机遇，抢占未来发展先机，取得持续的发展，也是宏发股份需考虑的重要问题。

企业规模做大后,如何继续做强并取得持续发展?宏发股份面临的这一挑战,也是国内大部分经历了高速增长、经济新常态下急需转变增长方式以获得长远发展的企业所面临的难题。

本篇通过对宏发股份发展经验和战略管理现状的分析,对宏发股份的战略制定和战略实施进行探索研究,旨在基于科学的战略管理理论,运用科学的战略管理分析工具和方法,寻求适合的战略管理方案,从而提出宏发股份战略制定和战略实施的相对可行的方案建议。通过阅读国内外已有的文献,结合国内战略管理的现状,本研究认为有如下两个方面的研究意义:一是管理科学意义。结合相关理论知识和分析工具,对宏发股份的战略制定和实施保障做创新研究,有利于丰富中国本土传统电子元器件制造业的战略管理研究内容,充实企业战略管理理论与实践有效统一的研究。二是实践意义。对宏发股份的战略制定和实施保障进行研究,为宏发股份的"十四五"发展战略提供决策依据,同时对其他同类企业的发展和战略管理体系的构建具有现实的借鉴意义。

(二)研究方法及思路

本篇首先通过查阅文献,分析战略相关的理论基础和战略设计相关的先行研究;然后通过实地调研的方法对宏发股份的战略发展经验和战略管理现状进行研究;接着运用经典战略分析工具和方法分析宏发股份面临的环境,并结合宏发股份的愿景及高管访谈等,提出宏发股份发展战略设计方案建议,为宏发股份的发展方向和同类企业搭建全面的战略管理体系提供一定的借鉴参考。

在研究过程中,本篇主要通过七个方面的内容对宏发股份的发展战略设计进行探讨,技术路线如图1.1所示。

本篇采取的研究方法主要如下。

第一,文献研究法。在研究过程中,通过图书馆及网络等方式查阅到大量关于企业战略管理的相关文献资料,为后面的研究提供了充足的理论支撑和保证。

第二,访谈法。在调研时用到了访谈的研究方法,对宏发股份内部相关高管进行了面对面的实地访谈,保证了分析基础的客观性和真实性,为后期进一步研究打好基础。

第三,定量与定性相结合的分析法。在分析过程中,对内外部环境中的优势、劣势,以及机遇、挑战等要素均进行了定量性评分,同时结合宏发股份的发展特点进行定性分析,最后综合分析提出宏发股份的战略方案设计建议。

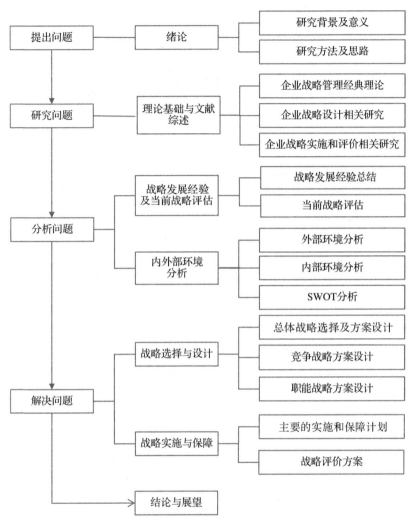

图 1.1　技术路线

二、理论基础与文献综述

(一)企业战略管理经典理论

"战略"起初是军事上使用的术语,指对战争进行全局的谋划。随着社会的发展,其内涵逐渐向政治、经济、企业等其他领域扩展,泛指决定全局的策略。

企业战略管理思想的演变从时间跨度和主要内容上主要可分为四个阶段。首先是 20 世纪 60 年代末,战略管理思想诞生的早期阶段。1962 年美国著名管理学家钱德勒(Chandler)最早揭开了现代企业战略管理研究的序幕,他在《战略与结构:工业企业史的考证》中分析了环境、战略、组织的关系,指出企业战略应适应市场环境,随环境的变化而变化,另外组织结构应适应企业战略,随战略的变化而调整[1]。钱德勒是企业战略管理设计学派的代表,该学派主张战略的形成是一个有意识的可受控制的过程。同一时期,安索夫在 1965 年首次提出了战略管理等概念,对战略管理的概念做出了创造性的贡献,他指出:"战略管理是企业高层管理者为保证企业的持续生存和发展,通过对企业外部环境和内部条件的分析,对企业全部经营活动所进行的根本性和长远性的规划与指导。"[2]安索夫是计划学派的代表,该学派在设计学派的基础上进一步认为战略的形成是详细具体的正规化过程,所以该学派一直强调战略决策过程的条理化和正规化。

20 世纪 70 年代是企业战略管理研究框架基本成型的阶段,安德鲁斯在 1971 年首次提出了企业战略管理的两阶段基本管理模式,即战略制定和实施,同时将战略定义为公司可能做的和能够做的之间的匹配,提出了 SWOT 分析框架用于战略的制定[3]。同时,安索夫在 1979 年也进一步提出了系统的战略管理模式,还设计出一系列方法体系和行动清单等实践方法和措施[4],是战略管理从计划制订向计划实施和控制发展的重要推动者。因六七十年代企业的经营环境相对稳定,所以该时期的战略管理思想都倾向于认为企业可较准确地预测未来的环境,制定合理的战略并一以贯之地贯彻执行。

20 世纪 80 年代,企业面临的市场经济环境发生了急剧的变化,竞争战略成为迫切需要研究的课题。波特认为,产业的结构将决定产业内不同厂家间的竞争状态,竞争状态将决定企业的行为和战略,而企业的行为和战略又将决定企业的绩效。他提出了用于产业结构分析的五力模型,包括进入威胁、替代威胁、买方议价能力、供方议价能力和现有竞争对手的竞争,并指出这五种竞争力决定了一个产业的竞争程度和平均利润率,同时也影响了单个公司的盈利性。同时他还提出了三种基本的竞争战略:低成本战略、差异化战略、集中战略[5]。波特是定位学派的代表,相较于六七十年代对战略形成过程的研究,该学派更侧重对战略内容的研究,有效指导了企业的实际战略选择。

20 世纪 90 年代,战略管理的研究侧重点从企业外部转向了企业内部,由适应环境变化为主转向以有意识的创造和培养为主的核心竞争力理论。普拉哈拉德(Prahalad)和哈默尔(Hamel)在 1990 年指出,企业战略管理理论分析的重点应该在于企业内外部环境的匹配,企业应该注重内部资源和能力的培育,并提出企业竞争优势的主要来源是具有竞争对手难以模仿的能力,所以核心竞争力的打造应成为企业战略的焦点[6]。另外,以柯林斯和蒙哥马利为代表的资源学派也主张企业的资源和独特的能力是企业竞争优势的主要来源,应是战略形成的基础[7]。

以上是各时期主流的战略管理思想或模式,在主流模式下,各时期也都有一些其他学派的战略管理思想或模式,如以奎因和明茨伯格为代表的学习派认为,战略的形成并不是完完全全的计划过程,而是既有计划性,又受权力等因素的影响。明茨伯格还提出了草根模型,认为战略的雏形可在企业的各种地方出现,企业应关注它的出现,并视情况在合适的时间介入,使之成为企业的战略。弗雷德·戴维 1986 年在《战略管理概念和案例》中综合前人的主流研究,提出了完整的战略制定流程和具体案例:首先,明确企业远景和使命,确定想成为什么样的企业,业务是什么;其次,进行内外部环境评估,并用 SWOT 对公司的优势和劣势、机会和威胁进行匹配,基于行业和竞争环境的特点以及公司自己的竞争力、市场地位和最优机会等进行战略分析和选择;最后,为战略的实施制订实施计划和保障计划[8]。如今各个学派对战略管理思想的界定已越来越模糊,分析问题都愈发趋向融合和全面化。

(二)企业战略设计相关研究

企业战略设计的研究主要有两个方面:一是研究某一类型企业总的战略设

计特点或趋势等,二是针对具体的某一企业设计符合其自身发展需求的战略方案的应用研究。

在研究某一类型企业总的战略设计特点或趋势方面,庄志毅等基于中国企业发展战略研讨会的探讨,认为 20 世纪 90 年代中国企业发展战略的基本格局呈现以下特点:一是多元化;二是总体上呈现强烈的外向倾向;三是投资战略扮演主要角色;四是格局受到世界性的科技革命的影响。同时他们还指出,企业的发展战略必须在完善企业自身经营机制的基础上制定和完善,同时要注意企业的发展战略需包含企业文化建设[9]。赵玉川回顾了我国电子元器件企业的发展历程,根据电子元器件企业发展状况和特征,分析了该行业产业价值链,提出虽然我国电子元器件发展取得了一定的成绩,具备了一定的研发设计基础,但技术水平相对于发达国家还是有一定差距,价值链各环节都还有进一步提升增值率的空间。同时提出,因发达国家在部分高科技方面的封锁和垄断,未来我国电器元器件企业应以满足我国社会经济的内在发展和需求的内向型经济为主,但同时需积极参与世界市场竞争,进一步增强经济实力,另外还需加强自主技术创新,增强关键技术研制能力[10]。王祖文等归纳了俄罗斯军用电子元器件发展历程,给我国电子元器件的发展提供了启示,如需大力发挥政府的作用,持续加强基础研究,开展专项推动,把握新兴技术、重视人才培养[11]。徐二明、李维光对我国企业战略管理 40 年来的发展历程进行了回顾、总结和展望,指出我国企业战略管理的发展历程经过了三个阶段:第一阶段为 70 年代末到 90 年代初的萌芽和产生阶段,该阶段正处于我国计划经济以及计划经济与市场经济并行的时期,战略对于企业来说还是一个比较新兴的事物;第二阶段为 90 年代初到 21 世纪初的发育和确立阶段,该阶段我国社会主义市场经济地位得以确认,企业开始逐渐认识到战略的重要性,并开始在企业设置战略管理相关部门或职责以探索企业的发展战略;第三阶段为 21 世纪初到目前的成长和国际化阶段,我国市场经济体制进入逐渐完善阶段,企业的战略研究快速发展,并逐渐向国际靠拢[12]。孙贝贝以华为公司通过创新实行战略转型,成功从低端市场跻身高端市场为例,指出对电子制造企业来说,保持企业核心竞争力、持续创新、注重人才、适时的战略转型、从低附加值向高附加值迈进是实现持续稳步发展的必由之路[13]。

在针对具体某一企业设计符合其自身发展需求的战略方案的应用研究方面,因既需充分理解和有效运用相关的战略管理理论和工具,又需了解具体企业的运营情况,故企业具体战略设计方面的研究更多的是案例分析。该类文献作者大多有丰富的企业管理背景,熟知企业具体情况,又对系统的战略管理理论有所研究。在以电子制造企业为对象的战略研究中,高新以电子企业信邦电子为研究对象,指出企业战略应保持相对稳定,但并不意味着一成不变,需不断创新。他通过详细的内外部环境分析得出,信邦电子已逐步趋向稳定发展阶段。同时根据信邦电子多样化的产品类型和客户定制化趋势,其认为信邦电子可选择差别化的战略方向,并通过客户服务差别化、产品质量差别化等来实施差别化战略和进行资源配置[14]。姚穗生以电子元器件配套公司科胜电子为对象,提出电子企业的发展需与时俱进,并结合内外环境分析及企业愿景等,提出科胜电子的战略重点是以增长型发展战略为主,多元化发展战略为辅。同时也制定了配套的市场开发、技术创新、人力资源等战略及组织结构、信息化等保障措施[15]。富士康是电子制造领域的代表性企业和行业领军公司,刘新星基于富士康面临的困局,指出随着劳动力成本的不断增长,低成本战略会让企业走入更为狭窄的发展空间,并通过分析内外部环境以及新加坡伟创力公司和美国捷普公司的经营战略,得出富士康未来可走向产业多元化,进军高附加值产业,并整合集团资源,提升竞争力[16]。朴景荷(Park Kyungha)以享誉全球的三星电子为对象,根据跨国企业理论,研究三星电子在战略和技术上的优势和劣势以及机会和威胁,提出需加强本土化及营销战略,扩大技术优势,提升竞争力,培养国际化经营人才[17]。徐广德以半导体元器件企业 CT 公司为对象进行详细的内外部环境分析,从业务、理念、目标等方面进行发展战略定位和发展战略选择,得出适宜 CT 公司的发展战略是市场发展、技术创新、相关多元化和聚焦战略等,并论述了战略的实施策略[18]。张祥宇以继电器制造企业三友电子为对象,分析三友公司内外部环境,认为公司面临的外部环境整体良好,未来适合增长型发展战略,同时通过市场开发、技术创新、打造品牌等战略的实施来支持总体战略,为保障战略的实施,企业应从人力资源、财务、企业文化、信息化等方面做相应配套[19]。

　　企业战略设计的研究与当下的时势也紧密关联。近年,随着国家层面对制造业的重视,如德国推出了工业 4.0,美国提出再工业化,中国也发布了《中国制造 2025》,国内不少学者开展了互联网背景下制造型企业的发展战略研究。如杜晓静和沈占波指出,在互联网背景下,我国低技术制造企业迫切需要的开放式创新包括:树立适用于互联网环境的创新思维,梳理高效协同的创新网络,培养创新型人才,营造创新的氛围等[20]。王叶玲分析了互联网时代企业运用互联网思维进行战略上的转型升级理念,并运用战略分析工具设计并提出了一个供格力电器参考的基于互联网思维的多元化发展战略的建议[21]。孙平从“互联网+”时代下企业发展战略的角度出发,剖析了一家中小型民营制造企业主动应用互联网技术进行战略转型发展的过程,总结了可供国内民营制造企业借鉴的战略转型经验和教训,为互联网背景下的制造业战略转型提供了具有实际价值的参考[22]。邓于君和蒋佩衿分析了"互联网十"背景下广州制造业服务化转型升级的动力机制,指出互联网信息技术促进市场需求从提供产品向提供方案和服务转变,"客户至上"的观念深入人心;促进制造业实现以客户服务为要旨的个性定制与柔性快速生产等六大机制[23]。余菲菲、高霞运用案例研究法,对蒙牛、报喜鸟、长虹三家制造型企业的成长轨迹和战略专项过程进行了纵向分析和横向比较,得出以下结论:互联网背景下,制造企业的生态化战略转型过程一般包含三个阶段,首先是关注于产品层面的生产经营活动互联,其次是聚焦于平台层面的多主体聚集和资源共享化,最后是关注产业层面的生态跨界融合[24]。黄宏磊指出,传统制造企业进行互联网战略转型已是重要趋势,这不仅是顺应社会发展趋势的需求,也是企业自身实现产业升级的需求,同时指出传统制造企业互联网战略转型的内容和路径主要包括五个方面,分别是产品模式转型、生产模式转型、商业模式转型、营销模式转型、管理模式转型[25]。苏海斌结合国家最新的"一带一路"倡议、"中国制造2025"战略,以及人工智能、互联网、新能源等新兴领域的发展,运用相关战略理论和知识研究了SL电子元器件公司的企业战略,得出SL公司围绕成为国际领先电子元器件制造商而实施的开展国际贸易、合资建厂等的公司层、业务层和职能层的战略,以及战略实施的保障与执行计划[26]。

(三)企业战略实施和评价相关研究

战略落地重在实施和保障,长期以来战略管理研究主要侧重于战略形成过程的研究,对于战略实施的研究较少,皮尔斯将战略执行过程分为战略细化、战略调整与战略控制,提出企业需将总体战略细化为各个部门的运营计划,使战略目标贯穿至各个层级员工的日常经营活动中,在此期间制定相应的规定及授权,同时结合使用业务流程调整、经营业绩考核等多种方式,以有效执行战略计划[27]。刘冀生在《企业战略管理》中提出了战略管理实施的三大原则和五大基本模式,强调了统一领导和统一指挥的重要性,同时也明确不同类型的企业适用于不同的模式[28]。杨丽、孙国辉在《战略执行影响因素研究》中总结了九个常被提及的战略执行影响因素,分别是执行者、沟通、执行策略、共识、承诺、组织机构、管理体系、战略制定、不同战略层次间的关系[29]。冉立平以平衡记分卡为基础理论框架,以战略地图为导向,明确企业战略实施路径,并以建筑施工企业为例,构建了五维平衡记分卡的战略实施体系,包括客户、财务、内流程、供应商关系、学习与成长[30]。

战略评价方面,德鲁克在其提出的目标管理中指出,当企业确定了最终目标后,需对其层层分解到各部门再到各个岗位,通过企业上下朝一个目标努力,以此保障企业最终目标的实现[31]。目标管理方法的出现,很快便被企业广泛应用,并在美国、日本、欧洲等地大行其道。克罗林和林奇在 1990 年设计了业绩金字塔模型,把企业战略的支撑因素分为财务和非财务两种因素并逐层传递的业绩评价系统。金字塔的最高层是公司总体战略,往后是将战略目标先分解成市场和财务,对应事业部,接着分解成顾客满意度、灵活度、生产率,对应运作系统,再接着分解到质量、交期、生产周期、废品,对应部门,最后分解至操作活动,对应工作中心,业绩金字塔是财务与非财务、外部有效性和内部有效性的统一[32]。思腾思特公司在 1991 年提出了经济增加值(EVA)指标,这是对传统财务指标的改善,EVA 是税后营业净利润减去产生这些利润投入的总成本,包括债务和股本成本,该评价方式主要以股东价值最大化为目标,积极谋求企业发展质量的提高和企业战略目标的实现[33]。卡普兰和诺顿共同提出了采用平衡记分卡工具对企业业绩进行评价,从财务、客户、内部流程、学习和成长性四个维度构建指标体系,在后面的研究中逐步将平衡记分卡用于战略管理领域,并由此延伸创造性地提出了战略地图,使战略地图和平衡计分卡的联合使用成为有效连接战略制定到战略执行到战略评价的有效工具,因其工具能很好地将财务与非财务指标、结果与过程指标,以及短期与长期目标进行有效结合,很快在众多企业中被广泛应用,并逐渐成为企业战略绩效管理的主要理论和方法[34]。安迪尼利和安达信咨询公司在 2000 年共同提出了绩效棱柱模型,提出了企业绩效的五个关键要素,分别是利益相关者的满意、贡献、公司战略、业务流程和组织能力,即除了关注股东和客户等所有利益相关者的利益,也关注其贡献和满意[35]。伊特纳(Ittner)和拉克尔(Larcker)认为,以价值管理(VBM)为基础的战略管理包括六个步骤:制定目标、选择发展战略和组织设计、识别价值驱动因素、确定行动计划及衡量指标和目标值、业绩评估、必要的调整和修正[36]。

进入 21 世纪,国内对战略评价的研究也在逐渐增多,但偏向于对西方研究成果的诠释和在此基础上的拓展。如王化成和刘俊勇总结了业绩评价的发展历程,从 19 世纪早期不成熟的业绩评价,到 20 世纪初以杜邦公司为代表的财务评价,到以业绩金字塔、平衡记分卡为代表的非财务评价的兴起,再到以经济增加值(EVA)为代表对财务指标进行调整,并按企业管理需要,把业绩评价指标分成财务模式、价值模式和平衡模式三种模式,同时指出国内企业更应倾向于使用平衡模式,该模式可更好地与企业战略联系起来[33]。潘洪亮对企业战略绩效评价的应用和发展进行了综述,指出西方绩效评价体系的发展经历了侧重于成本的绩效评价到侧重于财务的绩效评价再到侧重于战略的绩效评价的发展过程，并指出战略绩效评价是现代企业绩效评价发展的必然趋势，同时指出目前主流和先进的战略绩效评价方法和模型都是国外建立的，国内主要是引进及在此基础上的补充和调整，有待我们不断探索并最终总结和建立出一套适合中国企业的战略绩效评价体系。还有很多学者和工作者对平衡计分卡在其他不同类型企业中的应用丰富了研究。所有的这些研究都充实了基于平衡计分卡的战略绩效和评价研究[37]。李翔基于战略管理理论和企业绩效管理理论，提出了企业战略绩效评价模型(strategy performance measurement，SPM)，从企业经营绩效入手，对核心力、择业力、实施力进行定量考核，还在不同企业间进行横向比较，以及开展同一企业不同时期的纵向比较[38]。孙玉兰回顾了国外主流的战略评价模型，如平衡计分卡模型、EVA模型、业绩金字塔模型、绩效棱柱模型、企业共生战略评价模型，同时对建立我国战略绩效评价模型提出了展望，认为需考虑各战略评价模型的优缺点，根据每个企业自身的特点，在各模型的基础上，融入自身的特色，综合各模型才能提供较为完整的评估[32]。

(四)研究评述

综上，我们可以看出，国内外相关学者和工作者对战略管理的研究从未停止，从确定战略管理的框架，到研究战略的制定，包括企业战略与内外部环境的关系、战略方案拟定、评估和确认等步骤，到确定研究战略实施方案，再到思考如何衡量和评价战略以确保战略的落地等，共同促进了战略管理研究体系的进一步完善。尽管不同研究者的研究方式和研究结论不大相同，但可以看出，当下，整个企业战略管理的基本程序都是一致和清晰的。首先，在战略制定方面，战略的形成需综合考虑内外部环境和条件，可借助PEST、波特五力模型、价值链、核心竞争力分析等框架和工具进行系统分析；其次，在战略方案的拟定上，需综合考虑企业的机遇与威胁和优势与劣势，可运用SWOT分析工具，战略的选择上需充分考虑企业的愿景、使命等企业特色；再次，战略执行需有效承接战略目标，逐层、逐年不断分解，并制定相应的战略执行和业绩评价体系，该环节可以以战略地图和平衡记分卡或EVA等为工具；最后，根据业绩评价体系反馈的战略的执行效果及内外部环境的重大变化对企业发展战略进行适时的修正或调整。

理论的研究告知了我们普遍适用的思考方法，但具体企业的战略管理还必须充分考虑所处行业的特殊性以及企业自身的特殊性。从实证研究中，我们可一瞥传统制造型企业的发展趋势，因企业发展战略需匹配环境，当前制造企业劳动力成本不断增长,价格竞争日趋激烈,互联网等新兴技术层出不穷且快速发展,不断改变着传统制造业的业态格局,传统制造型企业唯有拥抱变化、加强技术创新,积极主动地进行转型升级,才有可能赢得市场竞争。因此,本篇希望基于以上理论框架、工具及趋势分析等,具体分析宏发股份所处行业及企业自身的特点,探索互联网背景下宏发股份该如何进行战略布局和实施,同时为企业战略制定和执行的实证研究提供参考。

三、战略发展经验及当前战略评估

(一)战略发展经验总结

宏发股份成立于 1984 年,创立之初仅有简陋的厂房和设备,经过 30 多年的发展,目前宏发股份继电器规模已做到世界前列,在质量、效率、产业链等方面也已形成了特有的优势。

宏发股份的发展目标始终围绕做大做强继电器产业,因为公司始终认为"企业是有魂的",每家企业都有自己独特的个性,所以在变幻莫测的发展浪潮中,公司一直都坚持"有所为有所不为"。"为"是在做好继电器的路上孜孜不倦,"不为"是不受时代热点影响而改变自己的发展轨迹或个性。为了做好继电器,实现企业可持续发展,30 多年里公司也摸索出了一套适合企业自身个性的战略发展经验。

1. 各阶段有明确的发展战略

从濒临倒闭的小厂到继电器市场份额世界前列,30 多年里宏发股份取得了瞩目的成绩,这其中离不开企业领导人精准的战略眼光。根据公司发展脉络和发展特点,从 1984 年创立至今,公司共经历过三个发展阶段,每个阶段都有清晰的发展目标和主要战略指导思想,具体如表 3.1 所示。

表 3.1　公司发展阶段及发展目标和主要战略思想

项目	第一次创业阶段	第二次创业阶段	第三次创业阶段
年份区间	1984—1998 年	1999—2007 年	2008 年至今
发展目标	国内最大的继电器生产基地之一	世界知名的继电器制造供应商	世界最主要的继电器制造供应商
主要战略指导思想	"两个定位""以质取胜"	"提升档次,加速扩张,争取上市"	"翻越门槛,扩大门类,提升效率"

第一次创业阶段,公司有"两个定位"战略,将企业定位为出口为主的外向型企业和将产品定位为技术难度更大的继电器,为公司的生存和发展奠定了良好的基础,不仅让公司成功避开了当时国内严峻的竞争形势,同时也因当时出口海外的产品在质量和相关认证等方面的要求都更高,从而让公司在质量管控水平上取得了优于国内竞争对手的优势,更为公司后续抢夺国内市场赢得了质量优势。到1998年,公司凭借质量优势,营业额首次突破亿元大关,成功晋身亿元企业行列。随着建成国内最大继电器生产基地目标的实现,宏发股份进入第二次创业阶段,并适时地提出了"提升档次,加速扩张,争取上市"的发展思路,不断向世界知名继电器厂家看齐,进一步拉近与国际知名继电器厂家的差距,同时趁着当时较好的市场环境和竞争优势,加速扩张,争取到了更大的市场份额,根据"争取上市"思路的引导,宏发股份于2012年成功上市,跻身资本市场,为新一轮的跨越式发展和扩张,提供资金支持,成功地在世界继电器制造之林占据一席之地。第三次创业阶段,宏发股份提出了"翻越门槛,扩大门类,提升效率"的战略,一方面在继电器领域继续向国际一流企业看齐和迈进,另一方面在巩固继电器领先优势的同时,探索发展第二门类甚至第三门类产品。到2018年,公司营业额已突破90亿元大关,成功实现成为世界最主要的继电器制造供应商之一的目标。一如既往的专业化发展战略成为公司继电器成功发展的一大基石。

2. 始终围绕"以质取胜"和"提升效率",打造核心竞争力

公司坚信,只有实现"以质取胜"才能实现企业长足的发展,很多企业也都强调"以质取胜",但对于如何真正做到"以质取胜"并没有明确的思路,对此公司根据产品工序上溯思路,总结并提炼出了一整套具有公司特色的系统的指导思想,即"好的产品要有好的零部件才能做出来,好的零部件要有好的模具才能做出来,好的模具需要好的设备"。为了切实践行并落实该指导思想,实现"以质取胜",公司在多年的布局和经营中构建了集产品、零部件、模具、自动化设备于一体的完整产业链。

首先,在设备能力的打造上,一方面,基于"要么不投,要投就投最好的设备,十年不落后"的技改原则,公司购入的冲床、注塑机等标准设备都是业界领先的先进设备。另一方面,在继电器自动化装配设备的自制方面,公司依靠自己的力量深耕产线自动化领域,1998年便成立专门研制和生产自动化装配生产线的子公司,自主开发继电器自动化产线。目前,公司自动化程度达80%以上,生产节拍持续提升,自动化装配设备的使用,不仅使继电器在生产制造的效率和精度上

具有明显优势,而且在产品质量稳定性上也能在竞争中胜出一筹。其次,在模具制造和零部件能力的打造方面,为做专做精,公司专门成立相关中心或子公司,配备高水平设备,系统打造模具和零部件自主配套能力。目前公司的模具设计和制造水平及零部件配套能力都处于行业领先水平,为继电器的产品质量提供了保障,更为继电器产品的市场竞争提供了有力支持。可以说,正是全产业链的生产模式,打造了公司的核心竞争力,把继电器产品一步步地引领向更高的行业制高点。

为实现高质量发展,公司将人均效率的提升放到了和"以质取胜"同等重要的首要位置。为了切实提高人均效率,公司多年来一直坚持大规模的技改投入,并基于"要么不投,要投就要十年不落后"的指导思想开展技改工作,持续大规模的技改投入在为企业切切实实地带来了人均效率的提高的同时,也让企业的制造水平不断提升,为高质量发展提供了坚实的基础。

同时,企业的发展说到底是人的发展。在员工利益方面,公司强调"以人为本",同时为了切实践行这一理念并落到实处,公司一方面坚持以"通过共同促进企业的不断发展,在为社会和股东做出贡献的同时,努力为员工自身谋取越来越好的利益"作为企业的核心价值观,另一方面每年将效率增长的很大比例用于员工工资福利的平均涨幅,让员工一同享受企业发展带来的成果,从而激发员工的工作动力,稳定人员队伍,从根本上促进企业的持续发展。

3. 纵横结合的战略执行架构

因公司产业链完备,且各子公司存在个别企业产品类型相近的情况,所以宏发股份组织架构相对比较特别,具体如图 3.1 所示。

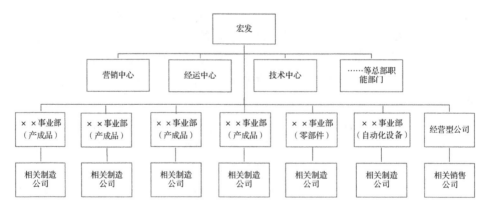

图 3.1 宏发股份组织架构

宏发股份采用纵横结合的组织架构形式,以各企业为纵轴,从产品方向上打造各个产品的小巨人;以营销、技术、生产及物流供应链、财务、质量及检测、人力资源及行政等为横轴,建立矩阵式的管理结构,形成业务重点突出、职能功能强大、资源共享、优势集中的管理模式。在战略制定和执行上,目前公司主要有三个层级,即集团级战略规划、各子公司级(业务层)战略规划和职能级战略规划,如公司级战略侧重于决定企业的发展方向,各事业部及子公司主要执行相关业务的竞争战略,侧重于提高市场占有率,总部各职能部门则执行职能级战略,侧重于提高工作的效率和有效性,三者之间各有侧重又互相支撑,纵横结合,分工协作,共同保障战略和战略目标的实现。

4. 战略绩效评价体系明确

组织绩效管理是保障集团战略目标落地实现的关键工具,经过多年的积累,宏发股份确定了独具特色的四维度关键绩效指标体系,包括质量、财务、技术、运营,用以衡量战略目标以及评价组织的经营绩效,各维度具体指标项目随内外部环境的变化、企业具体战略方向、经营重点等的变化而略有调整,总体上保持一定的延续性。

因该指标体系既包括财务指标又包括非财务指标,内容涉及经营结果也包括关键过程的管控,各年度大的组成部分基本保持不变,其中的个别指标集团会根据当下的发展方向、业务重点、形势特点等做调整,以确保其对企业内外部的快速变化保持敏感性。公司在制定战略时需确定以上关键战略指标的目标值,并围绕这些目标值制定各业务和职能的战略实施计划、明确的经营绩效评价体系,确保公司的战略执行力度和目标的落实。

5. 开展战略评估,逐年检查战略实施情况

集团战略的实现离不开业务层战略和职能层战略的执行结果。为有效监测业务层和职能层战略实施计划进展情况,五年发展规划确定后,根据形势特点,公司定期会进行战略执行情况对照检查,并对未来目标的可实现性进行摸底调查。战略执行情况的对照检查和摸底调查,可使各层级对战略的实现和公司发展做到心中有数,从而采取相应措施,保障其按战略规划的方向发展。

(二)当前战略评估

从1984年成立至今所经历的三个发展阶段,虽然每个阶段的战略指导思想和发展目标各不相同,但从各阶段发展目标的具体描述——"从国内最大的继电器生产基地之一"到"世界知名的继电器制造供应商"再到"世界最主要的继电器制造供应商"——中可以看出,各阶段的战略总体类型基本一致,均为发展型的战略,因产品组合均围绕继电器单一门类,所以均为密集型成长战略。竞争战略方面,从主要战略指导思想中可以看出,第一阶段为差异化竞争战略。当国内继电器厂家均在抢夺国内市场时,公司把市场定位定为外向型为主的企业,当因市场供不应求,其他厂家都追求数量时,公司提出了"以质取胜",并围绕"以质取胜"打造了强大的前道自配能力。正是这些差异化的竞争战略,使公司得以突出重围,很快发展成为国内最大的继电器生产基地之一。第二阶段亦为差异化战略。在经历第一阶段奠定了良好的产品质量之后,公司一方面持续提升产品档次,继续扩大产品质量优势;另一方面为了抢夺更大的市场,开始加大投资力度,快速提升产能,为加速扩张做好准备,同时积极争取上市,以期为扩张获得强大的资金支持,正是这一阶段在产品、硬件投资和资本运作等方面上的差异化,让公司成功实现了成为世界知名继电器制造商的发展目标,在继电器领域位居世界领先。第三阶段为低成本的战略。在该阶段,国内生产厂家的质量已在慢慢接近,为了保持市场领先优势,公司一边瞄准国际上的三大巨头,使质量向世界一流水平靠近,同时充分发挥前期设备投入对效率提升的积极作用,降低产品单位成本,为市场竞争赢得足够的价格变动空间,继续抢占市场,最终于 2017 年达到了世界继电器市场占有率首位的位置,实现世界最主要的继电器制造商的发展目标。

当前,宏发股份仍处在执行"翻越门槛、扩大门类、提升效率"战略指导思想的阶段,虽然"成为世界最主要的继电器制造供应商"的总体战略目标已基本实现,但战略指导思想三个方面的完成情况,仍将对后续"十四五"时期的发展战略产生较大影响。"翻越门槛"是指主导产品在客户端的实物质量接近或达到国际一流同行水平。"扩大门类"包括两个层面:一方面是扩大继电器的门类,做大做全继电器门类,提高公司继电器全球市场占有率;另一方面是加快向继电器的毗邻门类——相关控制元件——扩张。"提升效率"是指通过技改投入、工艺流程、设计改进提升自动化生产水平,通过管理改善等提高劳动生产效率。

从完成情况看,"翻越门槛"方面,公司近年来通过制定"翻越门槛"标准、设定目标、组织评定、绩效考核、评定奖励等多方面展开工作,到"十三五"末期,公司 85％以上的生产线达成"翻越门槛"的不同等级,极大地提升了公司产品的寿命和可靠性。客户端质量方面,公司主要产品也基本与国际一流水平相当,可以说已基本完成"翻越门槛"战略目标,步入正轨,后续只需继续按此方向推进。

扩大门类方面,公司在"十三五"期间,整体营业额规模基本以年均 10％以上的速度实现平稳较快的增长,继电器规模连年位居世界前列,继电器全球市场占有率也基本实现稳中有升。"十三五"期间继电器全球市场占有率已可达14.5%左右,位居全球首位。新门类方面,在扩大门类战略的指导下,公司在努力使第二门类产品发展壮大的同时,积极探索拓展出其他多种新门类产品的思路。继电器作为基础的电子元器件,虽然可用在很多领域,如消费电子、交通、工业等,但因单价较低,整体市场容量并不大,且经过多年的发展,该产品已处于产品生命周期的成熟期,船大难掉头,对于已发展成继电器大船的宏发股份来说,在危机前做好准备显得尤其重要,尤其是在当今科技创新日新月异的背景下,更应提前做好风险防控。因此,扩大门类战略对公司来说应该仍是未来5~10年的重要工作。

提升效率方面,对人均生产效率的重视是公司一直以来最本质的特色,人均生产效率的提升可为公司核心价值观的实现提供保障,同时也关系到企业整体的经营质量和核心竞争力。"十三五"期间,持续大力度的技改投入极大地提升了公司的自动化程度,人均生产效率得到显著提升,"十三五"期间人均生产效率年均增幅12%,超额完成"十三五"既定目标,同时员工工资福利及企业盈利能力都得到提升,极大地增强了公司的竞争力。但自动化方面,距离"三个一"及"关灯生产"仍有很大的提升空间,即人均生产效率还有很大的提升空间,所以提升效率也还将是公司未来持续重视的重要工作。

(三)本章小结

本章总结了宏发股份30多年来的战略发展经验,并对公司当前战略的实施情况进行了评估,可以得出以下结论。

第一,明确的发展定位,围绕"质量、效率、人才"等关键成功因素打造核心竞争力,采取有针对性的实施措施,并扎扎实实落实经营理念,是公司取得成功发展的关键。

第二,公司在三个发展阶段均采取密集成长型的发展战略,前两个阶段的竞争战略主要为差异化战略,第三阶段主要为低成本战略。当前的战略指导思想中,宏发股份的"翻越门槛"战略和提升效率战略已达成阶段性目标,并助力公司的继电器业务实现了跨越式发展,但侧重于外部市场开拓和扩展的扩大门类战略的发展尚未达到预期,如何借鉴继电器成功发展经验,促进其他门类产品的发展,仍将是公司未来的核心任务之一。宏发股份"十四五"战略方案的设计,需充分借鉴企业的成功发展经验,重新评估公司将面临的内外部环境,并结合目前战略的实施情况和公司愿景等,在此基础上,进行有针对性的延续、删减和增加[39],在保证企业经营具有延续性的同时,获得新的发展机会。

四、内外部环境分析

由于企业战略的实质是寻找外部发展环境、企业资源与能力之间的匹配与平衡,制定出符合企业性格的发展策略[40],因此本研究战略设计的方案遵循先进行外部环境分析,再进行内部环境分析,最后结合内外部环境分析结果,进行综合的 SWOT 分析,匹配战略方案的路径,为战略选择提供参考,具体如图 4.1所示。

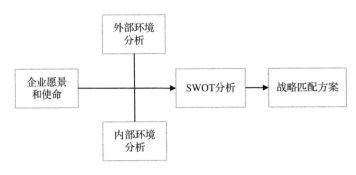

图 4.1 战略设计方式

(一)外部环境分析

企业的运行必然会受外部环境的影响,外部环境将为企业的发展提供机遇或带来挑战。外部环境包括宏观环境和产业环境,PEST 分析和五力模型分析是企业开展宏观环境分析和产业环境分析的权威和成熟理论框架。本篇将运用PEST 方法分析宏发股份"十四五"期间面临的宏观环境,同时运用五力模型工具分析企业将面临的产业环境。

1.宏观环境分析

(1)政治环境分析

第一,国家战略为制造企业智能化转型提供方向。制造业是国民经济的主体,其发展不仅取决于技术的发展情况和成熟程度,还取决于政府能否创造一种有利于其发展的良好环境。近年来,全球制造业格局面临重大调整,各个国家都纷纷增强对制造业的重视,推动实施振兴制造业的国家层面的战略,如德国推出的"工业4.0",提出了以智能制造为核心的第四次工业革命,美国推出的"再工业化",强调先进信息技术与传统制造业结合。这些都是将打造先进制造业提高到国家战略层面,同时也揭示了只有率先实现传统制造业与前沿信息技术的深度融合即智能制造,才能在抢占制造业新一轮竞争制高点中占领先机。我国从2015年以来,专门出台了一系列促进智能制造发展的政策,如2015年5月,国务院发布了《中国制造2025》,提出了九项战略任务和重点,其中包括要推进信息化与工业化的深度融合,提高制造企业智能制造的能力。同年7月,国务院发布了《关于积极推进"互联网+"行动的指导意见》,重点行动包括"互联网+"协同制造,进一步明确互联网与制造业融合的具体方向,如加速制造业往服务化方向转型、发展大规模个性化定制等。

2016年12月,工信部、财政部发布《智能制造发展规划(2016—2020年)》,引导和鼓励有条件的企业推进生产线自动化改造,开展信息化和数字化升级应用。

以上政策的出台都为我国制造企业的转型升级和发展指明了方向,为有条件转型的制造企业提供机遇的同时也带来了一定的挑战。

第二,国家强化工业基础能力建设要求为宏发股份带来一定机遇。公司的主要产品继电器属于电子元器件行业,更是智能家居、新能源汽车、国家电网、网络通信、自动化设备等各领域都不可或缺的关键零部件。在国家制造强国建设战略咨询委员于2015年10月发布的《〈中国制造2025〉重点领域技术路线图》中,内容涉及高压继电器的发展趋势和重点,指明其要实现小型化、低成本,以更好地为下游领域配套,为宏发股份技术路线提供了参考。

同时,《中国制造2025》有提到需强化工业基础能力的内容,放在"四基"首位的即是推进和支持我国核心基础零部件的发展和推广应用,亦与宏发股份的产品业务息息相关,2016年8月,工业和信息化部等部门联合印发《工业强基工程实施指南》,引导并鼓励企业积极参与工业基础领域发展,新能源汽车专用高压直流继电器被列入新一代信息技术领域的核心基础零部件内容当中,控制继电器、断路器、接触器等被列入先进轨道交通装备领域的核心基础零部件内容中,为宏发股份业务的进一步发展提供了机遇。

第三,"一带一路"带来国际化发展新契机。2013年国家提出"一带一路"倡议,2015年发布《推动共建丝绸之路经济带和21世纪海上丝绸之路的愿景与行动》,中国企业对"一带一路"沿线相关国家和地区的直接投资、承包工程项目、承接的服务外包合同、执行金额等均实现高额增长。"一带一路"倡议的深入推进和实施势必带动沿线国家和地区包括交通、通信、基础设施、能源等各方面的发展,宏发股份相关配套业务的需求将快速增长,也有利于企业推进全球化新发展。

第四,中美贸易摩擦导致外销面临严峻挑战的同时也带来国内需求新机遇。2018年6月,美国对中国出口至美国的约500亿美元商品加征25%的关税,随后中美贸易摩擦一度升级加剧,宏发股份继电器产品亦在加征关税商品清单中,对宏发股份海外业务特别是在美业务的发展带来不利影响,但同时也推进了电子元器件行业的国产化进程,国内众多的企业将有国产化的需求,从而使企业的发展出现一些新的机遇。

(2)经济环境分析

第一,我国经济从高速增长转入平稳中速增长,给企业稳增长带来挑战。随着经济不断向前发展,环境中资源的有限性决定了依靠要素投入的粗放型经济发展模式已不再适用,我国经济必将面临向技术含量高、附加值高、资源消耗低的方向转型。图4.2为根据国家统计局网站数据整理的我国2012—2021年国内生产总值。

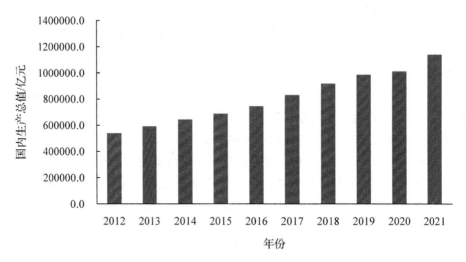

图4.2　2009—2018年国内生产总值及增长率

资料来源:国家统计局网站。

另外,据相关网站预测,国内"十四五"期间GDP增长率预计平均在5.5%~6%,速度较"十三五"进一步放慢,可以说面临的经济形势将非常严峻,对制造业来说,以后若不转型势必将进入微利时代,而形成经济增长新动力则是所有制造企业都必须应对的严峻挑战。

第二,全球经济形势严峻、整体放缓,带来需求挑战。受全球整体经济增长放缓、中美贸易摩擦前途未卜、汇率变幻莫测等的影响,预计我国制造业在未来国际经济环境中的发展依然存在诸多不确定性。图 4.3 为国际货币基金组织预测的全球经济增长趋势图。可看出,至 2023 年世界经济增长平均速度预计在2020 年的基础上略有回升,为 3.8% 左右,其中发达经济体预计将可能延续2020 年的较缓慢的增长水平,大约在 1.7%,新兴经济体较 2020 年预计增长速度略有回升,为 4.9% 左右,虽仍高于发达经济体,但较 21 世纪初 8.7% 的增速下降较大。

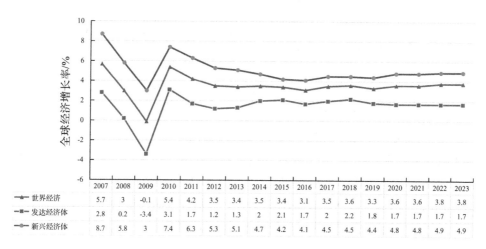

	2007	2008	2009	2010	2011	2012	2013	2014	2015	2016	2017	2018	2019	2020	2021	2022	2023
世界经济	5.7	3	-0.1	5.4	4.2	3.5	3.4	3.5	3.4	3.1	3.5	3.6	3.3	3.6	3.6	3.8	3.8
发达经济体	2.8	0.2	-3.4	3.1	1.7	1.2	1.3	2	2.1	1.7	2	2.2	1.8	1.7	1.7	1.7	1.7
新兴经济体	8.7	5.8	3	7.4	6.3	5.3	5.1	4.7	4.2	4.1	4.5	4.5	4.4	4.8	4.8	4.9	4.9

图 4.3　全球经济增长率预测

(3)社会文化环境分析

第一,智能化需求带来新兴领域新机遇。随着人民生活水平的提高,消费者对产品的需求也从侧重产品功能、价格、适用性,向注重产品的款式、性能、颜色以及智能化方向转变,同时制造技术和互联网技术的同步发展也让这种需求的实现变成了可能。20 世纪 80 年代,住宅电子化已开始出现,研究机构预测,从2017 年到 2025 年,全球智能家居市场的年平均增长速度预计达 20.4%,规模将从 370 多亿美元增长到 1600 多亿美元。同时,从图 4.4 的发展趋势看,近几年里,智能家居行业市场规模在进一步扩大,人们对生活产品的智能化需求变得日益迫切,智能家居可能成为社会的主流之一。继电器作为白色家电等电子家居产品必不可少的控制元器件,在迎来机遇的同时,也对产品的小型化、可靠性提出了新的挑战。

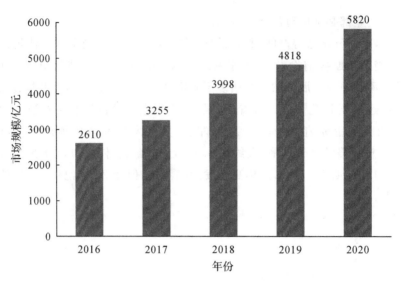

图 4.4 中国智能家居市场规模情况
资料来源:中商产业研究院。

第二,劳动力成本上升,价格竞争激烈,面临提质增效挑战。在就业方面,中国人口红利已渐渐消失,人工成本日益上升。图 4.5 为根据国家统计局网站数据整理的近年我国制造业城镇单位就业人员平均工资的变化情况。从图中可看出,制造业平均人工成本一直呈现稳步的上升趋势。对于劳动密集型的制造企业来说,加强自动化程度、提高效率是一个必然的趋势。

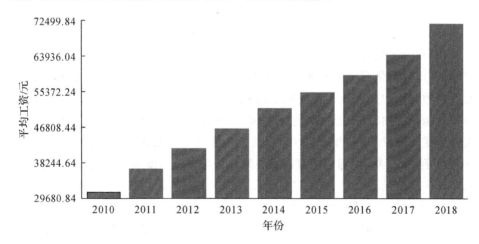

图 4.5 我国近年制造业城镇单位就业人员年平均工资
资料来源:国家统计局网站。

第三,绿色发展要求,提供新兴领域配套新契机。能源是现代物质社会的基础,随着世界经济发展方式逐步向低碳、清洁模式转型,清洁可再生能源的使用成为全球社会发展的趋势。随着我国节能减排的推进,光伏发电、新能源汽车等将迎来发展契机。图 4.6 为 iiMedia Research(艾媒咨询)分析的 2017—2025 年中国新能源汽车市场规模及预测,从图中可以看出,预测中国新能源汽车市场规模自 2021 年开始逐年上升,从 2022 年到 2025 年的四年中,中国新能源汽车市场规模预计将继续呈现扩大趋势,新能源汽车的发展也为周边配套元器件的发展创造了机遇。

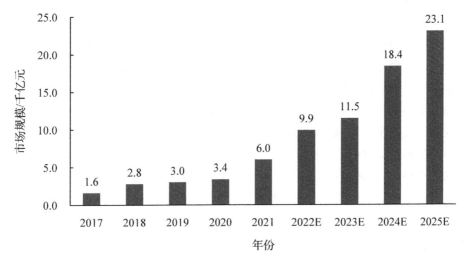

图 4.6　2017—2025 年中国新能源汽车市场规模及预测

数据来源:艾媒数据中心(data. iimedia. cn)。

(4)技术环境分析

在数字时代,新的创新革命正在以空前的速度发展,制造业也都因 3D 打印、机器人、人工智能、信息技术等领域的突破而将发生变革。工业互联网将制造业与互联网深度融合,其兴起正在决定着传统制造业的未来。在各国不断加大对先进制造技术、先进信息技术,以及二者融合的前沿技术的投入的当下,其研究成果事关所有制造业的长远发展。在这一过程中,传统制造业在面临可能被完全颠覆的挑战的同时,也可能迎来全新的发展机遇。只有充分拥抱工业互联网技术,提前布局自动化和智能化工厂打造,才能在未来抢占技术和市场制高点。

2. 产业环境分析

(1)新进入者的威胁分析

行业的进入壁垒直接关系到新进入者的威胁程度[41]。下面从规模经济、产品差异化、顾客转换成本等方面分析宏发股份所处行业所面对的新进入者威胁。

规模经济方面,规模经济是指由于生产和经营规模的不断扩大,平均成本下降、收益不断增长的情况。继电器行业具有典型的规模经济特征,需大量采购、大量生产、大量销售,重要原材料采购成本、加工成本和平均固定成本、销售成本等都会因规模的扩大而降低,行业内现有的主要厂商无一不是通过大力扩大产能,实现成本领先而获得竞争优势的,新进入者因受资金等因素限制,一般很难在短时间内即达到规模经济。故从规模经济看,新进入者的威胁程度并不高。

产品差异化方面,继电器产品门类多样,有低端产品也有中高端产品。低端产品市场方面,因产品技术已相对成熟,从产品结构看,各厂商之间相对趋同,产品差异更多的是体现在质量和价格方面,即利润空间已被压缩,所以对低端产品来说对工艺水平的要求比较高,需要厂商具备先进的生产装备和工艺控制等能力,以提升效率并保证质量的可靠性。中高端产品市场方面,则对技术及工艺的要求比较高,不仅需具备先进生产装备和工艺控制能力,而且需具备较高的自主开发设计能力,所以对于新进入者来说,继电器行业低端市场的进入壁垒并不高,但受发展经验不足等限制,短时间内很难在产品质量和价格方面获得优势,而高端市场方面,因具有一定的技术壁垒,新进入企业进入难度也比较大。

顾客转换成本方面,继电器作为电子元器件,其顾客对象一般都是工厂,以装配到下游产品或终端产品中,因继电器本身并非终端产品,所以目前顾客对品牌的要求并没有那么高,而是重点关注产品质量、价格及交付等情况。因此,从顾客转换成本方面来看,新进入者只要质量、价格和交付都有保障,就可对现有竞争者造成较大威胁。

综上,可以看出继电器行业进入壁垒并不算高,但要在行业内取得竞争优势则需有较大的资金投入及一定的技术积累和经验沉淀。

(2)现有企业间的竞争分析

本篇将主要从行业中竞争者的数量和力量、行业增长速度等方面分析现有企业间竞争的情况。

行业中竞争者的数量及市场占有率方面。根据中国报告网等公开的资料,目前继电器行业在国际上,包括宏发股份在内,份额较大的主要有四家公司,2017 年这四家公司的市场份额总共占全球市场份额的 45% 左右。国内方面,继电器厂商有 300 多家,但已做到相当规模的厂商并不多。宏发股份继电器业务约占全球市场的 14%,占国内市场的 27.5% 左右,市场份额遥遥领先,已连续三年位居全球市场份额首位。国内另外有 10 家左右的厂商市场份额都在 1%～3% 不等,加上其他规模不大的厂商,国内继电器合计市场份额占全球市场份额近 58%,如图 4.7 所示。

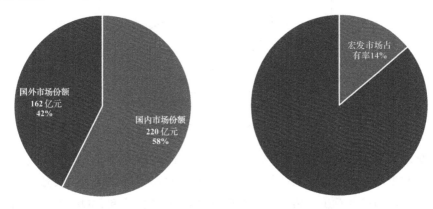

图 4.7　2017 年宏发继电器市场份额占有率情况

产品应用方面,因继电器等电子元器件属于工业中间产品,应用领域极其广泛,涵盖消费电子、交通、能源、工业等各个行业。而消费电子中又以家电、智能家居、医疗、仪器仪表、网络通信、消防安防等行业对继电器的需求最为稳定,交通行业可为传统汽车、新能源汽车、轨道交通等行业配套,在能源行业的配套则涉及智能电表、智能电网等,另外工业领域工业自动化产品涉及的下游行业,如电梯、塑机、机床、工业制造设备等也需继电器做配套。目前宏发股份在家电、智能电表、网络通信行业的继电器份额虽还有提升空间,但都已做到全球首位,汽车配套领域继电器正处于强势上升势头,工业领域的配套虽目前相对较低,但随着国家基础建设不断完善和智能制造的推进,势必成为未来的又一争夺高点。

竞争方面,随着市场上对继电器业务的不断细分,继电器厂商间的竞争日趋激烈,且竞争的关键已从量的竞争发展成新型产品、新的应用领域、关键材料以及专用自动化设备等方面的竞争,厂商只有掌握更高的产品技术和先进制造的主导权,不断增加企业附加值,才能不断巩固竞争力和提升市场份额。为有力争夺新兴的高附加值配套领域,目前国际上主要竞争对手对中低端领域继电器的投入在减少,甚至有逐步退出个别中低端领域继电器的情况,对宏发股份来说是一个难得的"扩旧增新"的机会。"扩旧"是因为主要竞争对手对于个别领域的退出,而"增新"是因为宏发公司经过多年的积累,已具备强大的实力与主要竞争对手在新兴的高附加值配套领域争得一席之地。

　　行业增长速度方面。根据美国雷蒙德弗的产品生命周期理论,产品是有生命周期的,可分为四个阶段[42],具体见图 4.8。

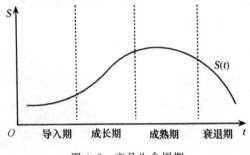

图 4.8　产品生命周期

　　首先是导入期,即新产品开始投入市场的阶段,该阶段市场发展较为缓慢,市场结构也还比较零乱。其次是成长期,该阶段的特点是市场发展快速,竞争者纷纷进入市场参与竞争。再次是成熟期,市场需求趋向饱和,市场增长缓慢直至转而下降,竞争转向寡头垄断。最后是衰退期,即随着产品技术的发展,出现了更具优势的新一代的产品或替代品,顾客更逐渐转向购买新产品或替代品,导致原产品的销售额和利润都迅速下降,逐渐退出市场,竞争方面出现垄断或寡头或厂商纷纷退出。

　　图 4.9 为根据华经产业研究院等公布的资料整理的国内继电器市场发展情况。

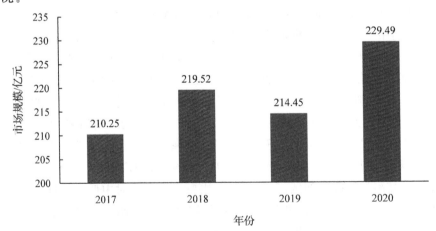

图 4.9　国内继电器市场发展情况

资料来源:华经产业研究院(www.huaon.com)。

细分市场方面,作为继电器主要配套的消费电子领域的家电、交通领域的传统汽车、能源领域的智能电表配套业务等均已处于成熟期,发展速度已趋向平缓,预计未来增速将低于以上继电器总体的增速。但同时,消费电子领域的智能家居、通信、医疗、安防,交通领域的新能源汽车,能源领域的光伏,工业领域的自动化设备等配套的继电器业务正处于成长期。这部分因基数较低,且未来增长点可见,预计增长速度将处于较高水平,势必成为未来继电器厂家竞争的关键点。

(3)替代品的威胁分析

当顾客被其他行业的企业的产品所吸引时,替代品就产生了。替代品的相对价值、价格比、客户使用倾向、用户转向替代品的转换成本、替代品的发展趋势等都决定了替代品的威胁程度。固态继电器、MOSFET(金氧半场效晶体管)、可控硅等一直被当成传统机电继电器最大的替代者,目前为家电、传统汽车等领域配套的小电流产品已呈现被 MOSFET、可控硅等替代的情况。通过分析可以发现,这些替代品在性能上一方面可以弥补电磁继电器接触不良、动作噪声大、体积大等缺点,另一方面研发受限于相关半导体技术的不成熟,在大电流及可靠性方面还不如传统继电器,且有些技术还难以实现。价格方面,作为后起的技术,上述替代品成本偏高,不占价格优势。应用领域方面,同样受限于半导体技术,上述替代品目前主要应用在小电流等领域,应用领域不如机电继电器广泛。发展速度方面,据预测,传统的机电式继电器仍然将保持 5% 左右增速低速增长,上述替代品的发展速度将接近 15%。从替代品面市以来,业界对其发展前景一直都比较看好,但因电磁继电器性能也一直在不断提升,加上替代品关键技术突破速度较慢,所以短期内上述替代品应难以大规模取代电磁继电器,但作为传统继电器的制造厂商应随时关注替代品的发展情况,提前防范风险。

(4)买方议价能力分析

买方议价能力指顾客通过压低价格或提出更高的产品质量等要求在交易中获得更大利益或话语权的能力。其决定因素一般包括买方采购数量、买方产品差异化程度、卖方产品占买方成本结构的比率、买方的转换成本、买方后向一体化的能力等。

买方采购数量方面,继电器厂商的年产量一般数以亿计,客户一般也是大规模下单采购,很多客户在各自领域都是领头企业;产品差异化方面,继电器低端产品技术成熟,质量趋稳,同档次竞争者多,同质化较为严重,且已出现一定的替代品;成本方面,继电器虽然会影响下游产品的可靠性,但单价一般不高,占买方成本的比例不大;买方后向一体化方面,因继电器工序较多,要产生规模经济及较稳定的质量,需有较大资金的投入和经验的积累。因此,综上可以看出继电器买方的议价能力虽根据产品档次或具体产品不同而不同,但总的来看,买方的议价能力还是比较强的。

(5)卖方议价能力分析

卖家议价能力指企业的供应商通过提高价格或要求适当降低产品质量和服务质量等要求在交易中获得更大利益或话语权的能力。其决定因素一般包括卖方交易量的大小、卖方前向一体化的能力、卖方产品对本产业的影响程度。继电器的供应商基本上是铁丝材、合金铜带、铁带以及注塑件、冲压件等厂商,因原材料的质量对继电器产品质量影响很大,而质量较高的金属厂商都是业内比较大的企业,贵金属价格本身受社会整体经济形势变化的影响也很大,所以虽然继电器购买的量比较大,但从价格方面看,卖方议价能力是比较强的。同时供方前向一体化方面,因金属材料的用途很多,继电器只是其众多下游领域的一小部分,供方前向一体化的可能性不大。但也正因为继电器只是其众多下游领域的一小部分,供方业务分布较广,一定程度上可增加其议价能力。

3.外部环境分析小结

根据上述宏观环境分析和产业环境分析,以下运用外部因素评价矩阵(EFE 矩阵),分别从与公司的关联度和对公司的影响度两个维度进行量化评价,步骤如下。

①列出通过外部分析得出的所有关键因素,包括机遇和挑战。

②根据各因素对企业发展成败的重要程度即关联度,确定各因素的权重,权重范围从 0.0 到 1.0,分别表示不重要至非常重要,所有因素的权重之和等于 1.0。

③根据企业对各关键因素的有效反应程度即影响度,对各因素进行评分。分值为 1 到 4 分,1 分表示威胁度低,2 分表示威胁度高,3 分表示机遇小,4 分表示机遇大。

④用各个因素的权重乘以对应的评分得到各因素的加权得分。

⑤将所有因素的加权得分相加,得到企业最终的总分数。

⑥将总加权分与平均数 2.5 分相比较,若大于 2.5 分,则宏观环境对公司的影响是机遇大于威胁,若小于 2.5 分,则宏观环境对宏发股份的影响是威胁大于机遇。同时也可得出宏观环境中对宏发股份影响较大的机遇和威胁。

为了得出每个因素的具体权重和评分,本篇将外部环境分析得到的各因素列表后发给宏发股份战略管理相关人员,他们除具备企业战略管理实践外,熟知公司发展实际和业务特点,也是公司战略规划制定的参与者,首先由各参与评价者分别根据经验各自定出各因素的权重和得分,再根据所有评价者的评价,计算出各因素的平均权重和得分,接着所有参与评价者就评价权重和得分展开充分讨论,直至得出所有评价者都没有异议的平均数,最后得出 EFE 矩阵分析结果如表 4.1 所示。

表 4.1　公司 EFE 矩阵分析

序号	机遇	权重	评分	加权得分
1	"中国制造 2025""互联网+"等国家战略,促进制造企业向智能制造转型升级	0.08	3	0.24
2	"一带一路"倡议构想带来新的贸易机会	0.03	3	0.09
3	中美贸易摩擦升级带来国内众多企业国产化需求	0.05	3	0.15
4	国内经济进入转型期,新兴经济体实力将持续提升	0.02	3	0.06
5	消费者的生活水平越来越高,对住宅电子化、智能家居等的需求将越来越大,带来新的贸易机会	0.05	4	0.2
6	节能减排的推进为新能源产业创造发展机遇	0.05	4	0.2
7	3D 打印、机器人、人工智能、信息技术等前沿新兴技术的成熟可为制造业的转型升级提供可能	0.02	3	0.06
8	智能家居、新能源、通信、工业等新兴配套业务需求渐盛	0.11	4	0.44
9	全球个别继电器大厂商有逐渐退出中低端业务市场的趋势	0.11	4	0.44
小计		0.52		1.88
序号	威胁	权重	评分	加权得分
10	中美贸易摩擦升级带来不确定性,影响在美业务发展	0.03	1	0.03
11	国际整体经济形势不确定性大,发达国家增速可能进一步放缓,发展中国家增速有所下降,国内经济进入转型期,预计仍将持续增长,但总体增速放缓	0.02	1	0.02

续表

12	中国人口红利消失,老龄化程度加剧,人工成本增加	0.05	2	0.10
13	继电器行业总体进入成熟期,增长速度放缓	0.05	1	0.05
14	全球份额较大的企业共四家,争夺新兴行业的高附加值业务	0.10	2	0.20
15	国内厂家多,发展势头强劲,中低端业务竞争日益激烈	0.10	2	0.20
16	各配套领域小电流产品已呈现被 MOSFET、可控硅等替代的情况	0.10	2	0.20
17	买方采购数量大,议价能力强,价格压力大;卖方贵金属部分议价能力强,综合议价能力一般	0.03	1	0.03
	小计	0.48		0.81
	合计	1.00		2.69

从上表可以看出,公司关键因素评价总分为 2.69 分,高于平均的 2.5 分,即宏观环境对公司的影响是机遇大于威胁,其中较大的机遇主要是上表中的第 1、第 8 和第 9 点,对公司影响较大的威胁是上表中的第 12、第 14、第 15、第 16 点。

(二)内部环境分析

战略不仅要与外部环境相匹配,更要同企业内部资源和能力相匹配。通过外部环境分析可得出企业面临的机遇和挑战,确定企业可以做什么;通过内部环境分析可得出企业的优势和劣势,确定企业能够做什么。企业内部环境因素一般包括资源、能力及核心竞争力[43]。本篇将从这三个方面展开来分析宏发股份的内部环境。

1. 资源分析

企业资源是指企业所拥有或控制的所有的生产要素,根据形态的不同可分为有形资源和无形资源。

有形资源主要指厂房、土地、机器设备等固定资产及现有资金等金融性资源。宏发股份在多年的发展过程中始终坚持大力度的技改投入,并积极在全国扩张生产基地范围,厂房面积已逾 100 万平方米,自动化生产线 100 多条,总资产近 100 亿元,货币资金充足,可以说无论是厂房、土地还是机器设备、现有资金都远超一般同行,也为新一轮的快速发展和扩张奠定了坚实的基础。

无形资源主要包括技术资源、企业形象、企业文化。技术资源方面,公司拥有继电器研发中心、国家级技术中心,拥有专利 800 余项,同时拥有中国继电器行业博士后工作站和院士专家工作站,与 10 多家高校建立合作关系及研究中心,合计聘请技术顾问 20 多人,充分利用外部专家及高校资源为公司发展助力。企业形象方面,宏发股份作为国内继电器的龙头企业,一以贯之地以质量为企业的生命,赢得了国内外广大客户的赞誉,并多次赢得国家及省市的各项殊荣。企业文化方面,在 30 多年的发展和沉淀中,宏发股份已形成了具有自身特色的企业文化。企业精神、经营方针及核心价值观等构成了宏发股份企业文化的深刻内涵,把公司和员工的利益以及社会责任三者紧密地结合在一起,并经由高度认可企业文化的干部及员工将其贯彻到公司管理及运行的方方面面,从工作到生活,都呈现出积极向上的氛围,凝聚力和向心力日益增强。

可以说,无论是从有形资源还是无形资源方面看,宏发股份在继电器方面已积累并拥有了远胜于同行的绝对的优势资源。但也正是因为企业资源雄厚,且相关资源大都集中在继电器业务上,随着继电器产品发展进入成熟期,若企业需转型则将面临较大的挑战。目前公司产品结构中继电器一家独大,其他门类产品发展占比小,市场规模和份额发展程度不如预期,导致企业承担产品颠覆风险的能力较弱。

2. 能力分析

企业能力是企业整合各种资源,使资源发挥生产和竞争作用的能力。本篇将主要分析宏发股份的制造能力、营销能力、研发能力等。

作为一家生产制造型企业,宏发股份最突出的能力即制造能力。围绕继电器的制造和生产,公司全力打造并拥有了国内行业内领先甚至可达世界一流水平的模具、精密零部件、自动化设备及生产线的设计和制造能力,生产自动化程度达 80% 以上,全面提高了企业的劳动生产率和产品质量的一致性和稳定性。但目前公司生产制造布局主要还是在国内,随着销售全球化的推进,若要使产品在国际上的知名度更高,并充分运用全球优势制造资源,则需加大制造国际化的程度。

营销能力方面,宏发股份深耕继电器市场 30 多年,培养了继电器行业资深的营销队伍,客户涵盖消费电子、能源、交通、信息、工业、医疗等多个领域,产品出口 120 多个国家和地区,并与多行业领头企业建立了战略合作伙伴关系。可以说公司继电器业务销售已趋于成熟,但对如何借鉴继电器的销售模式打造新门类产品的销售模式、促进新门类产品的发展则尚处于摸索阶段。

研发能力方面,公司技术资源优势明显,作为国家高新技术企业,每年均有不小比例的销售收入用于产品研发投入,并通过加强技术创新、产品、工艺等平台的建设,全面强化研发能力。近年来,公司每年有新品开发项目近200项,在"十三五"扩大门类战略的引领下,新品开发项目从继电器向其他相关电子元器件延伸,目前继电器以外已成功研发并实现销售一系列新的产品门类。全年申请专利以超过20%的速度持续增长。在新工艺技术领域,公司成功掌握了触点自动焊接、激光自动校正、继电器自动化检测等先进工艺。

此外,财务上健全的财务管理体制、良好的现金流、较强的偿付能力和资本运作能力,行业领先的人力资源优势,涵盖设计、制造、管理、供应各方面完整的质量管理系统,以及因逐步导入SAP、MES等前沿系统而日益完整的信息化系统等,使公司的综合能力遥遥领先于国内同行。管理能力上,近年来随着集团的发展扩张,子公司数量有所增加,各子公司发展水平和管理水平存在参差不齐的情况,管理标准化程度不高,急需建立并推广统一的经营管理模式。

3.核心竞争力分析

核心竞争力是能够让企业在市场竞争中获得竞争优势的关键资源和能力,一般需同时满足以下条件:对顾客有价值、与竞争对手相比有优势、难以被竞争对手模仿或复制。从这个角度出发,公司的核心竞争力可总结为:将"以市场为导向,以质取胜"落到实处而积累并打造出的全产业链生产模式,包括从模具的设计和制造开始到零件的生产到自动化生产线的开发和生产再到产品的研发、制造和销售。该核心竞争力对客户的价值表现为可为客户提供可靠性和一致性高的产品,且可及时调动自有资源,快速应对客户需求;因公司的先进模具、零件以及自动化生产线均为内部供应,不对外销售,故在运作效率上与竞争对手相比更高效;此外,无论是模具、零件还是专用的自动化设备及生产线都需要极大的资金投入和技术积累才能达到,同时需要较强的集团管理能力和具备强烈质量意识的人员才能有效协调并充分发挥一体化产业链的优势,竞争对手短期内是很难模仿并复制的。

4.内部环境分析小结

根据上述公司内部环境分析,运用内部因素评价矩阵(IFE矩阵),分别从与公司的关联度和对公司的影响度两个维度进行量化评价,步骤如下。

①列出企业通过内部分析得出的所有关键因素,包括优势和劣势。

②根据各因素对企业所在产业中成败的重要程度,确定各个因素的权重。权重

范围为0—1,其中0表示不重要,1表示非常重要。所有因素的权重之和等于1。

③根据各关键因素对企业的影响程度对各个因素进行评分。分值为1到4分,1分表示重要劣势,2分表示次要劣势,3分表示次要优势,4分表示重要优势。

④用各个因素的权重乘以对应的评分,计算出各因素的加权得分。

⑤将各因素的加权得分相加,计算出企业的总得分。

⑥将总加权分与平均数2.5分相比较,若大于2.5分,则企业的内部状况处于强势,若小于2.5分,则企业的内部状况处于弱势,同时可确定企业主要优势和劣势。

为了得出每个因素的具体权重和评分,同EFE分析一样,本篇亦将内部环境分析得到的各因素列表后发给公司战略管理人员,首先由各参与评价者分别根据经验定出各因素的权重和得分,再根据所有评价者的评价,计算出各因素的平均权重和得分,接着所有参与评价者就评价权重和得分展开充分讨论,直至得出所有评价者都没有异议的平均数,最后得出IFE矩阵分析结果如表4.2所示。

表4.2 公司IFE矩阵分析

序号	内部优势	权重	评分	加权得分
1	继电器市场规模大,有一定的市场和品牌优势	0.10	4	0.40
2	固定资产和无形资源充足	0.11	3	0.33
3	突出的制造和生产能力、营销能力、研发能力、资本运作能力等	0.13	4	0.52
4	小而全的全产业链生产模式	0.15	4	0.60
5	高度认同的积极向上的企业文化	0.12	4	0.48
	小计	0.61		2.33

序号	内部劣势	权重	评分	加权得分
6	资源数量大,且集中于继电器业务,不易转型	0.12	1	0.12
7	产品结构不平衡	0.12	1	0.12
8	管理标准化程度不够	0.10	1	0.10
9	生产制造的国际化程度不高	0.05	2	0.10
	小计	0.39		0.44
	合计	1.00		2.77

从表中可看出,公司内部关键因素评价总分为 2.77 分,高于平均的 2.5 分,其中优势因素评价总分 2.33 分,劣势因素评价总分 0.44 分。这表明宏发股份在行业中与竞争对手相比,内部优势较为明显。其中较大优势主要是表中的第 1、第 3、第 4 和第 5 点,较大劣势主要是表中的第 6、第 7 和第 8 点。

(三)SWOT 分析

通过以上的内外部环境分析,可以得出宏发股份的优势、劣势、机遇、威胁分别如下。

(1)主要优势。一是经过 30 多年的专注发展,其继电器市场份额已达世界前列,具备一定的市场和品牌优势;二是积累了继电器行业领先的研发、生产制造、营销等能力,同时各项资产、资源充足;三是打造了继电器领域小而全的全产业链生产模式;四是形成了具有高度认同感的积极向上的企业文化。

(2)主要劣势。一是资源主要集中于继电器产业,船大难掉头,不易转型;二是产品结构不平衡,继电器产品一家独大,随着继电器进入成熟期,抗产品颠覆风险能力弱;三是各子公司管理水平不平衡,尚未形成集团统一的管理模式,不利于集团的均衡发展。

(3)主要机遇。一是"中国制造 2025""互联网＋"等国家战略的实施,为制造业向智能制造转型升级提供了红利;二是宏发股份在国际上的主要竞争者对中低端业务市场的投入在减少,甚至有退出个别中低端业务领域的趋势,对宏发股份来说是一个抢占份额、迅速扩张的机会;三是智能家居、新能源、通信等新兴配套业务预计未来会有较大需求。

(4)主要威胁。一是中国人口红利消失,人工成本增加,对像宏发股份这样的劳动技术密集型企业而言,威胁较大;二是全球主要厂商共同争夺新兴行业的高附加值配套业务;三是国内厂家多,发展势头强劲,中低端业务价格竞争日益激烈;四是替代品目前虽还不具备相对优势,但部分产品已呈现被周边产品替代的趋势,且替代品在局部应用领域的替代速度已在加快。

将以上主要因素导入 SWOT 分析矩阵,进行相互组合和匹配,得到 SO、WO、ST、WT 四种不同的战略备选方案,具体见表 4.3,以此为宏发股份的战略选择提供参考。

表 4.3　宏发股份 SWOT 分析

	优势(Strength) S1:继电器规模全球首位,具备一定的市场和品牌优势 S2:固定资产和无形资源充足 S3:继电器研发、生产制造、营销、资本运作等能力突出 S4:产业链一体化的核心竞争力	劣势(Weakness) W1:资源数量大且集中在继电器业务,不易转型 W2:产品结构不平衡 W3:子公司间发展不平衡,未形成集团统一的管理模式
机会(Opportunity) O1:"中国制造2025""互联网+"促进制造业转型升级 O2:国际主要竞争者在个别领域投入减少,国内竞争者差距较大 O3:智能家居、新能源、通信、工业等新兴配套业务预计出现高需求	SO 战略 1.充分发挥企业现有优势,把握机会,大力发展新能源、智能家居相关产品,以满足新市场、新应用的要求,继续保持继电器竞争优势 2.加大信息化与制造化相结合的投入,提升智能制造能力,以更好地适应全球新的产业变革、自动化和智能化发展需求	WO 战略 1.充分利用外部机会,通过自动化、智能化,加强管理水平 2.根据机会,重点发展新能源、智能家居相关产品,通过满足新市场、新领域、新应用的要求,优化产品结构
威胁(Threat) T1:中国人口红利消失,人工成本增加 T2:全球主要厂商共同争夺新兴行业的高附加值配套业务 T3:国内厂家多,发展势头强劲,中低端业务价格竞争日益激烈 T4:替代品已发生局部替代	ST 战略 1.充分利用自身优势,积极拓展继电器以外门类产品,以防范替代品可能发生的变革风险 2.加大信息化与制造化相结合相关技改的投入,提升效率,降低成本,以应对人工成本增加的威胁,同时提前布局制造的转型升级	WT 战略 1.加强现有继电器门类以外产品门类的发展,优化产品结构 2.强化集团管理模式的统一,通过精细化管理,提升效率,严控成本费用

(四)本章小结

本章首先通过 PEST 和波特五力模型分别分析宏发股份所面临的外部宏观环境和宏发股份所处行业的竞争情况,并运用 EFE 矩阵识别出关键的机遇与威胁,接着从资源—能力—核心竞争力分析宏发股份的内部条件,并运用 IFE 矩阵识别出关键的优势和劣势,最后基于 EFE 和 IFE 矩阵的分析结果,开展 SWOT 战略矩阵分析,得出以下结论。

第一,"十四五"期间,社会变革加速,智能家居、新能源、网络通信等新兴领域兴起,为宏发股份的转型升级和规模扩张提供了有利契机。同时,随着全球经济整体放缓,人口红利消失,行业竞争加剧、替代品已发生局部替代等,公司也将面临巨大挑战,但综合来看,公司面临的机遇大于挑战。

第二,经过 30 多年在继电器领域的专业化发展,公司虽然在企业基础管理等方面还有较大改善空间,但更主要的是打造了继电器领域绝对领先的竞争优势,综合来看具备的发展优势大于劣势。

第三,根据公司面临的机遇、挑战和具备的优势、劣势,分别匹配出 SO、WO、ST、WT 四种战略备选方案。在进行战略选择时,应把握全局,在利用优势、改进劣势、把握机遇、避开威胁中选择最优解,方能使企业不断实现新的跨越式发展。

五、战略选择与设计

（一）总体战略选择及方案设计

1. 总体战略选择

企业总体战略的类型一般包括发展型战略、扭转型战略、防御型战略和混合型战略[44]。发展型战略是企业在现有的水平上向更高一级目标发展的战略，通过开发新的产品或开拓新的市场来进一步扩张。扭转型战略是企业基本保持在目前状态和水平上的战略，以过去的产品和服务来满足社会需要，一般适用于企业内外部环境较为稳定，同时企业过去的战略是成功的，且满意于过去的经营成绩的情况。防御型战略是企业采取缩小生产规模或取消某些业务的战略，一般适用于经济衰退或产业衰退的环境。混合型战略即兼顾稳定、发展、防御的特点的战略。

结合上一章 EFE 矩阵和 IFE 矩阵的分析结果，得出公司内外部关键因素的总加权分，据此总加权分绘制成如图 5.1 所示，图中横坐标表示公司的优势和劣势，纵坐标表示公司的机会和威胁，P 点（2.69，2.77）反映公司综合的内外部因素情况。

如图所示，P 点落在右上的第一象限区间，由此可看出，公司可重点采取 SO 战略，即发展型战略。

发展型战略一般包括三种战略方案，一是密集性成长战略，指企业不断挖掘现有产品和市场的潜力，从而获得新发展；二是一体化成长战略，指企业充分利用自己的资源和能力优势，采取向经营领域的上游或下游发展，或兼并竞争对手的战略，具体有横向一体化和纵向一体化两种方式；三是多元化战略，指企业进入与现有产品不同的领域，同时发展两个及以上不同领域的产品的战略，具体包括相关多元化和非相关多元化两种。

定量战略计划矩阵（QSPM 矩阵）是在 EFE、IFE、SWOT 等分析基础上，对备选战略分别评分，以选择最优战略方案的分析模型。根据上文 SWOT 定点分

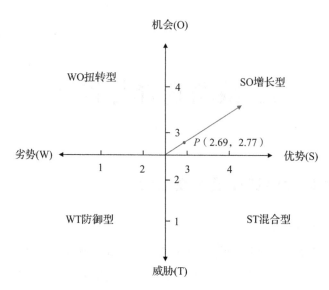

图 5.1　公司发展战略 SWOT 定点分析

析,宏发股份可重点采取发展型战略,结合公司的现状,可重点考虑两种发展战略:一是密集性成长战略,即充分利用现有产品即继电器的发展潜力来获得成长发展;二是多元化战略,即进入与现有产品继电器不同的领域以获得成长发展。以下运用 QSPM 对这两种战略备选方案进行比较,步骤如下。

①在 QSPM 表格中列出根据 EFE、IFE 分析得出的关键机遇与威胁、主要优势和劣势。

②根据对公司的重要程度给每个关键因素赋予权重,将上一章中相关因素的权重按比例转化,权重合计=1。

③确定吸引力分数(Attractiveness Scores,AS),1 到 4 所表示的吸引力不断递增,1 表示没有吸引力,4 表示非常有吸引力。

④将各因素的权重乘以吸引力得分,计算出各因素的吸引力总分(TAS)。

⑤将各因素的吸引力总分相加,计算吸引力总和并比较。

为了得出各个因素在不同战略备选方案中的吸引力评分,本篇亦将该部分需评价的各因素列表后发给公司战略管理人员,首先由各参与评价者分别根据经验定出各因素在不同战略中的权重和得分,再根据所有评价者的评价,计算出各因素的平均权重和得分,接着所有参与评价者就评价权重和得分展开充分讨论,直至得出所有评价者都没有异议的平均数,最后得出 QSPM 分析结果,如表 5.1 所示。

表 5.1　公司 QSPM 分析

项目	关键因素	权重	密集成长型战略		多元化战略	
			AS	TAS	AS	TAS
机遇	"中国制造 2025""互联网＋"促进制造业转型升级	0.06	3	0.18	2	0.12
	国际主要竞争者在个别领域投入减少,国内竞争者差距较大	0.08	4	0.34	2	0.17
	智能家居、新能源、通信、工业等新兴配套业务预计出现高需求	0.08	4	0.34	3	0.25
威胁	中国人口红利消失,人工成本增加	0.04	2	0.08	2	0.08
	全球主要厂商共同争夺新兴行业的高附加值配套业务	0.08	2	0.15	3	0.23
威胁	国内厂家多,发展势头强劲,中低端业务价格竞争日益激烈	0.08	2	0.15	4	0.31
	继电器替代品已发生局部替代	0.08	2	0.15	4	0.31
优势	继电器规模全球首位,具备一定市场和品牌优势	0.06	4	0.24	3	0.18
	固定资产和无形资源充足	0.08	4	0.31	3	0.23
	研发、生产制造、营销、资本运作等能力突出	0.07	4	0.27	4	0.27
劣势	一体化产业链的核心竞争力	0.09	4	0.36	3	0.27
	资源数量大且集中在继电器业务,不易转型	0.07	1	0.07	4	0.29
	产品结构不平衡	0.07	1	0.07	4	0.29
	子公司间发展不平衡,未形成集团统一管理模式	0.06	3	0.18	3	0.18
总计		1.00	—	2.91	—	3.18

从表5.1中可以看出,公司的关键因素对密集成长型战略的吸引力得分是2.91分,对多元化战略的吸引力得分是3.18分,略高于对密集成长型战略的吸引力得分。即从定量上分析,公司适合选择多元化的发展战略来获得成长发展。

从定性方面分析,公司的企业使命是"代表民族继电器工业在世界上争得一席之地"。多年来,公司遵循企业使命,始终专注于继电器的发展。2017年以来,宏发继电器市场占有率已连年位居全球前列,无论是市场、技术还是管理经验都有了深厚的沉淀和积累。虽然继电器的发展已进入成熟期,但作为能为多个行业配套的电子元器件,其需求仍呈一定的上升趋势,而且随着新兴配套行业的兴起,部分业务还有高速增长的机遇。公司应充分发挥现有优势,积极抓住机遇,持续扩大在继电器领域的领先优势。

宏发股份的企业精神是"不断进取,永不满足",正是这一企业精神引领公司一直以发展为第一要务,不断地向更高、更强的方向发展,所以对公司来说,发展型战略是既符合内外部环境也符合公司使命和企业精神的战略选择。

宏发股份的企业愿景是"创国际品牌,树百年企业",成为全球化的领先企业和持续发展是公司的重要发展目标。因继电器的整体市场规模十分有限,而且随着当前新一轮科技革命和产业变革的加速发展,新兴技术带来的产品颠覆风险日益加剧,单一的产品结构对于打造百年企业风险太大,多年来宏发股份一直在布局继电器以外的产品,但由于资源投入主要在继电器,第二门类产品发展缓慢,无法达到快速发展的预期。通过前期的投入,公司在继电器方面已进入收获期,后续的投入将逐渐放缓。基于目前充足的资金条件,公司可充分利用现有的技术、管理积累,借鉴继电器成功经验来发展,加速第二门类甚至第三门类产品的发展,以提高企业的抗风险能力,实现长远的持续发展。可以说在接下来的阶段,多元化发展对宏发股份来说至关重要。

为了充分了解各产品业务单位及各职能单位的现状和规划想法,由宏发股份总部负责运营管理的分管领导带头,引领总部战略管理团队对公司各业务单位负责人、职能负责人等共23位高管和2位行业专家(具体构成见图5.2)进行了访谈,访谈大纲见附录。主要是"'十四五'规划期间,我们必须解决什么问题""我们需要做出哪些改变"和"未来五年您对公司的发展有什么样的期望"。

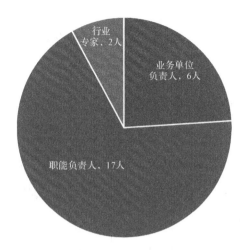

图 5.2 访谈对象构成

从公司战略管理团队对高管开展的访谈情况来看,在四个成品业务单位中,三个传统继电器业务单位在考虑增强现有继电器竞争优势的情况下,均已做了推进新门类产品的准备,各职能领域也都在思考如何支撑新门类产品的发展。行业专家也提出,当继电器业务已发展至一定程度时,如何增强公司抗风险能力、实现长期稳定的增长是宏发股份未来需考虑的重要问题,即在强化继电器优势的同时,大力发展继电器以外门类发展的多元化道路,是公司内部各单位的共识,也是符合行业发展趋势的战略方向。而对于公司未来的期望,超半数的高管均提到希望公司能朝着成为全球化领先企业和百年企业不断迈进。

综合以上的定量、定性分析及高管访谈结果,可以得出,从长远看,宏发股份可选择相关多元化的发展战略,通过拓展能充分利用现有继电器竞争优势的毗邻新门类产品,推进产品结构的调整,以实现企业转型升级。

2. 发展战略方案设计

基于以上的相关多元化战略方向选择,结合公司的业务特点,可采取如下战略和目标方案:继续保持继电器领先优势,同时借鉴继电器发展经验,积极布局与继电器毗邻的其他产品的发展,早日实现继电器与继电器以外产品二分天下的局面,使公司朝着全球化领先企业和百年企业的方向不断迈进。

业务组合是发展战略的重要组成部分,结合当前业务现状,公司相关多元化发展战略的业务组合可重点包含三大部分:一是继电器成熟产品,二是继电器新兴配套产品,三是继电器以外门类产品。另外,根据各业务特点的不同,发展方向也各不相同。

波士顿矩阵(BCG matrix)是分析企业产品组合及其发展方向的方法之一,将企业的不同产品从市场吸引力(市场增长率)和企业实力(市场占有率)的角度进行组合,横坐标表示市场占有率,纵坐标表示市场增长率[45]。结合公司目前这三大部分产品的市场占有率和销售增长率情况,可得出公司产品类型波士顿矩阵分析如图 5.3 所示。

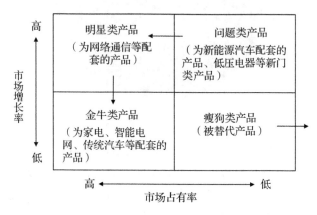

图 5.3 公司产品类型波士顿矩阵分析

第一,继电器成熟产品,如为家电、智能电网、传统汽车等配套的产品,因其高市场占有率和低市场增长率属于金牛类产品,应通过市场渗透战略以维持目前的市场份额,同时继续挖掘潜在顾客,积极参与并融入客户前端的产品设计阶段,主动贴近市场,加大定制化的发展,进一步加深与客户的战略合作关系,不断挖掘现有业务新的增长点以延缓衰退。同时,生产经营方面,应在现有生产线自动化的基础上,适度向智能化、数字化工厂发展,并在目前产品销售全球化的基础上进一步整合全球优势资源,向产品研发、生产、销售全球化发展,以进一步扩大领先优势。

第二,继电器新兴配套产品,如为 5G 通信等配套的产品,因其高市场增长率和高市场占有率属于明星类产品,这部分目前基本属于高附加值的高端产品,应加大投资,通过产品开发战略,提供新产品和服务,抢占先机。同时,另外的继电器新兴配套产品,如为智能家居、新能源汽车等配套的产品,因其属于公司后进入领域,市场增长率高,但市场占有率还有较大提升空间,属于问题类产品,基于前一章所分析的宏发股份面临的外部环境和内部条件,对该部分产品应加大投资,使其向明星类产品发展。

第三,继电器以外各门类产品。这是多元化发展战略的重点进入领域,基于公司在继电器领域的积累和沉淀,应采取相关多元化战略,即进入与现有产品在生产或市场或技术等价值链上拥有一定相关关系的新业务。

开关产品与继电器相毗邻,同属于电子元器件行业,发展经验在一定程度上可互通及相互借鉴。同时,据相关数据,开关业务全球市场容量远超继电器。目前宏发股份开关产品虽尚未形成较大规模,但已奠定了一定的市场规模基础,从其高市场增长率和低市场占有率来看,目前属于公司的问题产品,但未来开关产品是公司多元化发展战略最重要的一环,应让其向明星产品甚至金牛产品方向发展,所以接下来应加大对开关产品的投入,细分目标市场,做好产品定位,同时结合和借鉴继电器发展经验,打造自己的核心竞争力,以增强实力,使其早日从竞争红海中脱颖而出,快速发展壮大,成为可支撑公司发展的第二大门类产品。同时,也积极探索和培育其他相关电子元器件的发展,争取实现多门类产品齐头并进的局面。

第四,继电器小电流产品,由于产品准入门槛较低、价格低、竞争激烈,因此市场占有率不高。同时,该部分产品已出现被半导体、固体继电器等替代的趋势,市场增长率已整体放缓。综合来看,已属于瘦狗类产品,所以对该部分产品应采取撤退战略,集中优势资源发展利润率更高或更有发展潜力的其他产品。

(二)竞争战略方案设计

竞争战略又叫业务单位战略,属于企业战略的第二个层次,上承公司总体战略,侧重于通过打造并利用企业在某一业务领域的核心竞争力获得竞争优势,从而赢得更多市场份额的战略。波特提出了三种基本竞争战略,其一是成本领先战略,指拥有相对竞争对手最低的成本结构,从而获得定价灵活性和更高水平的盈利能力,适合于向许多顾客提供低价产品的业务。其二是差异化战略,指通过选择顾客眼中重要的独特性或区别于竞争对手的能够获取溢价的产品特性获得竞争优势,适用于向许多顾客提供独一无二的产品。其三是集中化战略,又分为集中成本领先战略和集中差异化战略。集中成本领先战略指在选择的利基市场上拥有本地化或低成本优势的成本领先战略,适用于向一群顾客提供低价产品;集中差异化战略指在选择的利基市场上创造出比一般差异化战略企业更好的满足顾客需求的独特性,适用于向一群顾客提供独特或独一无二的产品,具体如表5.2所示。

表5.2　竞争战略类型和应用

	只向一群顾客提供产品	向许多顾客提供产品
向顾客提供低价产品	集中成本领先战略	成本领先战略
向顾客提供独特的产品	集中差异化战略	差异化战略

因宏发股份属于集团公司,旗下有多家子公司,各子公司独立运营,且分别负责专门的产品类别,所以从集团角度看,各子公司可根据产品的特点采取不同的竞争战略。

因此,基于表5.2,首先,因公司继电器成熟产品的特点是向许多顾客提供低价产品,即适用于采取成本领先战略,充分运用公司在该类产品上的规模经济特点,进一步加强自动化程度,重点提高产品客户端质量和生产效率,通过提高产品性价比,获得比竞争对手更高的盈利水平,积极参与竞争,进而有效巩固并进一步拓展现有市场份额。

其次,继电器新兴配套产品目前的特点是向一群顾客提供独特或独一无二的产品,即多数为项目制或定制化的产品,应积极抓住发展机遇,重点在于保证和提高对客户及市场的反应速度,以市场为导向,设计出差异化的产品,实现跨越式发展。

最后,虽然对于继电器以外各门类的产品,公司已有一定的发展基础,但尚未形成规模,各方的资源和实力与该行业内的龙头企业相比,差距甚大。因目前尚难以在整个产业实现成本领先或差异化,故应选定某一细分市场,实行集中差异化战略,以打开市场,同时充分借鉴公司在继电器领域的发展经验,充分利用公司已有优势,加强研发能力,强化零部件质量,打造核心产品,以市场为导向,建立适合的销售模式,以快速打开市场,占据一席之地。

(三)职能战略方案设计

职能战略是企业战略的第三个层次,为企业总体战略和竞争战略服务,公司总体战略描述了企业做什么,不做什么;竞争战略描述了如何为顾客创造价值,如何应对竞争对手;而职能战略则描述了在执行公司总体战略和竞争战略的过程中怎么做,各职能部门所采取的方法和手段,具体如图5.4所示。其中主要涉及营销战略、产品技术战略、生产运营战略、信息战略、人力资源战略、财务战略等。

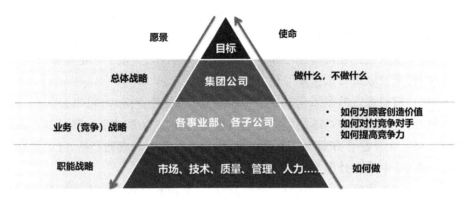

图 5.4　重点业务战略与重点职能战略相结合

根据前一章 SWOT 战略矩阵及上一节公司战略和竞争战略的制定,主要职能战略设计方案如表 5.3 所示。

表 5.3　宏发股份职能战略设计方案

项目	内容
营销战略	以市场为导向,对客户需求做出迅速反应
产品技术战略	通过技术创新引领技术发展,加强新门类产品的研发和创新
生产运营战略	以质量和效率为核心,强化产业链一体化,并打造卓越统一的内部管理模式
信息化战略	打造高效智能的办公和生产控制环境
人力资源战略	以人为本,加强人才建设,为企业发展提供智力支持
财务战略	整合集团资金资源,利益最大化利用集团资产

(四)本章小结

本章首先结合 SWOT 矩阵、定量战略计划矩阵(QSPM 矩阵)等定量分析和公司使命愿景分析、高管访谈等定性分析得出宏发股份的战略选择,接着根据选定的战略发展方向,分别设计出公司的战略及战略目标、业务组合及发展方向,最后根据战略和战略目标分别设计出公司的竞争战略和主要职能战略。本章得出主要结论如下。

第一,因优势大于劣势,机遇大于挑战,宏发股份适合选择 SO 发展型战略,公司的主要优劣势及机遇挑战对多元化发展型战略的吸引力大于密集成长发展型战略,即从定量分析可得出公司可选择多元化的发展型战略。定性方面,因继电器即将步入发展的成熟期,为实现百年企业的目标,公司必须尽早培育其他门类产品的发展,且企业内部已达成了多元化发展的共识并做了一定准备。所以,综合来看,宏发股份可选择多元化发展型战略。

第二,根据选定的多元化发展方向,结合公司业务特点,可得出公司的战略重点包括两个方面,一是继续保持继电器领先优势,二是加速继电器毗邻产品门类的发展。业务组合方面由三大模块构成,分别是继电器成熟产品、继电器新兴配套产品、继电器以外门类产品。

第三,竞争战略方面,因公司不同的产品业务由独立运营的不同的分公司负责,所以各业务的竞争战略可各有侧重,继电器成熟产品侧重成本领先战略,继电器新兴配套产品侧重差异化战略,继电器以外产品侧重集中差异化战略。

第四,职能战略方面,营销战略、产品技术战略、生产运营战略、信息化战略、人力资源战略、财务战略等均围绕对集团总体战略与各竞争战略的支撑展开。

六、战略实施与保障

公司确定战略后,需要实施,实施中需要控制或评估,才能了解战略的实施效果并确保战略的落地。战略实施是企业在确定战略方案后,付诸行动,并最终实现战略目标的过程。战略控制是指企业通过绩效考核,将战略目标与战略活动进行对比,检查企业战略实施过程中存在的问题,及时发现偏差,分析原因,纠正偏差,实现内外部环境与战略目标的统一,保证企业健康发展(见图6.1)。

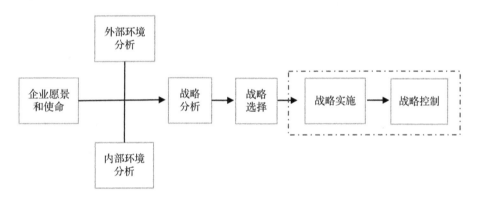

图 6.1　战略实施及控制

(一)主要的实施和保障计划

为明确各主要模块的实施和保障计划,本节主要运用战略地图分别从财务层面、客户层面、内部流程层面、学习和成长层面描述公司战略和战略目标[46]。因战略地图四个层面间的逻辑关系为企业通过持续的学习和成长打造高绩效的团队并形成强大的企业资源,进而打造高效率的内部流程,从而能给顾客提供满意的、有价值的产品,最终获得财务上的收获。根据这一思路,绘制战略地图方案如图6.2所示。

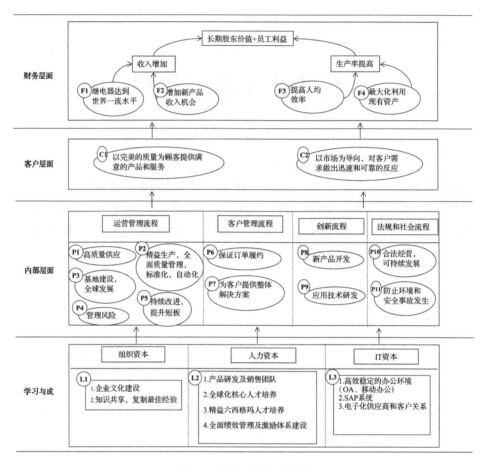

图 6.2　战略地图方案设计

通过图 6.2 可以得出公司主要实施和保障方案如下。

(1)市场营销方面,以市场为导向,细分市场,精准把握每一个细分市场的机会,继续提高继电器整体市场占有率,根据总体战略的要求,重点推进新能源、智能家居、通信等细分市场发展;探索新门类产品销售方式,打开继电器以外门类产品市场,特别是扩大宏发股份第二大门类开关产品的发展;同时,加强客户关系管理,关注客户需求变化趋势,提高客户满意度和忠诚度。

(2)产品技术方面,使产品设计与市场设计及生产的自动化设计等紧密结合,明确产品发展路线,对现有继电器产品加强创新,实现向技术引领的转变,通过新产品研发与基础工艺研发相结合,从设计源头保证产品先进性、质量、自动化程度、性价比等;对新门类产品结合市场需求,加强预研,及时改进性能以提高竞争力,从而支持公司产品满足客户层面的要求。同时健全技术管理体系,总结和推广行业技术成果,不断提高公司的技术水平。

(3)生产运营方面,以提高人均生产效率和运营效率为核心,通过推进精益管理,夯实管理基础,加强内部管理流程优化,有效发挥和协同总部、事业部、各子公司的发展,促进集团管理更加成熟,更加高效。

(4)质量管理方面,持续坚持"以质取胜",通过全面质量管理等,全面提升产品实物质量,并在继电器质量保证所取得的经验的基础上,探索继电器以外门类产品的质量保证。

(5)企业文化建设及人才保障方面,继续坚持和弘扬宏发股份特色的企业文化,总结公司特色发展理念和管理经验,让曾经做过的探索、获得的经验,变成文字化的制度予以传承并提升企业凝聚力、向心力。人才保障方面主要是加强人才建设,为企业发展提供研发、销售、精益、质量、管理等各方面的智力支持,尤其需加大新门类产品设计、销售等方面的人才;以人为本,创新管理机制,做好员工及干部职业发展多通道建设,实现企业与员工的共同发展。

(6)信息化方面,密切关注前沿信息技术和制造技术的研究成果和应用进度,持续打造高效稳定的 OA、移动办公等办公环境,依托 SAP ERP、MES 等信息系统使生产控制向智能化发展,同时积极推广前沿设计工具、项目管理工具的普遍应用,有效支撑公司各方面的发展。

(7)财务方面,打造集团财务管控平台,最大化利用现有资产,同时做好投资风险、汇率变动等的风险防控,为集团的稳健运营保驾护航。

(二)战略评价方案

为保证战略按既定方向发展,并有效落实各项实施计划,需建立合适的战略评价体系。为使战略实施和保障更具系统性,本节将在战略地图的基础上运用平衡计分卡将所描述的战略和战略目标以及各项战略实施计划,进一步分解成各项可衡量的关键指标[47-51],具体方案设计见图 6.3。

层面	战略地图	平衡计分卡			
		目标	指标	目标值	评价标准
财务层面	收入增长，效率提升	F1：继电器市场份额	营业额/市场占有率	略	略
		F2：扩展新产品业务	新门类产品占比	略	略
		F3：提高人均效率	人均劳动生产效率	略	略
		F4：最大化利用现有资产	总资产回报率/净利润	略	略
客户层面	市场导向，以质取胜	C1：以完美的质量为顾客提供满意的产品和服务	客诉投诉不良率 客诉问题闭环率	略	略
		C2：以市场为导向，对客户需求做出迅速和可靠的反应	订单交付及时率 顾客满意度	略	略
内部流程层面	卓越、高效且持续改善的内部流程	P1：全面质量管理	过程关键缺陷等	略	略
		P2：精益管理	降成本金额占比	略	略
		P3：自动化、智能化	人均劳动生产率 设备综合效率（OEE）	略	略
		P4：管理风险	无重大损失事项	略	略
		P5：持续改进，提升短板	改进项目完成率	略	略
		P6：保证订单履约率	订单交付及时率	略	略
		P7：为客户提供整体解决方案	顾客满意度	略	略
		P8：新产品开发	新产品开发计划完成率	略	略
		P9：应用技术研究	应用技术研究项目	略	略
		P10：合法经营，可持续发展	无违法违规事项	略	略
		P11：防止环境和安全事故	无违法违规事项	略	略
学习与成长层面	士气高昂且训练有素的员工	L1：企业文化建设 知识共享，复制最佳经验	员工满意度 员工离职率	略	略
		L2：产品研发及销售团队 全球化核心人才培养 精益六西格玛人才培养 全面绩效管理及激励体系建设 员工及干部职业发展多通道建设	人均工资福利 员工满意度	略	略
		L3：高效稳定的办公环境（OA、移动办公）、SAP系统、电子化供应商和客户关系	信息化效率满意度	略	略

图 6.3 基于平衡计分卡的战略评价指标方案

首先，将战略地图的四个层面分别概括为：学习与成长层面，提供士气高昂且训练有素的员工；内部流程层面，打造卓越、高效的企业，持续改善运营流程；客户层面，坚持市场导向，以质取胜；财务层面，实现收入增长及效率提升。其次，将各层面对应的实施计划目标对应到各自层面中，并结合公司的运营特点和已有的绩效指标体系选取合适的指标进行衡量。最后，综合评估各指标的重要程度和可衡量性，结合公司的绩效管理经验，得出公司以质量和效率为核心的战略评价指标体系，如表 6.1 所示。

表 6.1 公司以质量和效率为核心的战略评价指标体系方案

层面	主要指标
财务层面	营业额
	新门类营业额占比
	总资产收益率

续表

维度	主要指标
客户层面	市场占有率
	客诉不良率
	顾客满意度
内部流程层面	产品质量过程致命缺陷
	人均劳动生产效率
	设备利用效率
	应用技术研究
学习与成长层面	员工满意度
附加项	无违法违规事项、无重大风险损失事项

　　为确保各层面目标的实现,将确定后的指标和目标值逐年分解至各责任单位[52-53],进行如图6.4所示的层层分解,并制定各层级绩效考核任务书予以考核,最后通过绩效结果数据发现战略实施过程中存在的问题,及时发现偏差,纠正偏差,调整措施,以保证目标的实现。

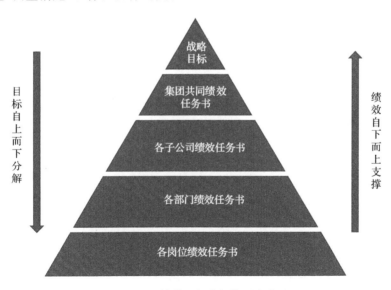

图6.4　绩效指标分解体系方案

(三)本章小结

本章首先运用战略地图,分别从财务、客户、内部流程、学习与成长四个维度诠释了战略和战略目标,得出市场营销、产品技术、生产运营、企业文化、人才、信息化、财务等各主要模块的实施计划。然后通过平衡计分卡与战略地图的结合,分别设计出财务、客户、内部流程、学习与成长四维战略指标评价体系,对战略实施予以控制,保证战略实施和保障的系统性,同时为战略的实施和落地提供有力保障。

七、结论与展望

(一)结 论

本篇以设计符合宏发股份自身特点的"十四五"发展战略为目标,结合公司的具体情况,运用成熟的战略分析和战略管理工具,从公司战略发展经验和当前战略评估、发展战略设计、战略实施和保障三个方面进行分析,得出以下结论。

首先,战略发展经验和当前战略评估方面,因企业是有个性的,不同企业的发展模式各不相同,对于宏发股份来说,30多年来取得的显著成就离不开各阶段明确的发展定位和对质量、效率和人才等关键成功因素的把握。同时多年来,公司总结和提炼出了一系列务实的指导思想,并扎扎实实落实,形成有公司特色的发展模式,助力企业稳健发展;当前战略中,"翻越门槛"和提升效率助力继电器业务打造了业内领先的优势,但"扩大门类"距离目标尚远,仍将是公司未来的核心任务之一。

其次,发展战略设计方面,通过分析得出,"十四五"期间宏发股份应对机遇的有效性大于应对挑战的有效性,与行业内竞争对手相比内部优势大于劣势,同时结合定量和定性分析,得出公司可选择多元化扩张的 SO 发展型战略,一方面继续保持继电器的领先优势,另一方面加大继电器毗邻领域产品门类的投入,加快传统继电器以外产品的发展。结合当前业务特点,业务组合可由传统继电器产品、继电器新兴配套产品和继电器以外产品三类构成,并由此可设计出符合各业务特点的竞争战略和支撑其发展的职能战略。

最后,战略实施和保障方面,通过运用战略地图对战略进行诠释,认为为支持公司的战略目标,市场营销、产品技术、生产运营、质量管理、企业文化和人力资源、信息化、财务管理都应采取环环相扣的实施计划。为确保战略实施和保障的体系化,战略评价方案上,运用平衡计分卡将各项重点实施计划分解成包括财务、客户、内部流程、学习与成长四个层面的各项关键绩效指标,并结合公司绩效管理经验,最终确定以质量和效率为核心的财务、客户、内部流程、学习和成长四维战略指标评价体系,并逐层逐年分解和考核,以及时认清和发现战略与实施计划的偏差,及时调整措施,确保目标的实现。

(二)研究局限及展望

本篇运用相关科学管理工具,开展了宏发股份发展战略设计及执行方案研究。因篇幅有限,对某一具体业务或职能未能展开深入的分析,后续希望能做相关的专题研究,以不断丰富内容。

参考文献

[1] Chandler A D. Strategy and Structure：Chapters in the History of the American Industrial Enterprise[M].Cambridge,MA：MIT Press,1962.

[2] 安索夫.新公司战略[M].曹德骏,范映红,袁松阳,译.成都：西南财经大学出版社,2009.

[3] 项保华.战略管理：艺术与实物[M].北京：华夏出版社,2001.

[4] 安索夫.战略管理[M].邵冲,译.北京：机械工业出版社,2010.

[5] 波特.竞争战略[M].陈丽芳,译.北京：中信出版社,2014.

[6] Prahalad C K, Hamel G. The core competence of the corporation[J]. Harvard Business Review,70(3)：79-93.

[7] 倪义芳,吴晓波.论企业战略管理思想的演变[J].经济管理,2001(6)：4-11.

[8] 戴维.战略管理：概念与案例(第16版)[M].北京：清华大学出版社,2018.

[9] 庄志毅,朱纲,齐东平.九十年代中国企业发展战略的基本格局：中国企业发展战略研讨会述要[J].企业管理,1989(2)：17-19.

[10] 赵玉川.我国电子元器件制造业发展的战略选择[J].国家行政学院学报,2005(4)：57-60.

[11] 王祖文,李耐和,贾鲲鹏,等.苏联/俄罗斯军用电子元器件发展历程及启示[J].中国军转民,2012(11)：17-21.

[12] 徐二明,李维光.中国企业战略管理四十年(1978—2018)：回顾、总结与展望[J].经济与管理研究,2018(9)：3-16.

[13] 孙贝贝.国内电子制造业的经营策略研究[J].时代金融,2018(5)：188-189.

[14] 高新.信邦电子有限公司企业战略研究[D].南京：东南大学,2006.

[15] 姚穗生.科胜电子科技有限公司发展战略研究[D].长沙：湖南大学,2013.

[16] 刘新星.富士康集团经营战略研究[D].北京：北京交通大学,2018.

[17] 朴景荷.韩国三星电子国际化发展案例研究[D].杭州：浙江大学,2018.

[18] 徐广德.CT电子公司发展战略研究[D].北京：北京交通大学,2018.

[19] 张祥宇.三友电子有限公司发展战略研究[D].兰州：兰州理工大学,2019.

[20] 杜晓静,沈占波.基于互联网的低技术制造企业开放式创新:机遇与策略[J].理论学刊,2014(2):71-76.

[21] 王叶玲.互联网思维下格力电器多元化发展战略研究[D].湘潭:湖南科技大学,2017.

[22] 孙平."互联网+"时代 HC 公司战略转型研究[D].北京:首都经济贸易大学,2017.

[23] 邓于君,蒋佩衿."互联网+"背景下广州制造业服务化转型升级的动力机制、面临问题及策略建议[J].广东行政学院学报,2018(5):83-89.

[24] 余菲菲,高霞.产业互联网下中国制造企业战略转型路径探究[J].科学研究,2018(10):1770-1778.

[25] 黄宏磊.传统制造企业互联网战略转型路径研究[J].商业经济研究,2018(24):105-108.

[26] 苏海斌.SL 电子元器件公司企业战略研究[D].上海:上海外国语大学,2019.

[27] 皮尔斯二世,鲁滨逊.战略管理:制定、实施和控制[M].王丹,史剑新,高玉环,译.北京:中国人民大学出版社,2005.

[28] 刘冀生.企业战略管理[M].北京:清华大学出版社,2003.

[29] 杨丽,孙国辉.战略执行影响因素研究[J].中央财经大学学报,2009(5):48-52.

[30] 冉立平.建筑企业平衡记分卡导向型战略实施研究[J].建筑经济,2009(2):115-118.

[31] 德鲁克.管理的实践[M].齐若兰,译.北京:机械工业出版社,2006.

[32] 孙玉兰.企业战略绩效评价:回顾与展望[J].商,2015(29):14-15.

[33] 王化成,刘俊勇.企业业绩评价模式研究:兼论中国企业业绩评价模式选择[J].管理世界,2004(4):82-91.

[34] 卡普兰,诺顿.平衡计分卡:化战略为行动[M].刘俊勇,孙薇,译.广州:广东经济出版社,2004.

[35] 徐海波,林艳晶.利益相关者绩效评价模式探析:基于绩效三棱镜与平衡计分卡的比较[J].财会通讯,2010(12):37-39.

[36] 伍洋.企业价值管理(VBM)研究[J].商讯,2019(15):81-82.

[37] 潘洪亮.企业战略绩效评价应用与发展综述[J].商业会计,2011(17):4-5.

[38] 李翔.企业战略绩效评价研究[D].大连:大连交通大学,2013.

[39] 金,莫博涅.蓝海战略[M].吉宓,译.北京:商务印书馆,2005.

［40］希特,爱尔兰,霍斯基森.战略管理:概念与案例(第10版)［M］.刘刚,吕文静,雷云,等,译.北京:中国人民大学出版社,2012.

［41］波特.竞争优势［M］.陈小悦,译.北京:华夏出版社,2005.

［42］斯达克.产品生命周期管理［M］.杨青海,俞娜,李仁旺,译.北京:机械工业出版社,2008.

［43］王再平.资源、能力与企业核心竞争力研究综述［J］.经济纵横,2007(3X):85-87.

［44］中国注册会计师协会.公司战略与风险管理［M］.北京:经济科学出版社,2011.

［45］王双.波士顿矩阵的运用［J］.企业改革与管理,2001(8):30-31.

［46］卡普兰,诺顿.战略地图:化无形资产为有形成果［M］.刘俊勇,孙薇,译.广州:广东经济出版社,2005.

［47］卡普兰,诺顿.平衡计分卡:化战略为行动［M］.2版.刘俊勇,孙薇,译.广东:广东经济出版社,2013.

［48］卡普兰,诺顿.战略中心型组织［M］.上海博意门咨询有限公司,译.北京:中国人民大学出版社,2008.

［49］邓小军,韩惠丽,邓建平.战略评估探析［J］.现代管理科学,2006(12):26-27.

［50］王莹.基于平衡卡的企业绩效管理［J］.经管研究,2013(5):104-107.

［51］赵志明.如何有效实施战略绩效管理体系［J］.企业管理,2005(3):98-100.

［52］付强.论战略导向下BSC与KPI在绩效管理中的结合应用［J］.经管空间,2006(2):53-55.

［53］黄明劼.企业战略绩效管理的主要方法及应用［J］.轻工科技,2016(8):130-131.

附　录
"十四五"规划聚焦式访谈大纲

一、"十三五"回顾

1.在"十三五"期间,×××都开展了哪些重要的工作? 分别与"十三五"规划中哪些内容相呼应? 哪些达到规划的目标? 哪些尚未达到?

2."十三五"期间,×××做出的最重大的决策是什么?

3.哪些事对您产生很大的影响,甚至改变了您最初的想法或感受?

4."十三五"期间,公司哪些项目进展比较顺利? 为什么顺利? 从这些项目中学到哪些经验? 这些经验是否为公司成功的关键要素(或核心竞争力)?

5.哪些项目进展比预期困难? 为什么? 主要问题表现在哪些方面? 如何去克服? 与竞争对手相比,您认为公司目前的劣势是什么? 这些劣势后续如何应对(规避还是改善)?

二、"十四五"规划

1.您认为公司所处行业未来的发展趋势是什么? 这些变化将给公司×××领域带来哪些重大影响? 机会有哪些? 挑战有哪些? 应如何抓住机会和应对挑战?

2."十四五"规划期间,公司必须解决什么问题? 需要做出哪些改变?

3.未来五年您对公司的发展有什么样的期望?

4.根据您想完成的目标,您认为组织中对您最有帮助的是什么? 为了实现下一步的关键行动,您认为需要哪些资源?

第四篇

厦门金波公司工程技术岗位人员
胜任能力诊断与提升研究

肖明星[*]

* 肖明星,男,福建安溪人,杭州电子科技大学 MBA 毕业,高级经济师、一级人力资源管理师、一级劳动关系协调师、二级心理咨询师。2008 年 3 月加入厦门宏发电声股份有限公司,现担任厦门宏发电声股份有限公司本部、漳州宏发电声有限公司人力资源总监。担任福建省人力资源和社会保障厅创业指导导师、厦门集美区人力资源协会副会长、闽南师范大学商学院院长助理(挂职)、南昌理工学院客座教授等社会职务。曾获得全国 MBA 管理案例大赛全国总决赛团体季军及区域赛团体亚军、福建省金牌劳动关系协调员、杭州电子科技大学 MBA 教育中心特殊荣誉奖、杭电—宏发经济管理高级研修班优秀学员、长泰县十佳企业文化建设先进个人、宏发股份党委优秀共产党员和宏发股份先进干部等荣誉。

一、绪　论

（一）选题背景

工程技术岗位对于制造型企业具有无可替代的重要性。人才资源是任何组织的第一资源，也是组织实现可持续发展的第一保障。对于制造型企业来说，工程技术人员的重要性毋庸置疑，研究工程技术人员的胜任特征，建立模型并进行诊断和提升，对制造型企业具有重要的作用。一方面，工程技术人员对制造型企业具有无可替代的作用，现场工艺技术问题的解决、产品质量的提升、工艺技术的提升、设备改造的开展等，都需要工程技术人员主导；另一方面，尽管每年有几百万的大学毕业生，其中工科专业毕业的学生，如机械设计制造及其自动化、电气工程及其自动化等相关专业学生也占据了相当大比例，但真正愿意到制造型企业从事工程技术工作的人员数量却呈下降趋势。因此，对制造型企业的工程技术人员胜任特征建立模型并诊断提升，对于选拔、培育、使用、留置工程技术人员，具有现实意义。

对企业的成长绩效来说，系统性的、规范化的人才培养培育能促进企业成长绩效的有效提升，反之，无规划的人才使用会制约企业的成长绩效。由于中国改革开放的时间尚短，加上几千年传统文化的影响，不少企业在实际工作中，并未有效开展系统性、规范化的人才培养。即使是有些企业已经建立了一套人才培养体系，但在实际执行中仍有不少问题，甚至不少只是停留在文件层面，并未真正地使用执行。

国内外学术研究中，对于能力、胜任能力、胜任能力测评及提升的研究相当丰富，且从理论和实践应用两方面都有成果的展现，形成了相对较好的研究体系。但不少的研究仍是以国外企业案例为基础，相对来说，国内研究体系仍较欠缺，理论基础仍不完善。虽然这几年以来，在国外研究和实践经验的基础上，我国学者、企业实践专业人员结合我国企业的具体情况进行了专门的研究，也取得了一定的理论与实践成果，但操作性、理论高度性等与实践需求、国外研究成果相比仍具有一定的差距。

金波公司是厦门宏发电声股份有限公司(以下简称宏发股份)的子公司,是一家资金密集型且高度自动化的公司,其主营业务为集团内部配套零部件,原为宏发股份控股子公司,但宏发股份长期未参与经营,由第二大股东实际经营。随着宏发股份的发展和对零部件质量、售后服务要求等的提升,金波公司近几年未能跟上宏发股份发展的步伐,已成为制约宏发股份成长的一个重要影响因素。为促进整个集团的发展,2014年宏发股份全资收购金波公司,将其经营班子全部更换为集团派驻干部,并对金波公司的战略定位重新梳理,明确其为集团内部关键零部件的主要供应商,除了满足集团各企业生产经营所需要零部件产品,还需承担集团新品研发、战略产品研发的零部件供应。为实现集团下达战略目标,金波公司必须加速发展,在产品研发、工艺技术提升、产品质量提高、自动化推进等方面全面发展。这其中,工程技术人员将发挥关键性作用。因此,公司希望设计一个科学、能快速培养工程技术人员的方案,以提升工程技术岗位胜任能力。

因为历史原因,金波公司工程技术岗位人员存在学历不高、能力水平不足、积极性不高、所具备能力与公司需求差距较大等情况,对于该如何提升自身才能满足公司发展需求和自身胜任力提升发展,从技术部门干部到工程技术岗位人员均较为迷茫。此时,需要设计一套科学的胜任素质模型、人才评估及提升计划的方案,以促进公司的发展。

本篇通过对金波公司工程技术岗位的分析,从公司生产经营状况、岗位职责、岗位专业知识、技能知识、通用知识需求等入手分析,提出依据工程技术岗位胜任素质模型,对金波公司工程技术人员岗位胜任情况进行诊断,得出诊断报告,明确金波公司现在工程技术岗位胜任能力情况的关键问题,结合关键问题和实际情况,设计出能力提升方案并实施。

(二)研究目的与意义

1. 研究目的

本篇旨在深入分析金波公司工程技术岗位胜任能力提升的需求,通过建立诊断模型对其胜任能力所面临的问题开展诊断,以针对性地提出一套符合金波公司实际需求和具有较高可操作性的胜任能力提升方案。

2. 研究意义

(1)理论意义

通过在制造型企业引入胜任能力概念,建立工程技术岗位的胜任能力模型,并对现有人员进行诊断,提出提升计划,能开拓胜任能力理论研究内容,并深化胜任能力在电子制造型企业方面的实践应用。同时,有利于构建胜任能力模型的理论体系,进一步补充胜任能力的有关理论研究。

(2)实践意义

首先,帮助金波公司工程技术岗位人员提升能力,促进公司经营目标的达成。通过胜任能力提升,帮助金波公司工程技术人员提升各方面能力,进而促进公司生产经营目标的达成,也为金波公司培养一批符合公司需要的人才,提高人才培养效率。

其次,有助于金波公司明确工程技术岗位的胜任能力要求。通过建立金波公司工程技术人员的胜任能力模型和诊断体系,用科学方法并经实践验证确定工程技术岗位的胜任标准,为制造型企业工程技术人员的培养和进一步提升发展提供参考。

最后,有利于为金波公司工程技术人员的胜任力提升提供参考。对工程技术岗位胜任能力的诊断有助于工程技术人员的自我认识,同时通过诊断发现自己的优势和不足,找到工作能力改善方向,及时调整、明确自己提升胜任力的措施。

(三)研究内容、思路与方法

1. 研究内容

本篇以宏发股份下属全资子公司金波公司工程技术岗位为研究对象,主要研究内容包括以下三个方面。

(1)岗位胜任能力需求分析

分析金波公司历史发展状况和生产经营情况,结合岗位职类划分情况,通过岗位职责分析,提炼工程技术岗位核心能力素质、通用能力素质和专业能力素质,并对这些能力进行分解、分级和建立行为标准,进而得出金波公司工程技术人员胜任能力素质表和胜任素质模型。

(2)胜任能力问题诊断

通过分析现有工程技术人员情况,运用多种方法,包括理论专业知识考试、实践技能考核、满意度调查、工作汇报答辩、相关人员座谈等,对金波公司现有工程技术人员能力进行诊断,分析提出目前存在的主要问题,并分析产生这些问题的原因。

(3)设计岗位胜任能力提升方法

综合运用人力资源管理理论及人力资源各模块专业知识,研究提出金波公司工程技术岗位胜任能力提升方法。针对胜任能力问题诊断中的关键问题,提出符合实际且行之有效的提升方案,并对提升方法实施过程中可能存在的问题进行分析和提出解决思路。

2. 研究思路

本篇将紧紧围绕金波公司实际情况,结合科学的胜任能力素质模型,对金波公司工程技术岗位胜任能力需求进行分析,进而对面临的问题开展诊断,最终提出胜任能力提升方案。具体研究思路模型如图1.1所示。

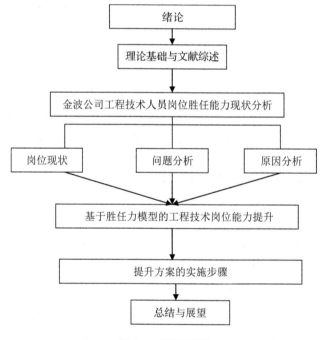

图1.1 研究思路

3. 研究方法

本篇采取的研究方法主要有以下几种。

(1)文献研究法。在研究过程中,笔者阅读了大量关于胜任能力理论、胜任能力素质模型建立、胜任能力诊断、胜任能力提升、胜任能力诊断结果应用等方面的书籍、报刊、学者论文等资料,从理论上和实践观点上深化课题研究。

(2)关键事件技术和半结构化访谈法。本篇在分析总结金波公司工程技术岗位胜任能力需求时,采用关键事件技术、行为访谈和结构化访谈等多种方法相结合的研究方法,对金波公司技术、生产、质量等相关岗位管理人员进行访谈,从而确保分析结论的有效性、客观性和真实性,为后期分析和解决方案的提出奠定现状基础。

(3)问卷调查法。本篇在文献研究和相关案例研究基础上,通过对金波公司技术、生产、质量等部门主管的半结构性访谈,确认问卷的最终形式,从而保证了问卷的科学性、针对性及数据结果的客观性、全面性,为下一步的实证研究做好铺垫。

(4)案例研究法。本篇选取金波公司作为研究对象,通过分析企业的未来发展规划、生产经营情况、人力资源状况、工程技术人员队伍状况,重点解读其工程技术岗位胜任情况,构建一套适用于金波公司的工程技术岗位胜任能力模型、诊断体系及其能力提升方案,希望该能力提升方案对于其他企业具有参考意义并可参照借鉴。

(5)调查研究法。为了能建立一套与金波公司所在的行业特点和工程技术岗位特征较为一致的胜任能力模型和诊断体系,并设计出适用的胜任能力提升目标和方案,笔者阅读大量公司资料,深入公司多个部门开展实地考察和调研,搜集第一手原始资料,整理分析并总结后应用于本篇。

(四)创新点

本篇根据金波公司生产经营特点、目前实际情况和未来中长期的发展规划,在以往专家学者和实践人员研究的基础上,希望实现以下两个方面的创新:一是胜任能力提升需求的提出过程经过了比较充分的讨论验证,包括公司的经营需要、相关人员的头脑风暴讨论、工程技术人员的问卷调查等,更为全面、动态,同时结合了公司经营战略情况、企业文化价值等因素,研究出的提升需求更符合企业情况,也更具可操作性。二是胜任能力提升的解决方案,不是单纯地依靠培训来解决,而是密切联系企业实际,通过培训、工作答辩、软件引进学习、组织形式变革等方式,多方面、系统地提升胜任能力,也更立体化。

二、理论基础与文献综述

本篇主要在宏发股份全资子公司金波公司战略转型背景下,通过一系列的分析研究,建立工程技术人员胜任能力模型,而后根据多种方式开展分析,得出胜任能力提升需求并开展提升工作。所以,本篇的理论基础一方面是胜任能力相关理论,另一方面是胜任能力提升的方法。相关理论和文献的整理,也将聚焦在这两个方面。

(一)相关概念

1. 工程技术人员

关于工程技术人员的定义,不同的组织有不同的范围和理解。一般认为,工程技术人员是指拥有特定的专业技术(不论是否得到有关部门的认定),并以其专业技术从事专业工作,并因此获得相应利益的人。普遍认为包括:取得工程技术职务资格,已被聘或任命工程技术职务,并担任工程技术工作的人员;无工程技术职务,但取得工程技术职务资格或从大学、中专理工科类专业毕业,并担任工程技术工作的人员;未取得工程技术资格或学历,但实际担任工程技术工作的人员;已取得工程技术职务资格或从大学、中专理工类专业毕业,在企业(单位)中担任工程技术管理工作的人员。包括:总工程师、车间主任,以及在计划、生产、安全、设计、工艺、工具、动力、基建、环境保护等科室从事工程技术管理工作的人员。具体来说,指在企事业单位中从事生产技术工作的人员,如产品开发设计工程师、机械设计工程师、电气设计工程师、工艺工程师或工艺设计工程师、设备工程师或设备开发工程师等。

2. 胜任能力

"胜任能力"这个概念最早由哈佛大学教授戴维·麦克利兰(David McClelland)于1973年正式提出,是指能将某一工作中有卓越成就者与普通者区分开来的个人的深层次特征,它可以是动机、特质、自我形象、态度或价值观、某领域知识、认知或行为技能等任何可以被可靠测量或计数的并且能显著区分优秀与一般绩效的个体特征。但有的学者从更广泛的角度定义胜任力,认为胜任力包括职业、行为和战略综合三个维度。职业维度是指处理具体的、日常任务的技能;行为维度是指处理非具体的、任意的任务的技能;战略综合维度是指结合组织情境的管理技能。经过发展,一般认为胜任能力(国内有的翻译为胜任素质,也有的翻译为能力素质)具体是指员工完成某一项目标或任务过程中所表现出来的能把该项目标或任务很好完成的所需要的各项能力的综合,它既包括知识、技能,又包括其他的一些内在素质,如职业素养、特质等。

(二)胜任力相关理论

1.冰山理论

麦克利兰提出"冰山模型",并指出每个人的个体素质均可看成是一座冰山,且可被分为两个部分:一部分是外露的、可观测的,即处于"冰面之上的";一部分是隐藏的、难以被测度的,即处于"冰面之下的"。外露且可观测的部分是外在素质,包括学历、知识、技能等,可以被评估观测,并可通过学习和培训进一步发展。不可观测到的部分即个体的内在素质,包括自我价值认知、特质等。这些素质相对难以改变,具有一定的稳定性,但是对于个体发展具有决定性作用。

2.洋葱理论

理查德·博亚特兹(Richard Boyatez)进一步研究了"冰山理论"并提出"洋葱理论"。洋葱理论将个体素质具象化,形成可测度个体所有素质的模型。洋葱模型将胜任力从里到外依次划分,包括动因、性格、自我价值认知、价值观、社会角色认知、态度反馈、知识、技能。越靠外,越容易改变和培养;越靠内,越难以改变和衡量。将洋葱模型与冰山模型进行对比,最内层胜任力大致对应冰山最靠下部分,最外层胜任力大致对应冰面以上部分。两个模型的核心相同,都将核心素质视为个人综合素质衡量不可或缺的部分,重视对核心素质的评估,这将更为准确地判断出个体的长期综合表现。但两个模型又有所区别,洋葱模型是冰山模型的进一步拓展,更能体现出胜任力的层次划分,能够将个体素质之间的关系更清晰地展现出来。

(三)胜任力模型与应用

1.胜任力模型的构成因素

胜任力模型(competence model)是用一系列的行为对员工完成某些岗位所需具备的知识技巧和能力等进行描述,对不同层次的能力进行定义和描述,进而确定员工完成指定工作所需要的一系列能力。这些行为是可衡量、可观察的,而且能够对员工个人的工作成果和企业整体绩效产生重要影响。总体而言,胜任力模型是对员工胜任力进行识别的重要方式,具有以下三个特点。

(1)和所在行业匹配。胜任力模型对员工在某个岗位上所需要的能力进行描述时,和这一岗位所处的行业是息息相关的。所反映的是整个行业对人员的素质要求,包括完成工作所需的一系列能力和综合素质。

(2)具有企业特色。胜任力模型不仅是对某一个岗位员工所需要的能力和素质进行描述,而且这种描述是非常精准的,和企业文化和企业特征相匹配。不同企业的同一岗位所需的胜任力是不同的,因此,胜任力模型倾向于结合企业特色,对员工从事某一岗位工作所需的能力和素质进行描述。

(3)具有阶段性。同一企业同一岗位在不同阶段对从事这一岗位的员工的胜任力要求是不同的,因此,胜任力模型对员工从事岗位的能力描述不是一蹴而就的,而是在不断变化的。随着企业的发展和整个企业经营的背景发展不断变化,如果企业的经营策略和战略发生变化,胜任力模型也会随之发生调整。

胜任力模型能够让员工更加清楚完成这一岗位的工作需要具备哪些能力和素质,因此能够帮助员工和企业提升绩效。在针对岗位构建胜任模型时,需要从以下四个方面入手。

第一,胜任力模型必须围绕企业战略展开,企业经营管理过程当中的所有事项最终目标都是实现企业战略。因此,对企业岗位进行胜任力描述时,需要结合企业的战略和未来发展目标进行。结合企业所处的背景和经营的阶段,不同阶段的企业进行胜任力模型建设时的侧重点是不同的。比如初创期的企业需要管理者亲力亲为,而规模化经营需要管理者学会劳动分工。

第二,对绩效考核标准进行客观公正的定义。需要对企业的经营目标进行细化分解,将企业宏观的战略目标层层分解到员工个人头上,帮助岗位建立科学细化的绩效考核体系。

第三,结合企业所处的行业特征和业务特点进行胜任力模型的构建。提升胜任力模型的适配性,就需要结合企业所处的行业特征。不同企业的同一岗位对员工的要求是不同的,因此,需要结合企业自身的业务流程特点。

第四,和人力资源管理现状相匹配。胜任力模型是为了提升企业人力资源管理的效率和效果。胜任力模型的建立是在人力资源管理整个流程体系之下进行的。因此必须提升胜任力模型和其他人力资源管理环节的适配程度,才能改善胜任力模型在企业内部的适配性。

2. 胜任力模型的建立流程

胜任力模型的构建大致可以分为两个环节:信息收集和准备环节,模型的开发、验证和修正环节。

(1)信息收集和准备

为了使得胜任力模型和整个企业相匹配,首先应该在企业内部成立专门的胜任力模型开发小组。胜任力模型开发小组主要由企业的中高层管理人员、人力资源部门人员、部门领导等专业人士组成。管理人员主要是从企业长远发展战略和目标角度出发,为整个胜任力模型的构建提出原则和要求。人力资源部门人员和外部人力咨询专家主要从人力资源管理的专业角度提供支持,各个部门的负责人从岗位具体工作内容和工作情况出发,进而提出切实可行的胜任力模型。在构建专业的胜任力小组之后,还应该对各个岗位进行分析,分类胜任力模型的构建首先需要对各个岗位的工作内容和职责进行深入了解,进而开发胜任力模型,最大程度规避风险。

(2)模型的开发、验证和修正

为了使得胜任力模型科学合理,并且和企业现状相匹配,需要经过访谈和调查等一系列过程。首先应该对各个岗位所需的具体的绩效标准进行定义,结合部门领导对这一岗位的了解和这一岗位的实际工作内容,制定科学可衡量的绩效标准。在定义绩效标准的基础之上,选取分析样本,获得样本当中有关这一岗位胜任特征的资料,通常采用的方法包括问卷调查、评价中心等,在对这一岗位的样本进行详细分析的基础之上,建立胜任力模型。初步建立胜任力模型之后,通过交叉验证等方式,对这一模型不断进行修正。

建立胜任力模型之后,基于这一模型进行招聘时,需要判断候选人是否符合胜任力模型的要求。可以通过人才评测进行衡量,主要包括心理测试、笔试、无领导小组等。其中通过心理测试可以真实客观地反映候选人的能力和心理稳定性,心理测验的开发需要有大量数据作为支撑,企业自身并非专业的心理测验开发组织。因此,大多数企业在招聘环节采用的是较为成熟的心理测验调查问卷。除此之外,通过无领导小组等常用方法,也可以判断候选人的心理素质和综合能力。

(四)国内外研究进展

彼德·德鲁克在 1954 年首先使用了"人力资源"这一概念,对管理学的发展起到了非常大的影响。60 多年过去了,这一概念不仅在理论上有了完善和发展,在实践中也得到检验和发展。胜任能力是一种在最近几年研究与应用都较为广泛的人力资源管理方法,它的研究对象是在组织中某个特定岗位工作中表现优异的员工,通过分析这些员工的行为或个人特质,将之视为要做好该岗位工作需具备的能力或素质,并建立这个岗位的胜任能力模型。它的结果应用较为广泛,包括对拟招聘人员的选拔或评估、员工个人发展规划,甚至也会在薪酬调整或者晋升等环节予以应用,促进组织中人力资源发展,提升人力资源管理工作的水平。

胜任能力概念的提出,可以追溯到科学管理之父泰勒(Taylor)。他所进行的"时间—动作研究",就是对胜任能力的分析和探索,它的目的是提高组织效能,方式是分析胜任能力的组成,并通过调配或发展活动来提高。但当时对胜任能力的概念并没有很明确的定义,而且当时对胜任特征的理解仅仅停留在劳动者表层的特征上。

1. 国外研究现状

胜任能力在国外的研究较早,较为系统且具有实操性。通过对近几年文献的研究分析,笔者发现,国外的研究方法,不是通过单一的方法研究的,而是特别强调胜任能力素质与其服务的组织绩效的关系,并通过回归分析等数学分析方法予以验证。

佩鲁(Perroux)指出,胜任能力与企业或个体的绩效关系越来越复杂,这主要是因为绩效的预测虽然一定程度上会受到个体胜任能力的影响,但还有其他因素或变量会介入,比如客观环境的变化,或者其他非个体胜任能力变量[1]。

克鲁格曼(Krugman)经过一系列的分析研究后认为,组织中员工的胜任能力模型组合是组织不可或缺的竞争力因素,也是组织区别于其他组织的核心因素之一。只要识别了某个员工的胜任能力,则建立在这个胜任能力模型基础上的人力资源系统,是可以使该员工掌握这些胜任能力的[2]。

伦德纳(Lendner)和道林(Dowling)在做了充分调研和分析后,提出了胜任能力是一种认知性倾向,但这种认知性倾向只能是在指定的某个环境下、在具体的领域内,同时为了完成某项具体的任务才可拥有[3]。

霍尔门(Holmen)和雅各布森(Jacobsson)向各类型组织中的人力资源管理

者和组织的人力资源顾问发放了问卷,对回收的问卷经过大量的数据分析后,构建了人力资源从业者的胜任能力模型。研究分析出了人力资源从业者的胜任能力包括三个方面:一是行为性的胜任能力,二是商业性的胜任能力,三是技术性的胜任能力。同时,采用因子分析法等方法,提出了 12 个维度的胜任能力域和103 个胜任能力要素[4]。

2. 国内研究现状

因为历史原因,国内对胜任能力的研究是从 20 世纪 90 年代才开始的,晚于国外比较长一段时间。我国学者或企业实际应用人员对"competency"有不同解释,其中以王重鸣为代表的专家学者认为翻译为"胜任能力"或"胜任力"较为合适;但也有其他专家学者或人员对其有不同的翻译,其中以时堪为代表的专家学者翻译为"胜任能力特征"或"胜任能力素质"。在研究早些时候,在我国专家学者或企业实际应用人员对岗位胜任能力或胜任能力模型的实际研究中,大多数研究偏重于理论定义、实施步骤或模型建立,比如对胜任能力发展状况的研究、对胜任能力定义的界定、构建岗位胜任能力的实施步骤或方法研究等,而对于具体某个岗位或职位,如中高层管理者或基层员工应该具备什么样的具体胜任能力素质,对于同岗位不同层级人员、同层级不同岗位人员、同岗位同层级不同资历人员的胜任能力模型构建的方法以及诊断方法研究较少涉及。近几年来,随着国内学术研究形势和实际应用的发展,对实际应用的研究逐步多起来,呈现出了理论研究与源自实践的应用研究相结合的良好局面。

通过对国内理论研究或实践应用情况的分析,笔者发现,国内不管是理论专家学者,或者是企业实际应用的研究人员,都将主要研究方向逐步放到实际应用上面,并用理论指导实践,同时以实践丰富理论研究,两者相辅相成,使国内在胜任能力模型研究方面呈现了风采多样、相互促进的格局。

王永利提出,胜任能力特征的构成可以通过三种方法得出:一是理性主义方法,主要通过工作分析得出;二是解释方法,以现象学为基础;三是建立在某个特定情境中的具体方法[5]。庄西真的研究重点则是中层干部的胜任能力,他利用问卷调查和个别访谈法,在国有企业中开展研究[6]。田小平研究并建立了组织中高层管理者的胜任力模型,他认为职位等级不同,其所需要的胜任能力结构也是不同的[7]。江玉印和李小妹则创新了应用研究方法,根据我国企业特点,创立了与之相适应的胜任能力模型构建方法,一个是五步法,另一个是两部分法,但两个方面在实际应用中是不同的,其组织形式也是有差异的[8]。裴建娟运用了关键行为事件访谈,把家族企业的高层管理者作为研究对象,搭建了家族企业高层管理者的胜任能力模型。同时,他们通过查阅大量资料,分析了国内外在这个领域研究结果的差异[9]。罗君构建了制造型企业中高级蓝领的胜任能力模型,她以高级蓝领为研究对象,通过运用因素分析方法以及非参数检验的方法,提出实施模型的一般原则[10]。

李盛宇从3个维度10个因素建立模型[11]。代伟重点对怎样建立以胜任能力为基础的新型人力资源管理体系进行了研究,提出了具体措施[12]。程文等人在分析了传统的员工素质提升模式的问题点之后,提出了基于岗位胜任能力评价的素质提升模式,指出应该把能力评价放在素质提升以及人才发展链条的起点,将传统"培训(或其他手段)—评估—改进"的过程转变为"评价—培训(或其他手段)—提高"的过程,科学、有效、系统地促进素质提升与人才发展[13]。黄勋敬和龙静以集成工程师为研究对象,建立了集成工程师胜任能力模型,并设计了基于胜任能力模型的能力提升框架体系,并落实途径和方法[14]。阳辉按照"干什么、会什么,缺什么、补什么"的理念,理清工作职责、培训、评价、能力提升之间的各自内涵及其逻辑关系,建立了以岗位胜任能力为核心的培训评估工作[15]。杨伟珊以南方电网岗位胜任能力人才培训与评价体系为基础,以技能人员评价为抓手,针对集中式评价中存在的问题,创新性地开展了"模块化岗位胜任能力评价体系"课题研究,在人才评价方面做出有益探索,在客观性和准确性方面有所创新,同时优化了人才评价体系,为公司发展提供质量高、数量足的人才储备[16]。

3. 文献评述

综合上述研究成果,可以看出,国内学者早期对胜任能力及胜任能力模型的研究存在局限性,比如研究较为抽象的理论或者名词定义,没有结合实际情况,包括具体的国情、社会发展阶段、各组织的不同发展阶段或不同特征,也没有与实际具体岗位开展分析诊断或者分析。但随着在具体组织中的实际应用日益增多,理论联系实践、应用于实践的情况越来越多。本篇对胜任能力、胜任能力测评、胜任能力提升的研究是根据具体组织、特定岗位、指定阶段开展的。本篇通过理论研究和实践验证,期望能改善金波公司的人才培养方式,从而推动金波公司人才培养绩效的提高。除此之外,对工程技术岗位胜任能力的诊断和提升进行研究和优化,还能够针对我国的具体国情,提出改善我国制造型企业人才培养的重要建议,促进制造型企业人才培养的科学化和规范化,有效提升制造型企业的实际竞争力,保证其在激烈的竞争环境中保持领先,形成持续发展的不竭动力。

三、金波公司工程技术人员岗位胜任能力现状分析

本章通过查阅金波公司大量的历年生产经营情况资料、对公司进行实地调研、组织多场各层级座谈会，以及开展多次问卷调查等，力图更加全面地了解金波公司工程技术人员胜任能力提升的背景状况，同时较为全面地介绍了金波公司的发展历程，为构建金波公司工程技术人员胜任素质模型和胜任能力需求分析提供背景情况，并利用归纳法、推导法和修订法，分析了工程技术人员的岗位职责、专业知识、专业技能和通用能力要求，并与相关部门人员进行多次沟通和访谈后，提出了金波公司工程技术人员胜任素质模型，明确了工程技术人员岗位胜任能力需求。

（一）公司概况

1. 公司简介

金波公司是厦门宏发电声股份有限公司的子公司。宏发股份于1984年在厦门成立，目前已经是全球最大的继电器制造商，建成了产品门类最齐全、配套体系最完整的产业体系。目前，宏发股份在厦门、四川德阳、浙江舟山建立了三大区域研发生产基地，产品主要以继电器为主，也包括了继电器产业链，如精密零件及自动化设备；同时，还发展了相关门类产品，如低压电器、高低压成套设备和电容器，其产品应用领域广泛，包括了工业、能源、交通、信息、生活电器、医疗、航空航天等。在技术研发与制造方面，宏发股份以国家认定企业技术中心为平台，设有博士后科研工作站以及院士专家工作站，如今已发展成为全球先进、国内顶尖的继电器科研生产基地。宏发股份不仅仅是继电器的生产基地，从继电器产业链着手，其业务领域包括了继电器的产品研发设计、模具制造、继电器所需要的零件制造到继电器的自动化成品装配生产线，甚至包括了继电器的产品在线检测。尤其是继电器的产品检测，宏发股份检测中心是国内最大的、权威的继电器检测与分析实验室，通过了德国电工委员会、美国保险商实验所、中国合

格评定国家认可委员会等国内外机构的认证,同时也是美国保险商实验所在元器件方面重要的战略合作伙伴。宏发股份始终坚持"以市场为导向,以质取胜"的生产经营方针,拥有一整套完整的质量保证体系,产品系列通过美国 UL/CUL、德国 VDE 和中国 CQC、CCC 等国际安全认证。在质量管理过程中,宏发自成立以来,一直坚持先进的质量理念,并持续完善质量管理体系,实际工作中不断推进产品过程质量控制与检测,逐步强化生产供应链管理,致力于为每个客户提供更高质量的产品,创造更大的价值。宏发不仅在国内有多个销售机构,在境外,如美洲、欧洲、东南亚等地区,也建立了本土化的营销及服务网络,已具备了全球化市场运作和技术服务的能力。公司产品目前远销全球 120 多个国家和地区。

金波公司于 1995 年成立,1996 年成为宏发合格供应商,2014 年成为宏发全资子公司,客户为宏发内部子公司,是一家资金密集型、高度自动化的公司,工厂占地 5 万多平方米,月产电接触触点可达到 3 亿只。

2.公司人力资源概况

金波公司一共有员工 1521 人,其中工程技术岗位 240 余名,工程技术岗位的学历构成为:硕士及以上学历员工占 10%,本科占 64%,大专及以下占 26%,如图 3.1 所示。

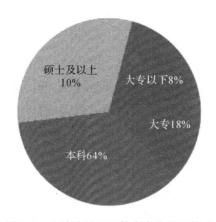

图 3.1　金波公司工程技术岗位学历构成

3.公司工程技术岗位概况

(1)工程技术岗位的类别。金波公司的工程技术岗位指以下几个类别的员工:研发、工艺、质量、信息化、技术支持及其他。

(2)工程技术岗位占比指历年工程技术岗位与公司人员总数的比例,目前维持在15％左右,工程技术岗位占比在2018年达到顶峰后逐年下降,如图3.2所示。

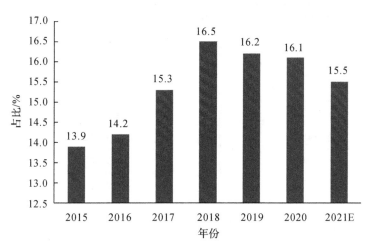

图3.2　金波公司工程技术岗位占公司员工比例

(3)25岁以内的工程技术岗位人员占比由2014年的10.6％下降至2020年的0;35岁以内的中坚后备力量,占比由2014年的77.3％下降至2020年的36.0％;其中30岁以内的人员占比由60.3％下降至2020年的10.9％,流失加剧,队伍有老龄化趋势,如表3.1所示。

表3.1　金波公司工程技术岗位年龄结构及趋势

年龄	2014年	2015年	2016年	2017年	2018年	2019年	2020年
25岁以内	10.60％	8.50％	5.00％	0.30％	0.00％	0.00％	0.00％
26～30岁	49.70％	49.80％	45.90％	26.10％	11.10％	11.00％	10.90％
31～35岁	17.00％	21.20％	25.90％	34.70％	38.50％	32.90％	25.10％
36～40岁	8.00％	8.00％	9.00％	14.80％	18.30％	21.50％	27.60％
41～50岁	10.60％	9.40％	10.40％	18.80％	25.00％	27.30％	28.50％
50岁以上	4.10％	3.10％	3.80％	5.30％	7.10％	7.30％	7.90％

资料来源:金波公司内部资料。

(4)工程技术岗位的岗位考核

1)考核方式

金波公司的绩效考核以月为周期,考核的内容分为德、能、勤、绩四个方面,每个方面的具体考核指标如表3.2所示,每一个指标总分均为10分。

表 3.2 员工绩效考核指标体系

考核项目	考核指标	得分	考核项目	考核指标	得分
勤	出勤率		能	工作技能	
	协作性			组织协调能力	
	责任心			发现问题和解决问题的能力	
	失误率			创新能力	
德	坚持原则		绩	产品质量保证	
	民主作风			项目完成情况	
	道德品质			提供技术支持	
	顾全大局				

资料来源:根据调研访谈内容整理。

2)考核流程

金波公司采用的绩效评估方法为,在对员工进行预评估后,将员工绩效严格分为四个等级,从高到低分别为 S、A、B、C,且每个等级都提前计算好相对的既定比例。评估时,公司所有员工包括副总经理均需遵照既定的比例进行绩效评估。

绩效评估按评估周期分为月度绩效评估和年度绩效评估。月度绩效的负责人等级,最后将结果公示,并加以留存。年度绩效考核并不仅仅是月度绩效考核的总和,因为年度考核是年终奖的重要评定标准,所以年度考核的考评过程更为复杂。具体过程为:第一步,所有部门员工均需填写考核表,如表 3.3 所示,对本人年度工作情况和具体工作表现进行总结;第二步,行政部汇总本年度的所有月度考核,汇总得到员工的考核总得分,将分数从高到低排列,依据提前划定好的绩效等级标准进行划分;第三步是总经理依据第二步得到的评定结果填写鉴定表;第四步是行政部门将第三步得到的鉴定表收集汇总,经上级审批通过后,进行公示并留存。

表 3.3 部门员工年度绩效考核鉴定

岗位职责:

年度履行职责的主要表现和成果:

鉴定结果:

鉴定意见:

备注:

(二)公司工程技术岗位发展体系

1.职业发展通道

总体而言,金波公司技术人员可选择管理岗位和开发岗位两种职业发展路线。管理岗位又有职能管理和产品管理的区别,如果选择职能管理,基本的晋升路线就是室主任、所长、部长、院长;如果选择产品管理路线,基本的晋升路线为项目经理—产品经理—平台经理,最终是产品线总监。如果走开发岗位,可分化为设计路线和研究路线;如果以设计发展为主,基本的晋升路线为由工程师最终晋升为首席研究员;如果以研究发展为主,晋升路线与设计发展相同。这两种职业发展路线的最顶端均为技术副总裁,如图 3.3 所示。

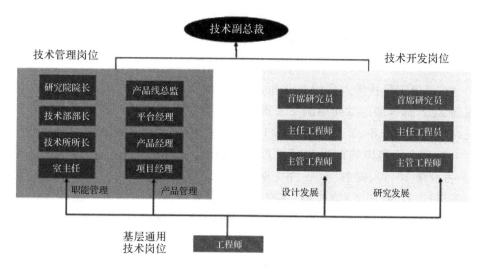

图 3.3 金波公司工程技术岗位职业发展通道

2.培训体系

(1)为了激励员工相互学习、促进人才效用最大化,公司制定了《人才引进和培养激励管理办法》。设置"导师奖",激励技术人员进行知识输出,提高公司整体技术水平。对于担任导师的技术人员,每年给予不低于 1000 元、不高于 3000元的奖金。

(2)在培训人才方面,公司已有专业从事培训工作人员超过 40 人,公司大力鼓励技术人员兼职培训,目前有兼职培训师将近 70 人,其中具有高级职称的占三分之一。公司每年都会通过培训、试讲等环节定期选拔兼职培训师,在这种制度下,公司已建立一支具有较高素养、较为稳定的兼职培训师队伍。

(3)公司在培训制度中还规定了培训费用的额度,即公司按不低于上年工资总额的1.5%计提资金,用于员工培训和人才培养。

3. 工程技术人才后备梯队

金波公司对于人才的可持续发展规划性不强,建设意识较为薄弱,公司目前将入职两年以内的所有技术人员均纳入后备梯队,对技术型人才不加以区分,大中专毕业生同其他技术人员的管理方式一致。

(三)金波公司工程技术人员岗位胜任力存在的问题

本研究通过分析现有工程技术人员情况,运用多种方法,包括理论专业知识考试、实践技能考核、相关人员座谈等,对金波公司现有工程技术人员能力进行诊断,发现金波公司工程技术岗位人员在胜任力上存在以下几个方面的问题。

1. 理论水平较低

为了解工程技术人员的专业知识掌握情况,笔者邀请开发部、技术部、质量部、生产部等部门共同编制了工程技术岗位专业理论知识题库。根据岗位情况编制了四套题,涉及岗位包括工艺技术、设备管理、模具设计和全员生产维护(TPM)。题库的题型包括了单项选择题(所占权重20%)、多项选择题(所占权重10%)、简答题(所占权重20%)、案例分析题(所占权重40%)、制图题(所占权重10%)等四种,每套题的题目数不少于100题。题库内容包括:岗位所涉及的专业方面的理论知识,具体包括机械制图知识、制图方法、材料学知识、材料成型知识等;行业标准或企业标准,如制图公差范围、制图标准化知识、公司标准化管理制度内容等;生产过程中常见的工艺问题及其解决措施;设备管理知识、设备维护保养知识等;生产过程中的工作技巧;典型质量投诉案例;典型的工艺处理、设备处理案例分析。理论试卷分数分布情况如图3.4所示。

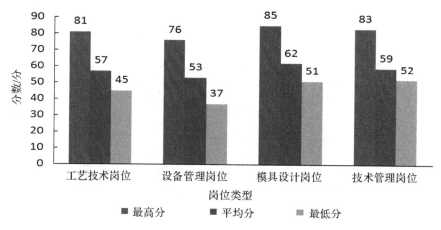

图 3.4 金波公司工程技术人员专业理论知识考试结果

从上述专业理论知识考核结果来看,金波公司工程技术人员的专业理论知识掌握不扎实,尤其是一些实际案例分析题目,解题思路不够明确,存在丢分较多的情况。

2. 实践技能较差

为了解和掌握工程技术人员的实践操作技能水平情况,特对全体工程技术人员进行实践操作的技能测试。

根据金波公司的生产经营特点,金波公司主要从事的是电接触触点业务,兼具技术密集型和资金密集型生产特点,生产过程全部由自动化设备操作。因此,对于工程技术人员来说,掌握生产现场设备操作、设备调试和维修并生产出具有较高质量水平的产品,是必须掌握的一项技能。

根据生产现场实际情况和参照生产工人的技能等级要求,在具体跟技术部门主管沟通后,制定了工程技术人员实践操作技能考核方案,考核内容包括调机水平、生产效率、质量水平等。

生产部门和技术部门共同负责现场测试,所生产的产品质量由质量部负责检测,共有 33 名工程技术人员参与测试。测试结果如图 3.5 所示。

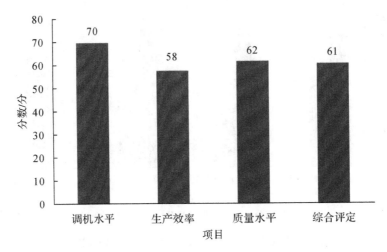

图 3.5　金波公司工程技术人员技能考核情况

从测试结果可看出,金波公司工程技术人员在现场调机方面经验较为丰富,水平较高,但所生产的产品质量水平不高,生产效率比现场实际设备操作人员低。

3.能力提升的积极性不高

通过分析问卷调查结果(见图 3.6)可以发现,虽然薪资待遇是最大激励因素,但是发展平台和晋升空间同样不可忽视,占据较大比例。同时可以看到,良好的工作氛围、被认同和被尊重也对工作积极性具有一定的影响。所以,在激励员工工作积极性方面,要综合衡量,全面考虑,把员工的需求纳入激励因素中,制定出更为完善的激励制度。

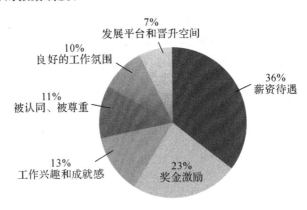

图 3.6　最能激发工程技术岗位工作积极性的因素

通过分析图 3.7 可以发现,公司的发展平台、完善的晋升机制和较大的晋升空间与薪资具有同等重要的价值,员工的获得感与满足感也占据相当重要的位置,精神需求与物质需求同样重要。

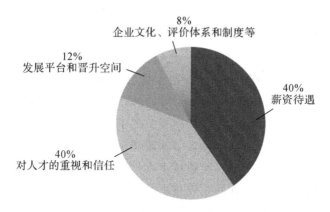

8%
企业文化、评价体系和制度等

12%
发展平台和晋升空间

40%
薪资待遇

40%
对人才的重视和信任

图 3.7　公司留住人才的关键因素

如图 3.8 所示,人才希望从工作中获得什么与公司留住人才的因素相互验证,进一步说明公司本身的实力和晋升空间对于人才的吸引力等同于薪资水平。所以公司想要留住人才、吸引人才,必须注重发展、注重制度,同时也要注重满足员工的精神需求。

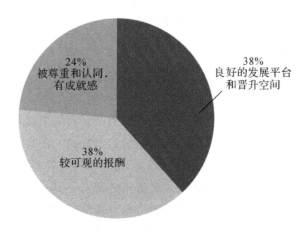

24%
被尊重和认同,
有成就感

38%
良好的发展平台
和晋升空间

38%
较可观的报酬

图 3.8　员工最希望从工作中获得什么

通过问卷分析,金波公司应认识到自身目前存在的短板,应改进对技术人员的激励方式,使之更加合理。

(四)金波公司工程技术人员岗位胜任能力问题的原因分析

1. 没有建立体系化的胜任力机制

金波公司对工程技术序列的员工进行管理时,并没有认识到人才素质和能力对管理的重要性。在管理过程中没有重视员工潜在性格和价值观等对员工最终工作绩效的影响。总体而言,金波公司对工程技术员工的管理较为粗放,不重视员工未来的发展潜力和能力,只重视员工的学历和工作技能。对员工在工作过程中需要具备的责任心、抗压能力等软素质缺乏重视。而且公司在对这部分员工进行管理时,只注重中高层次的技术人员。对于一般的或者年轻的工程师缺乏重视,这就使得公司内部的工程技术员工青黄不接。可能会加大这部分员工的流失率,使得企业缺乏年轻的工程师作为人力资源储备。

总体而言,金波公司目前从岗位培训等多个方面建立了工程技术员工的成长体系,但是这一体系并不能够完全满足企业人才成长的需求。比如在培训过程中,一般只重视人才的选拔,并没有对不同类型的技术人员进行针对性的精确评价。而且缺乏系统的培训,这并不利于企业人才的长远发展,是金波公司工程技术员工胜任能力体系不合理的主要表现。针对这些问题,金波公司亟须采取一系列有效措施,建立科学完善的胜任力机制。

2. 胜任力与职业通道不匹配

金波公司在发展过程中重视技术,因此在管理过程中非常重视技术开发的相关工作。但是对于从事技术工作的人才,并没有建立科学完善的管理体系。针对这一序列的人员,缺乏有针对性的提升渠道。公司的发展需要技术,而技术的提升需要人才实现,因此人才是公司发展的重要资源。没有科学的管理理念,就很难在技术上取得行业内的领先优势。企业的竞争优势离不开技术人员的支持,因此,技术人员是企业人力资源的重要组成部分。高素质高水平的技术人才,对于企业未来发展具有重大意义。只有建立科学完善的胜任力模型,在招聘环节根据胜任能力对候选人进行科学的甄选,才能够最大限度实现人岗匹配。

金波公司目前并没有对工程技术序列的岗位进行完善的职业通道规划,能够取得晋升机会的员工寥寥无几,大多数技术人员难以获得职位上的晋升。相比于行政管理人员,专业技术人员的晋升机会较少,晋升难度较大,导致这部分员工工作积极性不高。技术人员在公司的发展过程中起到重要的作用,但是并没有享受到应有的权利,对于企业长远发展而言是一个重大隐患。

3. 系统化员工培训体系不完善

金波公司对工程技术人员没有建立科学完善的培训体系。在培训过程中,主要体现出以下两方面问题:一是目前已有的培训较为盲目。公司并没有在培训前对员工的需求进行详细调研,这就导致目前开展的大多数培训并不一定是工程技术人员所需要的,培训效果并不理想,对员工的工作能力和企业的长远绩效没有起到足够的帮助作用。二是对于胜任力提升的相关知识并没有进行有关培训,目前已有的培训大多数涉及安全生产、企业管理等,并没有让员工认识到胜任力提升的重要性,这就导致员工并不了解这一工作的真实意义和做法,无法最大限度发挥胜任力对提升工作的作用。

4. 人才梯队建设力度不足

金波公司对员工进行的培养缺乏长远目光,更多的是进行一些短期培训。当人力资源储备不足时,通过社招等方式,利用猎头公司引进合适的人才,人力资源的开发时间大大缩短,但是隐性成本较高。这就导致公司内员工流动性较大。金波公司缺乏对员工的长期投入,使得员工对企业的感情有限,可能会出现有潜力的人才外流的现象。针对这一问题,公司可以借鉴国外成熟企业的做法,通过一系列长期的培训,培养具有潜力的年轻员工,使得员工在企业内获得成长,进而成为企业的中流砥柱。企业在员工身上投入一系列人工成本,员工也会回报给企业长期稳定的工作,有利于保障整个企业人力资源的可持续发展。

四、金波公司工程技术人员岗位胜任力模型构建

(一)基于胜任力模型的总体框架

胜任力模型是金波公司招聘的重要依据,所以胜任力模型的科学构建非常重要,既要符合金波公司的实际人才需求,同时要能反映出具体岗位对人才素质的要求。图 4.1 即为搭建胜任力模型的总体思路。

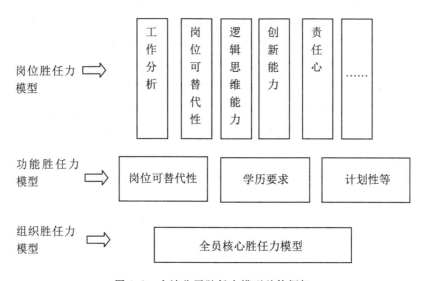

图 4.1　金波公司胜任力模型总体框架

根据上文分析,胜任力模型可分为三个层面。首先是组织层面,即从金波公司的内部和外在环境以及制定的发展战略出发,不考虑员工性质对胜任力要素的影响进行划分;其次是功能层面,即从人力资源进行考量,根据构成内容对公司的岗位进行划分,分为技术性岗位、管理性岗位和营销性岗位,再根据各岗位员工应具备的基本素质,建构功能层面的胜任力要素;最后是具体岗位层面,在

综合考量组织层面和功能层面的基础上,从具体岗位出发,分析具体岗位所需的胜任力要素,并进行归纳总结,得到科学的胜任力模型。

(二)构建工程技术岗位胜任力模型

胜任力在不同的岗位具有不同的要求,优秀的胜任力模型能够让公司招聘到真正需要的员工,能够将员工安排到最适合的岗位,这就要求胜任力模型需要将岗位具体需求、公司文化和氛围、个体素质以及发展潜力综合起来。本章选用金波公司的具体岗位,以更为微观的形式,更清晰地分析如何构建胜任力模型。

1.组织胜任力模型的构建

根据金波公司的外部营商环境、所处行业现状、公司所处的发展阶段、公司的内部环境、战略规划等,金波公司员工的核心胜任力有以下特征,如表 4.1 所示。

表 4.1　金波公司全员核心胜任力特征

胜任力特征	行为描述
客户至上	能够耐心并且认真地倾听顾客的各种要求并给予回馈,对于顾客的意见和抱怨可以坦然接受,心态平和;善于采用积极主动的态度与客户沟通;理解能力强,能够理解客户的需求,可针对性地提供个性化服务;能够挖掘出客户的潜在需求;能够与客户建立长久关系
责任感	注重工作完成的时效性和完整性,富有团队意识,无论在团队中扮演什么角色都能尽全力做出贡献;协作能力强;是自己的问题不回避不逃避,主动承担;将个人利益放在团体利益之后
情绪稳定	遇到困难能够积极应对;面对客户的刁难能够不卑不亢,不急不躁,用平和的态度应对;具有正能量,积极乐观
诚信正直	主动遵守公司章程;不轻易承诺,承诺就尽量做到;言而有信;不因个人私利而进行欺骗;能够坚持原则,坚守底线
学习意识	能够听取他人意见;对自我有清晰认知,既不狂妄自大,也不妄自菲薄,能够正确认识到自身的不足;对知识有求知欲,愿意为提高自身素质而不断学习
创新意识	能够用创造性的思维思考问题;积极主动了解行业领先技术

续表

胜任力特征	行为描述
成就动机	制定阶段性目标;为实现既定目标不断做出努力;乐于看到自身的进步,并会积极主动地达成进步

以责任感为例,责任感的胜任力指标等级如表4.2所示。

表4.2　金波公司技术员工岗位胜任力的指标示例(责任感)

能力指标	责任感	能力代码	
定　义	工作认真负责,勇于承担错误,不推卸责任		
行为等级	行为描述		
1级	能够正确认识自身角色和工作任务,了解工作的重要程度		
2级	对待工作认真主动,对工作时效和进展及时核查,明晰进度,面对问题积极采取行动,确保工作按时完成		
3级	遇到问题主动承担责任,不推脱不逃避,能够积极主动、及时地补救,并吸取经验教训,防止此类问题再次发生		
4级	为了实现既定目标,愿意承担职责之外的工作,态度认真,积极推进		
5级	为了公司的整体利益和目标,面临巨大压力不退缩,个人利益受损不退让,努力达成任务目标,承担相应责任		
相关指标	敬业、严谨、积极		

2. 功能胜任力模型的构建

笔者借鉴莱尔·M. 史班瑟(Lyle M. Spencer)和辛格·M. 史班瑟(Signe M. Spencer)的胜任力模型,并依据金波公司的实际,建立适合金波公司技术性岗位的胜任力模型,如表4.3所示。

表4.3　金波公司工程技术岗位胜任力特征

胜任力特征	行为描述
岗位竞争实力	具备岗位必备的继电器专业知识,且熟悉公司承接的业务
逻辑性	善于思考,工作富有条理,面对问题具有一定的预见性,并能够妥善解决
学历	学历在一定程度上能够反映出员工的知识积累程度和综合能力
规划	对于工作的轻重缓急具备正确认识,善于制订计划并实施,实现最终目标
耐心	对于技术问题能够从多角度思考并解决,面对繁杂的工作能够从容应对,按照既定的步骤一步步解决
应变性	对于项目突发事件能够沉着冷静地应对,快速反应,面对突发性问题能够多角度思考,采用合理恰当的方式予以解决
对继电器行业保有热情	对工作始终抱有激情和热情,愿意在行业中不断学习和进步,时刻关注行业动态,对于自己的工作时常抱有满足感,在工作中能够获得快乐

3.岗位胜任力模型的构建

对公司内部各个岗位建立完善的岗位胜任力模型,需要公司将全员的胜任力模型和功能胜任力模型相结合,根据不同岗位不同的职责建立胜任力模型。以公司内部的工艺技术工程师这一岗位为例,公司目前对这一岗位配有岗位说明书(见表4.4),但是岗位说明书的要求和标准较为笼统,仅仅对这一岗位要求的学历和工作经验进行说明,具体的能力要求并没有详细说明。依据笼统的岗位说明书进行招聘,很难招聘到公司需要的人才,进而会阻碍公司人力资源发展。

表 4.4 金波公司工艺技术工程师岗位说明书

岗位名称:工艺技术工程师　　所属部门:项目研发部
直接上级:技术主管　　　　　直接下级:技术工艺技术员

工作职责:
(1)负责转化客户图纸为内控图纸;
(2)负责评审新产品图纸;
(3)负责模具电极尺寸设计;
(4)负责拟制技术通知、工艺变更等技术资料;
(5)负责触点的银耗、铜耗理论测算;
(6)负责测绘备件并形成图纸;
(7)按程序找各相关部门进行图纸审核、批准

任职要求:
(1)了解本岗位所需要的基础理论知识和专业基础知识;
(2)机械类相关专业本科以上学历,一年以上工作经验;
(3)掌握相关流程、技术标准、工具和方法;
(4)能够从事基础的、标准化的、辅助性的工作;
(5)根据已经确定的工作流程,处理简单的或基础的技术问题

　　根据胜任力模型的相关理论,公司想要对公司内部各个岗位构建胜任力模型,不仅需要罗列相关条目,而且需要对胜任力模型当中每个条目的重要性进行评估。也就是说,胜任力模型是一个完善的体系,不仅包括一些指标,而且每个指标的权重是有所差异的,需要由公司专门负责胜任力模型开发的专家进行讨论决定。胜任力模型的构建,需要对每一个岗位所需要的关键能力进行罗列。仍然以工艺技术工程师这一岗位为例:首先,需要相关部门的相关专家对从事这一岗位所需要的胜任力进行充分罗列;其次,由经验丰富的相关人员对这些胜任力条目进行重要程度排序;最后,根据不同专家和工作人员的打分,具体计算每个条目所占的权重。由此可以看出,胜任力模型的开发难度较大,需要投入大量人力物力。本篇的重点是对工艺技术工程师这一岗位的招聘环节进行分析,因此,本篇仅罗列这一岗位所需要的关键能力,也即胜任力,并不进行后续的权重计算和分析,如表 4.5 所示。

表 4.5　金波公司工艺技术工程师胜任力条目

名称	关键行为
可替代性	具备继电器产品研发等后续环节的专业知识,对公司业务充分熟悉,使得岗位所在员工对公司非常重要,具备一定的不可替代性
逻辑思维能力	逻辑思路清晰,能在一定程度上预见继电器开发过程中可能存在的问题,在此基础上初步制定好解决方案
学历要求	学历是这一岗位招聘的基本门槛,学历能够在一定程度上体现应聘者的学习能力和综合素质
计划能力	能够针对当前待办的工作制订工作计划,并且有序执行
耐性	面对复杂的继电器产品问题依然能够有序有效解决
协调能力	能够协调各方力量及时处理项目研发过程中出现的突发性事件
兴趣	积极主动关注行业前沿动态;对岗位保持激情;工作积极性较高
客户导向	根据客户的需求,为客户提供差异化服务,积极耐心地和客户进行沟通,满足客户的多元化潜在需求
事业心	在事业上具有一定追求;针对本岗位工作积极开拓与创新
情绪稳定	工作过程中能够始终保持较为稳定平和的情绪,在此过程中和团队成员和谐相处
创新能力	对本职工作始终具有独立思考的能力,从中发现存在的问题,进而进行创新,不断优化自身的工作流程
管理督导	对自身的工作具有良好的规划,能够制定合适的目标,并且朝着目标不断努力
责任心	勇于承担责任,对所犯的错误能够及时表态并寻求解决方案
抗压能力	能够有效处理工作当中面临的各种压力,将压力转化为动力,进而不断改善自身工作,从环境中寻找解决压力的能量

227

　　胜任力模型的建立,离不开具有丰富工作经验的行业专家。因此,公司通过邀请行业内的专家和各个部门的负责人对岗位所需要的要素进行权重打分,并且根据打分结果进行权重的计算,进而构建岗位胜任力模型。胜任力评价表示例如表 4.6 所示。

表 4.6　金波公司工艺技术工程师岗位胜任力评价表示例

岗位评价要素(权重)	子因素	等级	分值
1.学历要求(6%)	A.学历要求	1	5
		2	10
		3	15
		4	22
		5	30
2.岗位可替代性(6%)	B.岗位可替代性	1	5
		2	10
		3	15
		4	20
		5	30
3.工作强度(7%)	C.体力劳动强度	1	5
		2	10
		3	15
	D.脑力劳动强度	1	10
		2	15
		3	20
4.独立自主(5%)	E.独立自主	1	5
		2	15
		3	25

岗位评价要素（权重）	子因素	等级	分值
5.责任意识（10%）	F.质量责任	1	1
		2	10
		3	25
	G.产量责任	1	1
		2	3
		3	5
		4	7
		5	10
	H.安全责任	1	1
		2	3
		3	5
		4	8
		5	11
		6	15
6.内外协调责任（6%）	I.内部协调责任	1	1
		2	3
		3	6
		4	12
		5	20
	J.外部协调责任	1	1
		2	3
		3	5
		4	10

续表

岗位评价要素(权重)	子因素	等级	分值
7.管理督导(10%)	K.下属人数(直接与间接下属)	1	1
		2	3
		3	6
		4	10
		5	15
	L.管理复杂度	1	1
		2	5
		3	10
		4	15
		5	25
		6	35
8.创造性(20%)	M.创造性	1	10
		2	20
		3	40
		4	65
		5	100
9.情绪控制(15%)	N.情绪控制	1	10
		2	25
		3	40
		4	55
		5	75
10.事业心(15%)	O.事业心	1	10
		2	15
		3	25
		4	40
		5	55
		6	75
合计			500

　　在打分的参考上，以"岗位可替代性"为例，其对应的参考值表如表 4.7
所示。

表 4.7　金波公司工艺工程师岗位胜任力评价中"岗位可替代性"的打分标准

子因素	等级	分值	标准
B.岗位可替代性	1	5	任何人仅需一个月以内培训就可以胜任
	2	10	需要相关职称才能上岗
	3	15	需要具有一年该岗位工作经验，且具有相关职称
	4	20	需要在金波公司或类似单位工作 3 年以上，具有相关职称
	5	30	难以替代，需要在金波公司工作 5 年以上，且具备高级职称

　　通过对工作的分析及岗位胜任力模型的建立，金波公司能够更准确地从公
司内外吸纳人才，使公司更高效地开展工作。

五、基于胜任力模型的工程技术人员岗位胜任力提升措施

本章将在上一章提出的工程技术岗位人员胜任力模型基础上,提出建立基于职业发展通道匹配岗位胜任能力、基于完善的培训体系提升胜任力、基于梯队建设提升后备梯队胜任力三种措施以提升金波公司工程技术人员岗位胜任力,并设计了实施步骤,明确了实施保障。

(一)基于职业发展通道匹配岗位胜任能力

1.开展工作分析

(1)将部门职责分解到各个岗位上

金波公司内部各个部门各司其职完成本部门的工作,进而推动企业实现整体目标。每个部门的工作内容和工作强度是不同的,为了使得每个员工明确自身岗位要求,应该对部门的任务进行分解,将部门任务合理地分解到每个员工身上,员工能够更加了解自身所需要完成的详细工作内容。与此同时,应该对每个部门的岗位设置进行重新规划,使得每个岗位的工作内容是饱和并且合理的。工作职责的划分能够使得员工对自身的工作内容更加了解,也能够根据工作内容进行适当的招聘。

(2)编制岗位说明书

岗位说明书能够帮助公司管理人员对每一个岗位所需要完成的工作内容和要求的工作能力进行详细梳理,而且能够帮助岗位上的员工明确自身工作内容。在招聘过程中,岗位说明书是重要的参考。因此应该在对工作内容进行全面梳理的基础之上,结合各个岗位的工作要求,编制详细的岗位说明书。

2.职业发展通道设计

金波公司可以根据工作内容和工作强度定制合适的岗位,再根据每个岗位确定相应的工资标准,将公司的岗位设置和薪酬福利体系直接挂钩。首要任务

是根据公司目前的业务需求和工作量编制合适的岗位数量。

　　技术和工艺类岗位属于公司的重要岗位,应该根据研发项目的数量和研发项目的强度配备相应的主任和工程师,人才的数量应该略大于往年的需求,使得人才储备能够跟得上公司业务发展。在此基础上,建议研发、工艺主任及以上工程师共减少 15 人,如表 5.1 和表 5.2 所示。

表 5.1　金波公司工程技术岗位配置规划调整方案

类别	年份	项目数/个	首研及主任工程师/名	项目数与人员数之比
研发	2015	62	19	3.3
	2016	90	28	3.2
	2017	71	29	2.4
	2018	74	26	2.8
	2019	29	24	1.2
	2020	40	24	1.7
	总计/平均	366	150	2.4
	建议配比	40	14	2.8
	需减少的人员	10	—	—

表 5.2　金波公司工艺人员配置规划调整方案

类别	年份	项目数/个	首研及主任工程师/名	项目数与人员数之比
工艺	2015	15	7	2.1
	2016	25	15	1.7
	2017	21	13	1.6
	2018	12	10	1.2
	2019	8	10	0.8
	2020	6	10	0.6
	总计/平均	87	65	1.3
	建议配比	6	4	1.4
	需减少的人员	5	—	—

　　科管、信息化、质量等其他岗位根据历年人员比例进行适当调整,主管及以下人员需请各部门根据公司编制数及部门工作任务量确定编制。调整思路如表 5.3 所示。

表 5.3　金波公司工程技术人员配置规划调整(2021 年)

类别	技术(大类)职务	2016年 数量/人	2016年 比例/%	2017年 数量/人	2017年 比例/%	2018年 数量/人	2018年 比例/%	2019年 数量/人	2019年 比例/%	2020年 数量/人	2020年 比例/%	2021年建议 数量/人	2021年建议 比例/%	调整建议
科管	首席研究员	1	3.45	1	3.45	1	3.85	0	0.00	0	0.00	0	0.00	
	主任工程师	2	6.90	2	6.90	2	7.69	2	14.29	2	22.22	1	12.50	基于历年主任工程师的占比,建议减少1人,占比降至12.5%
	主管工程师	9	31.03	8	27.58	7	26.92	4	28.57	4	44.44	4	50.00	
	工程师	17	58.62	18	62.07	16	61.54	8	57.14	3	33.33	3	37.50	
信息化	首席研究员	1	1.76	1	1.61	1	1.75	1	2.78	1	4.00	2	8.33	基于历年主任工程师的占比,建议减少1人,占比降至8.3%
	主任工程师	5	8.77	4	6.45	4	7.02	2	5.56	2	8.00	0	0.00	
	主管工程师	14	24.56	15	24.19	11	19.30	7	19.44	4	16.00	4	16.67	
	工程师	37	64.91	42	67.74	41	71.93	26	72.22	18	72.00	18	75.00	
质量	首席研究员	0	0.00	0	0.00	0	0.00	0	0.00	0	0.00	0	0.00	基于历年主任工程师的占比,建议增加1人,可从研发转入
	主任工程师	1	1.27	0	0.00	0	0.00	0	0.00	0	0.00	1	6.25	
	主管工程师	11	13.92	9	12.33	9	12.68	6	26.09	5	33.33	5	31.25	
	工程师	67	84.81	64	87.67	62	87.32	17	73.91	10	66.67	10	62.50	

注:高层次职务包括首席研究员、主任工程师,中层次职务为主管工程师,初级层次职务为工程师。

　　建立三条平行的职业发展通道。结合目前公司的实际发展需要和工程技术岗位的情况,可以将公司工程技术类岗位分为以下三类:第一类是决定公司未来发展走向的技术性管理人员,第二类是对公司高新技术和专利进行研究的科研队伍,第三类是将高新技术运用到生产环节的工程技术岗位。公司为了全面提升员工的胜任力,对这三种类型的员工分别设立了不同的职业通道,满足不同类型员工的发展需求。具体如表 5.4、表 5.5、表 5.6所示。

表 5.4　工程技术员工职业序列发展通道

层次	管理序列	技术序列	技能序列
高级层次	公司副总工程师	首席高级工程师	首席技师
	处级	资深高级工程师	资深技师
	副处级	高级工程师	高级技师
中级层次	副总级(基层单位)	主管工程师	主管技师
	科级	工程师	技师
	副科级	助理工程师	高级工
初级层次	主管管理	主管技术员	中级工
	专员管理	技术员	初级工
	见习管理	见习技术员	见习工

表 5.5　工程技术员工职业管理发展通道基本资格

层次	职位设置	最低学历	职称	累计管理职位任职年限/年
初级层次	见习管理	大专	初级	1
	专员管理	大专	初级	3
	主管管理	大专	初级	5

续表

层次	职位设置	最低学历	职称	累计管理职位任职年限/年
中级层次	副科级	大专	初级	7
	科级	大专	中级	9
	副总级	大专	中级	10
高级层次	副处级	本科	中级	12
	处级	本科	高级	15
	公司	本科	高级	18

表5.6 工程技术员工职业技术发展通道基本资格

层次	职位设置	最低学历	起点职称	累计管理职位任职年限/年
初级层次	见习技术员	大专	员级	1
	技术员	大专	员级	2
	主管技术员	大专	助理级	3
中级层次	助理工程师	大专	助理级	5
	工程师	大专	中级	7
	主管工程师	大专	中级	10
高级层次	高级工程师	本科	高级	12
	资深高级工程师	本科	高级	15
	首席高级工程师	本科	高级	20

(二)基于完善的培训体系提升胜任力

1. 培训工作流程

金波公司为了全面提升工程技术岗位的员工胜任力,可以采取"培训+轮岗"的方法,具体建立的制度如图5.1所示。

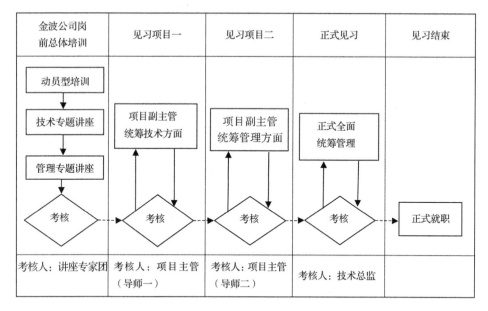

图 5.1　金波公司工程技术岗位"培训＋轮岗"制度

注:考核不合格者在该流程重新学习,累计两次不合格者取消本次晋升机会。

金波公司通过上述机制,注重对工程技术相关岗位的培训,对于有潜力的储备人才,采用同样的流程进行培养,使得员工能够在培训中学习到相关工作的理论知识,在后续的轮岗中将理论知识用于实践,全方位提升理论和实践能力。

2.培训内容及培训形式

在"建立系统的培训体系,并开展学习"的总体提升目标指导下,结合金波公司工程技术人员业务水平、专业知识水平和技能水平现状,本篇建议建立系统的、分层级的工程技术人员培训体系。同时对现有人员进行考核,针对缺漏的知识开展培训,以达成提升业务能力的目的。

根据专业能力提升的目标,内容和提升方法的设计围绕金波公司工程技术人员的业务能力这一核心开展,在充分分析工程技术人员岗位职责和胜任力素质模型的基础上,建立工程技术人员的培训课程体系,对现职人员知识水平进行测评,并开展针对性的培训。

(1)构建培训课程体系

在对工程技术人员的岗位说明书进行分析,梳理主要工作职责后,结合工程技术人员的胜任力素质模型,将工程技术人员知识体系分为基础级和进阶级两个层级,分别建立两个基本的课程体系。同时把课程分为通用课程、质量课程和专业课程,其中通用课程和质量课程为基础级和进阶级的工程技术人员均须掌握的,专业课程则把基础级和进阶级分开,两个级别要求掌握的课程内容不同,课程的深浅程度也存在差异。

通用类课程主要为公司的基础知识和职业素养类的课程,涵盖四方面课程,首先是企业文化课程、公司规章制度课程;其次是基本的办公软件学习课程,如Excel课程、PPT软件、思维导图等;再次是基本的生产经营类课程,如精益生产知识;最后还应包括心理学方面的课程,比如办公礼仪、沟通技巧和情绪管理等。具体如表5.7所示。

表5.7 金波公司工程技术人员通用培训课程体系

序号	分类	课程名称	培训机构/方式	是否有课程	备注
1	公司基础知识/职业素养	宏发历史与文化	宏质院	√	
2		宏发之道	宏质院	√	
3		公司各项规章制度	内训	√	
4		Excel基础知识及应用	内训	√	
5		一天学会PPT	宏质院	√	需开发
6		精益生产知识	宏质院	√	需开发
7		时间管理	内训	√	
8		办公礼仪	内训	—	
9		沟通技巧	内训	√	
10		情绪管理	内训	—	
11		思维导图	宏质院	√	

除了通用类课程,作为工程技术人员,还应掌握质量类知识与技能,因此,要设计质量类课程,内容应该包括质量管理体系类的课程、质量意识类课程和质量工具的课程,质量类课程的重点在于质量工具类的课程,如QC(质量控制)七大手法、QC小组活动、8D、5Y、问题解决处理办法、客诉处理办法、五大质量工具

的运用等。具体如表 5.8 所示。

表 5.8　金波公司工程技术人员质量培训课程体系

序号	分类	课程名称	培训机构/方式	是否有课程	备注
1	质量知识	QC 七大手法	内训	√	需掌握
2		QC 小组活动	内训	√	
3		8D	宏质院	√	
4		5Y	宏质院	√	
5		问题解决处理办法	宏质院	√	
6		质量意识培训	内训	—	
7		产品缺陷知识	内训	—	
8		质量管理体系简介	内训	—	了解/进阶课程
9		客诉处理办法	内训	—	
10		五大质量工具的运用	宏质院	√	

　　金波公司工程技术人员的专业课程,可根据实际需要,分为基础级课程和进阶级课程,针对不同对象设置不同的培训课程,助力于打造高素质、懂技术、会管理的高效能的工程技术人才梯队。其中,基础级课程为所有工程技术人员均须掌握的,面向对象主要是入职 2 年内的工程技术人员,其所设计课程均为较基础的课程,包括现场生产技术类的课程,如产品调试、触点镦制技术知识、触点基础知识、设备基础知识、TPM 知识等,也包括了技术管理的基础课程,如机械识图基础知识、标准化知识和安全生产管理知识。基础级课程体系具体如表 5.9 所示。

表 5.9　金波公司工程技术人员基础级课程体系

序号	分类	课程名称	培训机构/方式	是否有课程	备注
1	产品/设备基础知识	产品生产与调试	实操	—	技能实操,以能生产合格产品为标准
2					
3		机械识图基础	内训	√	
4		50机与触点镦制技术	内训	√	
5		银丝金属材料知识概述	内训	√	
6		标准化知识	宏质院	√	
7		触点基础知识	内训	/	
8		设备基础知识	宏质院	√	开发内部课程
9		TPM知识	宏质院	√	开发内部课程
10		安全生产管理	宏质院	√	

　　而进阶类课程主要面向对象为入职 3 年及以上资深工程技术人员,这部分对象因为已经有了几年的实际工作经验,也经过了基础级课程的培训,具有较好的基础,要求掌握的知识、技能难度也会有所提升。相对于基础工艺人员,其基础理论知识扎实,对生产、产品了解较深。对进阶工艺人员除了要培养其产品技术知识技能,更要注重加强其所掌握知识的宽度、深度,对知识的掌握逐步从"点"提升至"面"的层次,不仅能解决现有的工艺技术问题,而且应逐步具备推进新工艺、技术改革创新、提升公司技术力量的能力。在设计课程时,会涉及一些技巧、控制类的课程,同时也会延伸扩展至相关的专业领域。主要课程包括现场的工艺课程,如触点知识及功能用途分析、触点镦制技术、触点成型工艺研究、金属材料及热处理等,需要说明的是,触点镦制技术与安全生产管理这两门课程在基础级里面也有,但基础级和进阶级所传授的内容、难易程度则是完全不同的;进阶类课程也包括了一些工作技巧类,如调机技巧、公差配合等;同时还包括了扩展知识课程,如会涉及触点在使用的继电器的缺陷分析、触点缺陷对继电器性能的影响、冲压工艺基础知识及常见问题分析与解决等。具体课程如表 5.10 所示。

表 5.10 金波公司工程技术人员进阶课程

序号	分类	课程名称	培训机构/方式	是否有课程
1		触点知识及功能用途分析	内训	—
2		机械/CAXA 制图	内训	√
3		50 机与触点镦制技术	内训	√
4		触点成型工艺研究	内训	√
5		金属材料及热处理	宏质院	√
6		标准化知识	宏质院	√
7		调机技巧	内训	—
8	产品/设备 工艺知识	公差配合	内训	—
9		过程标准控制	内训	—
10		继电器缺陷分析	内训	—
11		触点缺陷对继电器性能的影响	内训	—
12		冲压工艺基础知识及其常见缺陷分析	宏质院	√
13		冷镦机构造及保养维护	内训	—
14		安全生产管理	宏质院	√

（2）开展培训需求分析

培训需求分析内容包括培训对象、培训具体内容和培训所要达成的目标。它是根据岗位胜任素质模型中能力的要求，同时综合考虑了公司的生产经营情况和员工个人的职业规划，通过分析员工现状和能力要求之间的差距得出的。

金波公司现有的工程技术人员中有 50％为近 2 年内入职的应届大学毕业生，这部分人员资历较浅，对公司产品、生产、技术了解甚微，从零基础开始培养，培养周期较长。而资历较深的工程技术人员均是从车间生产操作员工提拔起来的，其学历层次较低，掌握的理论专业技术知识较少，知识认知层次较低，虽然能够协助现场解决工艺技术问题，但在分析问题、培养他人、技术创新等方面能力较为薄弱。

因此，现阶段公司的工程技术人员的能力仅停留在解决基础问题的层面上，未能对公司的技术发展起到指导、引导作用。

（3）策划组织培训

培训策划是指针对如何开展具体培训项目所做的计划,包括培训场地、时间、讲师、教室布置等的提前计划和安排,也包括具体课程内容的确定、培训效果评估方法的设计等,为顺利开展培训做好前期准备工作。

在培训策划中,也要同步确定培训评估等级及其方式。培训效果评估一般采取满意度调查、培训前后的考试结果对比、培训对象培训前后工作行为改变的评估、员工个人或团队在培训后绩效改善情况的评估等方式。

（三）基于梯队建设提升后备梯队胜任力

1. 后备人才梯队的培养

金波公司应该改变目前的人才策略,认识到仅仅依靠薪酬福利体系激励员工是远远不够的。科学有效的薪酬福利体系只是激发员工工作积极性的基本保障,更重要的是在此基础上满足人才自我发展和职业发展的需求。通过有效的职业发展规划,帮助员工构建合理的晋升渠道,进而让员工认识到自身胜任力有清晰的提升轨迹,如图 5.2 所示。

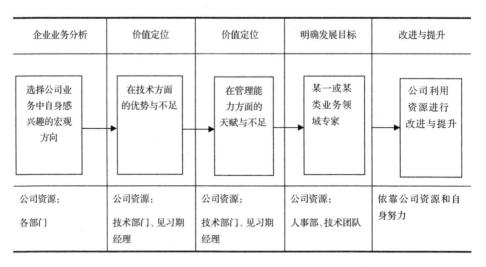

图 5.2　金波公司后备人才职业发展规划主要环节

通过科学有效的职业发展规划,人才能够认识到在未来的工作过程中,有机会通过发挥自身专业所长,经过长时间的实践锻炼,实现职业上的发展。对职业发展路径进行有效规划之后,公司应该在后续的业务发展过程中,给员工施展自己才能的舞台,最终帮助员工真正实现职业发展目标。具体而言,可以从以下四个方面展开。

企业文化教育,定期组织企业文化培训,使得员工在培训过程中了解公司的创业历史、公司人传承的企业精神和文化。

专业能力培训,专业能力是提升员工工作效果和职业发展的基本要素,因此,公司应该从各种渠道聘请专业的老师对员工组织培训,可以采用师徒制,帮助员工深入学习,调动人才学习的积极性,打造良好的学习氛围。

设置高目标的挑战任务,通过高目标的任务,激发员工的工作积极性和工作热情,进而全方位激发员工的潜力。

帮助员工积累管理经验,通过内部轮岗和培训等方式,帮助员工在提升自身专业知识的同时,积累管理经验,使得公司内部人才发展成为一专多能的全面人才,如表 5.11 所示。

表 5.11　金波公司青年优才培养体系设计步骤

培养目标	培养计划	培养方式	负责部门
坚定意志 增长才干 提高素养 积累经验	企业文化教育	课程培训、参观	总部党委工作部
	专业能力提升	培训、师徒制;E-learning	直属单位、总部业务模块部门
	挑战高目标任务	挑战性任务、师带徒	直属单位、总部人力资源部门
	管理经验积累	培训、轮岗、参观、师带徒、个人总结	总部人力资源部门、直属单位

2. 后备人才梯队的考核

为了激励员工在培训中有更好的表现,可以制定相应的奖惩措施。

第一,奖励措施,根据各种培训班的培训结果,评选人才中的前 10% 为优秀学员和优秀教师,并且给予相应的奖励。在技术表演赛当中,可以对 90 分以上的车间给予人均 50 元的定额奖励,并且给予该车间的领导额外特殊奖励。成绩取得前三名的员工,可以每人获得额外奖励,并且在后续的职业发展过程中,优先考虑成绩优秀的人员。

第二,惩罚措施。对于抽调考试不合格率达到 20% 以上的车间,实行全员处罚,并且对该车间的领导给予额外的定额惩罚。通过一定奖惩机制,最大限度激励员工在培训中更好地表现,如表 5.12 所示。

表 5.12　员工培训考核评分标准(车间示例)

受检部门		检查时间		考核人	
序号	考核内容	考核标准		考核结果	分数
1	培训计划（10分）	1. 车间主任不按规定主持教育领导组会议,减5分 2. 不按时制订培训计划并上报,每次减3分 3. 车间月培训计划与段指导计划不符,内容不具体,每项减3分 4. 未按时制订岗位练兵计划,减10分;未按计划开展岗位练兵,主要行车工种练功不足100%,每少1人减1分 5. 班组月培训每周少于2小时,减1分 6. 未按计划举行技术表演,减10分			
2	培训档案10分	1. 培训档案不及时填写,减5分;漏项,每项减1分;填写不规范,每项减1分 2. 兼职教师不按规定备课,教案书写不规范,每项减2分			
3	三级教育网10分	1. 不按规定制定车间培训管理制度,减10分;未建立车间班组教育网,减10分 2. 车间不按时组织培训,每项减2分 3. 班组不按计划组织职工学习和岗位练兵,每项减5分			
4	师徒合同10分	新入职人员不按规定签订师徒合同,减10分;合同填写不规范,每项减2分			
5	人员管理10分	1. 人员岗位变动不反馈,每人减1分 2. 脱产培训不按计划及时抽调人员,每人次减1分 3. 特殊工种培训不及时抽人培训,每人次减2分			

6	班组教育管理 10 分	1.车间教育领导组不按规定检查班组日常学习、岗位练兵情况,减 2 分 2.班组培训无月计划,学习进度和学习内容与计划不符,每项减 2 分		
7	计划落实10 分	1.车间没按计划组织培训,每项减 3 分 2.车间培训计划制订不及时,减 3 分;计划漏项每项减 3 分;没按计划组织实施,每项减 3 分 3.车间考试不按时进行,每次减 5 分		
8	检查与考核10 分	1.对日常培训检查不达标未考核,每项减 5 分 2.对抽考违纪、成绩不合格人员无考核,每人次减 1 分		
9	教育基础资料 10 分	1.教育管理制度、台账不健全,每项减 3 分;填写不及时、数据有误,每项减 1 分 2.教育基础资料管理不规范,每项减 2 分 3.没按规定保管试卷,每批次减 2 分 4.理论考试不按时判卷、评分有误、装订不规范、无成绩单,每项减 2 分		
10	兼职教师10 分	1.没按计划组织培训,每次减 2 分 2.未完成规定课时,每少一节减 1 分 3.无教案授课,减 3 分;教案不规范,每项减 1 分		
合计				

3.后备人才梯队的动态管理

金波公司可以进一步建立人才分布模型,进而实现对人才的动态管理,具体而言可以从以下四个方面做起。

第一,对绩效和潜能制定清晰的标准,每一个层次的人才应该达到的标准,都应该有清晰的界定,形成九个不同的人才评估区块,具体如表5.13所示。

第二,将绩效和潜能进行区分,建立符合公司人才发展的九宫格模型,如图5.3所示。

第三,对潜能和绩效等级进行划分,并且对每一个层次的潜能和绩效制定清晰的评估方法,根据具体的评估方法,将员工划分为不同级别。

第四,根据评估结果制订后续的计划,对不同的人才制订具有针对性的发展计划。

表5.13　金波公司绩效—潜能格维度标准

评估维度	低	中	高
绩效	考核结果不稳定	在过去2年的工作中至少4次成绩达到"B+"以上,且无"B−"及以下绩效	在过去2年的工作中至少4次成绩达到"A"以上,且无"B"及以下绩效
潜能	潜力有限,局限性大	具备一定潜力,未来能够给予一定工作机会;具备较强的领导和学习能力。在未来12～18个月内可以承担目前职责之上1个级别的责任范围	具备突出的潜力,领导和学习能力突出;在未来12～24个月内可以承担目前职责之上2个级别的责任范围

图5.3　金波公司后备人才绩效—潜能分布

　　对员工的绩效和潜能进行矩阵式评估,进而实现对人才的动态管理,具体可以从以下三个方面做起。

　　第一,职系内岗位调整。员工可以根据自身需求在本职系内进行换岗。公司为绩效好、发展潜力较大的员工提供工作轮换的机会,使员工能够在不同工作岗位上有发展的价值,在帮助优秀员工提升工作能力的同时帮助公司储备人才。

　　第二,职系间换岗。在公司内部各个性质的直系之间进行转换,员工可以根据自身特色和专业所长进行工作岗位的轮换,技术人员可以到管理岗位上学习和锻炼,帮助公司培养一专多能的人才。

第三,直接晋升。表现突出、潜力较大的员工可以进入管理体系,担当更大的职责,通过公司设立的职业发展渠道,取得更好的晋升机会。

(四)实施步骤

1. 准备阶段

提升公司工程技术岗位的胜任力,具体可以从以下四个环节入手。

第一,对新员工进行工程技术培训。人力资源部门应该充分重视新员工的入职培训。对于新员工而言,入职培训是了解企业的重要渠道,可以就企业文化和专业技能进行系统培训,使得新员工了解企业岗位所需的胜任力和每个岗位的工作内容和要求。新员工入职培训是提升员工忠诚度的第一步。

第二,建立工程技术岗位胜任力档案。组织企业目前已有的工程技术岗位人员填写相应需求表,具体包括员工胜任力提升规划表、员工胜任力提升开发需求表。结合相关内容对各个工程技术岗位的胜任力提升进行调查,进而建立初步的胜任力档案,并且在企业未来经营管理过程中不断对胜任力档案进行改进。

第三,加强工程技术岗位的评价体系。利用目前已有的一系列成熟测试,对工程技术岗位进行评价,组织各个部门开展综合素质测评,进而确定每个岗位所需要的胜任力,以及胜任力提升的目标。具体步骤如图5.4所示。

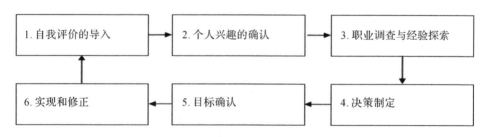

图5.4 金波公司工程技术岗位个人自我评估模型

第四,制定胜任力发展目标。以部门为单位组织员工填写员工胜任力提升规划表,使得员工明确自己短期、中期与长期胜任力提升目标。在目标完成过程中,对员工的工作行为进行监控,员工在工作过程中出现任何问题,及时向上级求教,上级应该在员工完成胜任力目标的过程中及时给予帮助。

第五,组织员工填写员工胜任力提升开发需求表。每个员工的发展渠道和发展过程都有所区别,根据这一步骤员工所填写的开发需求可以明确员工成长所需的帮助,进而提供相应的培训课程和晋升通道等,进一步帮助员工获得职业上的成长。

第六,选择胜任力提升的渠道。结合公司目前关于工程技术岗位设计的职业发展通道,按照企业内部技术、管理和项目等不同人才序列分别开发不同的职业发展路径,进而提升工程技术岗位人才的胜任力。

2. 实施阶段

这一阶段的工作主要从以下两个方面开展:首先,金波公司的高层管理人员应该积极推动。金波公司的岗位胜任力提升由专门的小组负责。高层管理者应该在小组工作过程中起到积极的推进作用,使得企业内部员工认识到这项工作的重要性。在小组完成工作的过程中提供相应的帮助,保证整个事项能够顺利实施。其次,在广大员工之中做好动员工作。通过各种宣传方法,帮助员工理解员工胜任力的重要性,保证后续工作能够顺利推进,增强企业的竞争优势,进而帮助企业提升人才的稳定性,帮助企业内部人力资源实现长期可持续发展。

3. 完善阶段

胜任力提升这项工作并不是一蹴而就的,而是在之后的工作过程当中不断完善的。因此,公司应该致力于建立长期有效的机制,并且从一系列保障措施入手,保证整个体系能够顺利实施,进而使得整个体系真正落地,提升企业的综合竞争优势和绩效。

(五)实施保障

1. 组织保障

胜任力提升是人力资源管理工作的重要部分,不同于人力资源绩效、薪酬等其他模块,员工胜任力提升这一项工作看似没有实质性的成果,但其实是整个企业内部人才提升的重要手段和支撑。胜任力模型以员工为核心,依靠整个企业进行管理实践。金波公司首先设立了专门的机构,负责胜任力提升整项工作。整项工作应该由人力资源专业部门进行统筹管理,具体结构如图 5.5 所示。

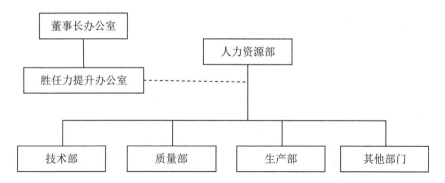

图5.5　金波公司技术型员工胜任力提升组织结构

金波公司员工胜任力提升管理的职责分工具体如下。

（1）胜任力提升办公室。这一机构是公司员工胜任力提升的核心决策机构，根据企业发展需求，结合企业所处的行业和环境以及企业自身的实际现状，对员工所需要的能力和综合素质进行分析，进而制定员工的工作目标。胜任力提升办公室为了提升工作效率，需要定期组织小组会议，探讨胜任力提升的相关问题。在后续的工作过程当中，不断改进胜任力模型的适用性和匹配度。

（2）人力资源部。人力资源部是胜任力提升工作的重要牵头部门，在胜任力提升工作过程中负责执行，为胜任力提升办公室提供相应的信息和资料，并且负责整项工作的统筹组织和实施。

（3）各个部门。各个部门是最终落实胜任力提升的执行部门，各个部门的领导需要结合自身对本部门岗位的了解，对岗位所需的胜任力和能力进行具体描述，配合人力资源部门有组织地落实各项工作计划，组织本部门开展素质测评、胜任力需求提升调查等一系列具体工作。

（4）金波公司工程技术员工。胜任力提升工作的根本目的在于提升工程技术人员的工作效率，因此，员工需要在此过程中充分配合。通过自我测试和职业测试等一系列方式分析本岗位所需的能力和素质要求，以及自身的优劣所在。制定科学合理的目标，提升自身的个人绩效，最终帮助企业提升组织整体绩效。

2. 制度保障

根据马斯洛需求层次理论，从短期来看，员工的经济利益是最迫切的，从长远来看，胜任力提升发展是员工更高层次的需求。良好的职业发展是员工选择企业和工作岗位的重要标准。因此，为增加砝码吸引员工，以金波公司的发展战略和管理运营为出发点,需要建立完善的管理制度体系,来满足工程技术员工胜任力提升发展的更高要求。只有如此才能吸引和留住优秀人才,从而在人力资源争夺战争中获得有利位置。

(1)修订岗位说明书,重新明确各岗位职责。重新梳理工程技术岗位的工作职责,明确各部门、各工作岗位之间的职责分工,形成技术系统的岗位说明书,重新梳理、明确工程技术岗位设置、定岗定编以及各个岗位的具体工作职责、详细工作内容和理论知识技能要求,确定各岗位的权、责、利相关内容。

(2)制定月度绩效奖金分配方案,提升工程技术人员工作积极性。薪酬激励虽不是唯一的手段,但也是一种可以有效提升员工积极性的方法。金波公司的月度薪酬结构为"固定工资+月度绩效奖金+每月实际加班费",其中月度绩效奖金占比为薪资额的20%,其提取办法是根据公司当月生产经营达成情况提取,公式为:当月绩效奖金发放额=绩效奖金原值×K,其中:K=(当月综合批次合格率实际值/当月综合批次合格率目标值)×50%+(当月人均工业增加值实际值/当月人均工业增加值目标值)×30%+(当月净利润实际值/当月净利润目标值)×20%。目前人力资源部门根据公司绩效方案核算部门绩效奖金后,部门主管制定二次分配方案,部门可以根据每个员工当月工作绩效达成情况、重点工作开展情况进行调整,这较大地提高了员工的工作积极性。

同时,公司要求各部门制定部门绩效奖金分配办法,相关部门对工程技术人员的绩效奖金二次分配应制定相关管理规定,明确绩效奖金分配办法。工程技术人员的当月绩效分数应由个人工作完成情况系数、个人 KPI(关键绩效指标)完成情况系数和部门 KPI 完成情况三部分组成。其中,部门或个人工作完成情况系数指当月确定的工作计划完成情况,所占权重为80%,个人 KPI 完成情况所占权重为10%,部门 KPI 完成情况所占权重为10%,绝对系数为三项总和/100分;根据个人绝对系数,再换算成当月的相对系数,如表5.14所示。

表 5.14 工程技术人员绩效考核系数

序号	绝对系数	相对系数
1	0.90	1.01
2	0.85	0.96
3	0.90	1.01
4	0.80	0.90

续表

序号	绝对系数	相对系数
5	1.00	1.12
总和	4.45	5.00

同时月度绩效奖金实行上下封顶政策,实际发放绩效奖金系数范围为0.8～1.2。

(3)制定特殊激励政策,鼓励工程技术人员开展产品创新工作。为鼓励工程技术人员把工作重点放在技术创新、研发工作上,金波公司应针对新品开发和老品改进、发明创造及专有技术、学术作品创作、自制设备、合理化提案建议专门制定激励政策,如新品开发和老品改进、自制设备制造按所负责产品当年度创造的效益提取10％～30％作为项目团队的激励奖金,这在一定程度上可以激发工程技术人员的工作积极性和自主性。

六、总结与展望

(一)总　结

作为继电器及相关产品的研发和生产企业,产品技术含量对金波公司的竞争力起着重要作用,作为关键岗位的工程技术人员,其能力的提升将在公司未来的发展中起到至关重要的作用。对工程技术人员的胜任能力进行评估并予以提升,是一项系统的工程,要搭建一个符合现状并确实行之有效的能力提升体系,需要做好四个方面的工作:一是所建立的胜任能力模型既符合公司目前情况,也充分考虑了公司未来发展需要;二能设计出一套综合的、可准确评估现有人员能力情况的方法;三是能准确实施评估方法,并得出需要提升的关键能力;四是能根据每个能力的具体情况,设计出能力提升的方案,包括内容、方法和使用的工具,并实施该方案。

按照上述思路,本篇分析金波公司工程技术人员的胜任能力需求,建立了胜任素质模型,并综合运用了理论考试、现场实践考核、工作汇报答辩、问卷调查、座谈会等各种方法诊断胜任能力现状,分析了现存问题,并提取关键问题;同时围绕几个关键问题及原因,明确了能力提升的目标、方法并予以实施。经过实践和分析,本篇研究有如下几个方面的结论。

(1)个人能力的提升要跟公司的业务情况连接起来,并随之调整。从公司角度来看,个人能力提升只有能为公司带来业务的增长或新业务的开拓,才是具有价值的。在设计个人能力提升方案时,要紧密结合公司业务情况设计。只有支持公司战略目标的达成和经营目标的实现,该方案才可能落地并得到公司的支持。

(2)能力提升的方式方法要多种多样,综合运用。传统上认为能力提升的方法就是培训,通过培训来提升能力,达成目的。但能力提升方法多种多样,如引进人才、项目锻炼提升等,设计方案时,要根据组织的实际情况、生产经营特点,开发出能真正起到作用的方式方法。

（3）能力提升需求既要以胜任能力模型为基础，也要结合组织未来和实际生产经营需要。能力提升需求是一个动态的状况，仅仅某个时间点的需求不可能代表公司未来的一切需求。因此，在分析能力提升需求时，既要考虑基于某个时间点建立起来的胜任能力模型，更要考虑公司未来发展的需要，并能根据经营战略目标的变化和实际情况动态调整。

（二）展　望

本篇通过多种方式得出胜任力需求，建立了胜任力素质模型，并依此提出了解决问题的方案和实施策略。局限于提升现有人员的胜任能力，而未从更全面、系统的角度综合考虑岗位胜任能力符合公司的发展需要，更多是从如何提升胜任能力、满足胜任力素质模型的角度进行研究。但胜任能力的提升绝不仅仅是现有人员的培训、成长即可达成的，它的方式多种多样，如引进专业人才、储备人员等方式，对于提升胜任能力也是非常有效且周期较短的方法，这些方法的综合应用需要后续进一步研究。

参考文献

[1] Perroux F. Economic space: Theory and application[J]. Quarterly Journal of Economics, 2017, 64(1): 89-104.

[2] Krugman P. Space: The final frontier[J]. Journal of Economic Perspectives, 2017, 12(2): 161-174.

[3] Lendner C, Dowling M. The organizational structure of university business incubators and their impact on the success of start-ups: An international study[J]. Entrepreneurship and Innovation Management, 2018, 7(6): 85-91.

[4] Holmen M, Jacobsson S. A method for identifying actors in a knowledge based cluster[J]. Economics of Innovation and New Technology, 2000, 9(4): 331-352.

[5] 王永利. 浅析胜任力冰山模型在招聘中的应用[J]. 文摘版: 经济管理, 2015 (9): 186.

[6] 庄西真. 试谈技术工人操作技能的形成与职业学校的教学[J]. 职教论坛, 2008(18): 31-34.

[7] 田小平. 胜任力模型在企业人力资源管理中的应用策略探究[J]. 人力资源管理, 2016(3): 28-29.

[8] 江玉印, 李小妹. 中小学教师"教育研究乏力"的病理学分析[J]. 现代中小学教育, 2016(8): 81-84.

[9] 裴建娟. 基于岗位胜任力模型的人才招聘与选拔体系研究[J]. 心理技术与应用, 2016(1): 60-64.

[10] 罗君. 油气服务业加气站站长岗胜任素质体系研究: 以 SA 公司为例[D]. 北京: 首都经济贸易大学, 2017.

[11] 李盛宇. G 电网公司技能人员岗位胜任能力评价体系的构建与应用研究[D]. 南宁: 广西大学, 2015.

[12] 代纬. 建筑工程设计人员胜任特征分析: 以某建筑设计公司为例[D]. 北京: 首都经济贸易大学, 2006.

[13] 程文,吕传萍,张国梁.大学高级研究人员胜任力模型实证研究[J].大连理工大学学报(社会科学版),2010(1):55-59.

[14] 黄勋敬,龙静.基于胜任力的人力资源管理体系创新[J].中国行政管理,2011(4):73-76.

[15] 阳辉.论工会干部职业化进程中胜任特征模型的建立[J].中国劳动关系学院学报,2013(1):34-37.

[16] 杨伟珊.构建模块化岗位胜任能力评价体系[J].中国电力企业管理,2018(22):86-87.

[17] 曲聪,秦乐.以岗位胜任能力评价为基础的素质提升模式[J].中国人力资源开发,2012(4):22-26.

[18] Paixão R B,de Souza M A. Impact of programs on competency,career,and income on management graduates [J]. RAUSP Management Journal,2018,53(3):67-72.

[19] Drucker P. People and Performance[M]. London:Routledge,2013.

[20] 于跃.基于胜任力的 A 公司中层管理人员招聘研究[D].北京:北京交通大学,2017.

[21] Wilby K J. Rethinking standardization:A call for new approaches to competency-based assessment [J]. Currents in Pharmacy Teaching and Learning,2019(4):428-429.

[22] XiaoY, Liu J, Pang Y. Development of a competency model for real-estate proJect managers:Case study of China[J]. International Journal of Construction Management,2019,19(4):317-328.

[23] Fleming M, House S, Hanson V S, et al. The mentoring competency assessment:Validation of a new instrument to evaluate skills of research mentors[J]. Academic Medicine,2013,88(7):1002-1008.

[24] 许江林,焦春芳,白露,等.成功的项目管理需要量体裁衣:本刊独家推出 2018 年项目管理跨行业调查报告[J].项目管理评论,2019(2):34-39.

[25] 冯红英.基于胜任力模型的国企高管激励体系构建[J].中国人力资源开发,2015(18):53-62.

[26] Kasser J, Hitchins D, Frank M, et al. A framework for benchmarking competency assessment models[J]. Systems Engineering,2013,16(1):29-44.

[27] 李冠军.教育顾问心理特征与绩效和客户满意度关系研究[D].北京:北京大学,2012.

[28] 张娟.ZFTD 公司管理人员岗位胜任力模型构建与测评[D].天津:天津大学,2016.

[29] 唐建波.M 公司高层管理者岗位胜任能力测评研究[D].重庆:重庆大学,2014.

[30] 黄晓花.高校思想政治理论课教师素质模型研究[D].重庆:西南大学,2011.

[31] 冯明.对工作情景中人的胜任能力研究[J].外国经济与管理,2001(8):22-26.

[32] 张小余.Y 汽车公司研发项目管理胜任力研究[D].上海:华东理工大学,2018.

[33] 顾琴轩,李剑,朱牧.转型期国有企业中层管理人员胜任能力的研究[J].东华大学学报(自然科学版),2001(5):4-9

[35] 王重鸣,陈民科.管理胜任能力特征分析:结构方程模型检验[J].心理科学,2002(5):513-516.

[36] 叶龙,张文杰,姜文生.管理人员胜任能力研究[J].中国软科学,2003(11):96-99.

[37] 仲理峰,时勘.家族企业高层管理者胜任特征模型[J].心理学报,2004(1):110-115.

[38] 郑庆辉,潘良玉,王锴硕.中外人力资源胜任力研究的比较分析[J].经营管理者,2012(9):5-6.

[39] 吕海艳.制造业高级蓝领的胜任力模型研究[D].上海:同济大学,2008.

[43] 丁为航.基于胜任力模型的集成工程师能力提升研究:以 H 公司为例[D].北京:首都经济贸易大学,2014.

[44] 康丽娟,基于岗位胜任能力的培训评价创新与实践[J].中国电力教育,2017(1):29-32.

[46] 杨伟珊,宾亚萍,姜珊,等.以机制建设传承岗位经验[J].中国电力教育,2017(2):48-52.

[47] 陈涛,孔吉宏,杨伟珊,等.FAST 模型新员工培养模式新探索[J].中国电力教育,2016(11):31-36.

[48] 王建民,杨木春.胜任力研究的历史演进与总体走向[J].改革,2012(12):138-144.

[49] 王慧敏.建立适应公司化发展的教育培训体系探析[J].邮政研究,2011(5):37-39.

[50] 赵爱红,周健,何文英.构建科学的学习发展体系[J].中国电力教育,2018(11):45-47.